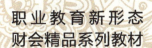

职业教育新形态
财会精品系列教材

"十四五

U0692023

财务管理实务

微课版 | 第4版

周星煜 邓燏◎主编

余英 周国华◎副主编

FINANCIAL MANAGEMENT PRACTICE

人民邮电出版社

北 京

图书在版编目（CIP）数据

财务管理实务：微课版 / 周星煜，邓燏主编.
4 版. -- 北京：人民邮电出版社，2024. -- （职业教育
新形态财会精品系列教材）. -- ISBN 978-7-115-65165
-5

Ⅰ. F275

中国国家版本馆 CIP 数据核字第 2024E9W452 号

内 容 提 要

　　本书以财务管理人员的工作内容为主线，概括了筹资、投资、资金营运和收益分配 4 项财务活动，
并结合财务管理"预测—决策—预算—控制—分析"的工作步骤，设计了 7 个工作项目，包含若干个
工作任务，从而将财务活动内容和财务管理工作流程有机结合。

　　本书可作为高等职业院校大数据与会计、大数据与财务管理、会计信息管理、物流管理等经管类
专业相关课程的教学用书，也可供相关会计人员和企业管理人员自学、培训和参考。

◆ 主　编　周星煜　邓　燏
　　副主编　余　英　周国华
　　责任编辑　崔　伟
　　责任印制　王　郁　彭志环

◆ 人民邮电出版社出版发行　北京市丰台区成寿寺路 11 号
　　邮编　100164　　电子邮件　315@ptpress.com.cn
　　网址　https://www.ptpress.com.cn
　　涿州市般润文化传播有限公司印刷

◆ 开本：787×1092　1/16
　　印张：15.75　　　　　　　　2024 年 11 月第 4 版
　　字数：424 千字　　　　　　　2025 年 9 月河北第 3 次印刷

定价：59.80 元

读者服务热线：(010)81055256　印装质量热线：(010)81055316
反盗版热线：(010)81055315

近年来，随着我国经济发展水平的提高，职业教育越来越受到社会的重视。2021年10月，中共中央办公厅、国务院办公厅印发了《关于推动现代职业教育高质量发展的意见》。2022年5月，新修订的《中华人民共和国职业教育法》正式施行。2022年10月，党的二十大报告要求全面贯彻党的教育方针，落实立德树人根本任务，培养德智体美劳全面发展的社会主义建设者和接班人。为认真贯彻落实职业教育方针政策，编者结合产业发展和行业人才需求，在充分调研、分析企业岗位需求的基础上，联合企业专家共同编写了本书，旨在培养具有良好的政治素质与道德修养，具有高度社会责任感和敬业精神，具备企业财务管理业务能力，能从事财经类相关工作的应用型数智化人才。

高等职业教育财务管理课程的教学目标是培养学生处理企业财务管理业务的能力。本书以财务管理人员的工作岗位和工作内容为基础，将财务活动内容和财务管理工作流程有机结合，精心设计了7个工作项目：项目一是企业财务管理岗前准备，主要培养学生的理财意识，帮助学生树立资金时间价值和投资风险价值观念；项目二至项目五是财务活动的主要内容，分别是筹资管理、项目投资管理、营运资金管理及收益分配管理，主要培养学生的财务预测与财务决策能力；项目六是全面预算管理，主要培养学生的财务预算与财务控制能力；项目七是财务报告分析与评价，主要培养学生的财务分析能力。

本次修订内容

本书前三版将Excel在财务管理中的应用融入教学内容中，实现了理论教学、案例实训和办公软件三位一体的教学模式，并在相关知识点和工作任务中总结了解题的一般步骤、工作中的实践经验和应用时的注意事项等，得到了广大读者的好评。本书在保持前三版特色的基础上进行了修订，进一步丰富了数字教学资源，提高教材的信息含量，以适应数字化时代教育教学的新要求。

（1）根据更新的财务理论及实践，规范本书的专业术语；更换了教学案例，使本书更具有时代感；补充了财务领域的新观点、新知识，保证内容与时俱进。

（2）增加了知识拓展、技能拓展、阅读案例的数字资源，学生用微信扫描书中二维码即可浏览相关图文、动画和视频资源。

（3）增加了大数据技术在财务管理中应用的相关内容及案例视频，将大数据技术（时间序列算法、多元回归算法、聚类算法、文本挖掘等）与财务管理进行了交叉融合，保证本书内容的前沿性和创新性。

修订后，本书内容的表述更加准确，语言通俗易懂、简明扼要，更符合学生的阅读习惯，也方便教师教学和学生自学。

　　本书提供丰富的教学资源，包含教学课件、教案、习题答案、试卷等，用书教师可以登录人邮教育社区（www.ryjiaoyu.com）下载。本书配套的精品在线课程可在学银在线网站搜索"财务管理基础与实务"获取。

　　本书由江西财经职业学院周星煜老师（教授）和公证天业会计师事务所（特殊普通合伙）合伙人、深圳分所所长邓燏担任主编，江西财经职业学院余英老师（副教授）、周国华老师（副教授）担任副主编。江西财经职业学院江月、方道华、李一红、孙小丽、陈石、程曦、李红老师参与本书编写工作。

　　在本书编写过程中，我们参考和借鉴了许多专家、学者的著作和网络资源，也得到了中国石化九江分公司、新道科技股份有限公司等企业的大力支持和帮助，在此致以衷心的感谢！

编　者

2024年8月

目　录
CONTENTS

项目一　企业财务管理岗前准备

▲ 项目导读

宁德时代成立于2011年，当时中国新能源汽车市场尚未成熟，动力电池技术主要依赖进口。宁德时代作为一家初创企业，公司的财务管理目标聚焦在"研发资金保障"上，以支撑技术突破。由于行业政策尚未明朗，公司采取谨慎的财务策略，确保现金流稳定。2015年后，中国新能源汽车补贴政策全面落地，行业迎来爆发式增长，公司为抢占市场份额，财务管理目标转向"产能最大化"，财务策略偏向扩张型，同时优化供应链管理以降低成本。2021年起，由于碳酸锂原材料价格暴涨，宁德时代调整财务目标为"现金流优化"，公司收缩资本开支，签订锂矿长协价锁定成本，同时加强库存管理。2023年，随着全球对环境保护和可持续发展的重视，宁德时代发布了"零碳战略"，调整了财务管理目标，将环保投入和可持续发展纳入重要考量。

宁德时代从创业初期的聚焦"研发资金保障"，到快速发展时期的"产能最大化"，再到原材料价格暴涨期的"现金流优化"，以及应对全球竞争与政策变化的"可持续发展"，其财务管理目标随着企业发展战略和外部环境的变化而动态调整优化，为企业的持续成长和巩固行业领先地位提供了坚实支撑。

【案例启示】从本案例中我们至少可以得出两点启示：一是企业的财务管理目标往往随着理财环境的变化而变化，二是财务管理目标决定和影响着企业的理财行为。

企业要做大做强，创业者不仅要具备创新进取精神，还需要对政策的变化有极强的敏锐性，顺势而为，不能墨守成规。

▲ 项目导图

企业财务管理岗前准备包括两个方面：一是了解企业财务管理的基本知识，二是培养财务管理的两大价值观念。

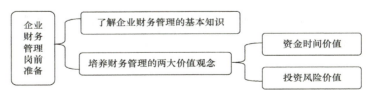

✎ 学习目标

知识目标：

1. 了解企业财务管理的含义及企业目标和企业财务管理目标；

2．掌握企业财务管理的工作步骤和企业财务管理环境。

技能目标：

1．能进行资金时间价值的计算及应用；

2．能进行投资风险价值的计算及应用。

素养目标：

1．培养爱岗敬业、遵纪守法的职业精神；

2．具备社会责任感，树立科学、理性的消费观。

 情境讨论

L公司在中国建设银行某市分行设立了一个临时账户，3年前存入20万元，银行存款年利率为3%。因资金比较宽裕，该笔存款一直未动用。3年后，L公司拟撤销该临时账户，在银行办理销户时，银行共付给L公司21.8万元。如果L公司将20万元放在单位保险柜里，存放3年，货币资金仍然为20万元；如果L公司在这3年将20万元投资到股市，股票变现的价值可能大于21.8万元，也可能小于21.8万元。

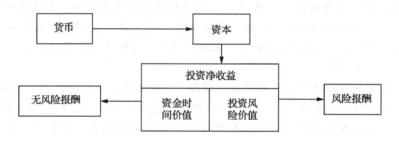

问题：

（1）为什么存放在单位保险柜里的货币资金没有增值？

（2）20万元存放在银行，3年后多出1.8万元是什么原因引起的？将20万元投资到股市，3年后这笔货币资金的价值为什么不能确定？

（3）如果将20万元投资到股市，3年后收回30万元，则L公司冒着风险获得的投资风险价值是多少？

参考答案

任务一　企业财务管理的基本知识

核心知识： 企业财务管理的含义及企业目标和企业财务管理目标；企业财务管理的工作步骤和企业财务管理环境。

 相关知识

一、企业财务管理的含义

通俗地讲，有关"钱财"的事务，就是"财务"。企业财务是指企业在生产经营过程中客观存在的资金运动及其所体现的经济利益关系，前者称为财务活动，后者称为财务关系。财务管理是企业组织财务活动、处理其与各方面财务关系的综合性管理工作，是企业管理的重要组成部分。

1. 企业财务活动

企业财务活动是指资金的筹集、投放、营运及收益分配等活动。从整体上讲，企业财务活动包括以下4个方面。

（1）筹资活动。筹资活动是指企业根据其一定时期内资金投放和资金营运的需要，运用各种筹资方式，从金融市场和其他来源筹措所需资金的活动。企业通过筹资可以形成两种不同性质的资金：一是权益性质的资金，二是负债性质的资金。

（2）投资活动。投资可分为广义的投资和狭义的投资。广义的投资是指企业将筹集的资金投入使用的过程，包括企业将资金投入企业内部使用的过程（如购置流动资产、固定资产、无形资产等）和对外投放资金的过程（如投资购买其他企业的股票、债券或与其他企业联营）；而狭义的投资仅指对外投资。

（3）资金营运活动。企业在正常的生产经营过程中，会涉及一系列的资金收付。首先，企业要采购材料或商品，以便从事生产和销售活动，同时还要为保证正常的生产经营而支付工资和其他费用；其次，当企业把商品售出后，便可取得收入，收回资金；最后，如果现有资金不能满足企业经营的需要，企业还要采用短期借款、商业信用等方式筹集所需资金。上述各方面都会产生资金的流入或流出，这就是因企业经营而产生的财务活动，又称为资金营运活动。

（4）收益分配活动。收益分配活动是指企业通过投资活动和资金营运活动取得一定的收入，并将一定时期内所创造的经营成果合理地在企业内、外部各利益相关者之间进行有效分配的过程。广义的收益分配包括对收入和利润的分配；狭义的收益分配仅指净利润的分配过程，是指净利润在国家（税收）、企业（留存收益）和投资者（股利）三者之间的分配。

上述企业财务活动的各个方面不是孤立的，而是相互联系、相互依存的。正是上述互相联系又独立运作的各个方面，构成了完整的企业财务活动。

2. 企业财务关系

企业财务关系是指企业在进行各项财务活动的过程中与各种相关利益主体所形成的经济利益关系，主要包括以下8个方面。

（1）企业与投资者之间的财务关系。它是指企业的投资者向企业投入资金，企业向其投资者支付投资报酬所形成的经济关系。

（2）企业与债权人之间的财务关系。它是指企业向债权人借入资金，并按合同规定向债权人支付利息和归还本金所形成的经济关系。

（3）企业与受资者之间的财务关系。它是指企业以购买股票或直接投资的形式向其他企业投资所形成的经济关系。

（4）企业与债务人之间的财务关系。它是指企业将其资金以债券、借款或商业信用等形式提供给其他单位所形成的经济关系。

（5）企业与供货商、企业与客户之间的财务关系。它是指企业在购买供货商的商品或服务，以及向客户销售商品或提供服务的过程中所形成的经济关系。

（6）企业与政府之间的财务关系。它是指政府作为社会管理者，通过征收各种税款的方式与企业形成的经济关系。

（7）企业内部各单位之间的财务关系。它是指企业内部各单位之间在生产经营各环节中互相提供产品或服务所形成的经济关系。

（8）企业与职工之间的财务关系。它是指企业在向职工支付劳动报酬的过程中所形成的经济关系。

二、企业目标和财务管理目标

1. 企业目标

企业必须生存下去才能发展，只有不断发展才能获利。因此，概括地说，企业目标有3个层次：首先是生存，其次是发展，最后是获利。

（1）生存。企业的首要目标是生存。企业生存的第一个基本条件是以收抵支，否则企业就会萎缩，直到无法维持最低运营条件而终止，长期亏损是企业终止的内在原因；第二个基本条件是到期偿债，否则企业可能被债权人接管或被法院判定破产，无法到期偿债是企业终止的直接原因。

（2）发展。企业不仅要生存，还要不断地发展。企业的发展离不开资金。因此，企业发展对财务的要求是能够及时足额地筹集到发展资金，满足企业的研发和市场拓展对企业资源的需求。

（3）获利。企业生存、发展的最终目标是获利，只有获利的企业才有存在的价值。获利是最具综合能力的目标，它不仅体现了企业的出发点和归宿，而且可以概括其他目标的实现程度，并有助于其他目标的实现。为了获利，企业需要正确地进行投资，有效地使用资金，取得较高的投资报酬率。

2. 企业财务管理目标

（1）利润最大化。企业财务管理以实现利润最大化为目标，主要原因有三个：一是人类从事生产经营活动的目的是创造更多的剩余产品，在市场经济条件下，剩余产品的多少可以用利润指标来衡量；二是在自由竞争的资本市场中，资本的使用权最终属于获利最多的企业；三是只有每个企业都最大限度地创造利润，整个社会的财富才可能实现最大化，从而带来社会的进步和发展。

利润最大化目标的主要优点。企业追求利润最大化，就必须讲求经济核算，加强管理，改进技术，提高劳动生产率，降低产品成本。这些措施都有利于企业资源的合理配置，有利于企业整体经济效益的提高。

以利润最大化作为财务管理目标存在以下缺点。

① 没有考虑利润的实现时间和资金时间价值。例如，今年获得100万元的利润和10年后获得同等金额的利润在实际价值上是不一样的，其间会有资金时间价值的增加，而且这一数值还会因所选择的折现率不同而不同。

② 没有考虑风险问题。不同行业具有不同的风险，相同利润值在不同行业中的意义也不相同。例如，无法简单对风险比较高的高科技企业和风险相对较低的制造业企业进行利润比较。

③ 无法反映创造的利润与投入的资本之间的关系。

④ 可能导致企业短期的财务决策倾向，影响企业的长远发展。由于利润指标通常按年计算，因此，企业决策往往会着眼于年度指标的完成。

利润最大化的另一种表现形式是每股收益最大化。每股收益最大化的观点认为，应当把企业的利润和股东投入的资本联系起来考察，用每股收益反映企业的财务管理目标。

（2）股东财富最大化。企业财务管理以实现股东财富最大化为目标。对上市公司而言，股东财富是由其所拥有的股票数量和股票市场价格决定的。每股价格受预期每股收益的影响，反映了股东投资的大小和取得时间；每股价格受企业风险的影响，反映了股东投资的风险。当股票数量一定时，股票价格达到最高，股东财富也就达到最大化。

与利润最大化相比，股东财富最大化的优点主要表现在以下几个方面。

① 考虑了风险因素，因为通常股票价格会对风险做出较敏感的反应。

② 能在一定程度上避免企业的短期行为，因为不仅目前的利润会影响股票价格，而且预期未来的利润同样会对股票价格产生重大影响。

③ 对上市公司而言，股东财富最大化目标比较容易量化，便于考核。

以股东财富最大化作为财务管理目标存在以下缺点。

① 通常只适用于上市公司，非上市公司难以应用，因为非上市公司无法像上市公司一样能随时准确获得公司股票价格。

② 股票价格受众多因素影响，特别是企业外部的因素，这些因素可能是非正常因素。股票价格不能完全准确地反映企业财务管理状况，如有的上市公司处于破产边缘，但由于可能存在某些机会，其股票价格可能还在走高。

③ 更加强调股东利益，而对其他相关者的利益不够重视。

（3）企业价值最大化。企业价值就是企业的市场价值，是指企业所能创造的预计未来现金流量的现值。企业价值最大化要求企业通过采用最优的财务政策，充分考虑资金时间价值和风险与报酬的关系，在保证企业长期稳定发展的基础上使企业总价值达到最大。

以企业价值最大化作为财务管理目标具有以下优点。

① 考虑了取得报酬的时间，并用资金时间价值的原理进行计量。

② 考虑了风险与报酬的关系。

③ 将企业长期、稳定的发展和持续盈利能力放在首位，能克服企业在追求利润上的短期行为。

④ 有利于社会资源的合理配置。社会资源通常流向最有价值的企业，从而有利于社会价值最大化。

以企业价值最大化作为财务管理目标存在以下缺点。

① 企业的价值不易计量。尽管对于上市公司，股票价格的变动在一定程度上揭示了企业价值的变化，但股票价格是多种因素共同作用的结果，特别是在资本市场效率较低的情况下，股票价格很难反映企业价值。

② 对于非上市公司，只有对企业进行专门的评估才能确定其价值，而在评估企业的资产时，由于受评估标准和评估方式的影响，很难做到完全客观和准确。

（4）相关者利益最大化。在现代企业是多边契约关系的总和的前提下，要确立科学的财务管理目标，需要考虑哪些利益关系会对企业的发展产生影响。在市场经济中，企业的理财主体更加细化和多元化。股东在企业中拥有较大的权力，并承担着较大的义务和风险，但是债权人、企业经营者、客户、供应商、员工和政府部门也为企业承担着风险。因此，企业的利益相关者不仅包括股东，还包括债权人、企业经营者、客户、供应商、员工、政府部门等。在确定企业财务管理目标时，不能忽视这些相关利益群体的利益。

相关者利益最大化目标包括以下几个方面。

① 强调风险与报酬的均衡，将风险限制在企业可以承受的范围内。

② 强调股东的首要地位，并强调企业与股东之间的协调关系。

③ 不断加强与债权人的关系，培养可靠的资金供应者。

④ 强调对企业经营者的监督和控制，建立有效的激励机制，以便企业战略目标顺利实施。

⑤ 关心客户的长期利益，以便保持销售收入的长期稳定增长。

⑥ 加强与供应商的合作，共同面对市场竞争，并注重企业形象的宣传，遵守承诺，讲求信誉。

⑦ 关心本企业一般员工的利益，创造良好、和谐的工作环境，提供合理、恰当的福利待遇，激励员工长期为企业努力工作。

⑧ 保持与政府部门的良好关系。

以相关者利益最大化作为财务管理目标具有以下优点。

① 有利于企业长期稳定发展。

② 体现了合作共赢的价值理念，有利于实现企业经济效益和社会效益的统一。

③ 这一目标本身是一个多元化、多层次的目标体系，较好地兼顾了各利益相关者的利益。

④ 体现了前瞻性和现实性的统一。

 提示

利润最大化、股东财富最大化、企业价值最大化及相关者利益最大化等财务管理目标，都以股东财富最大化为基础。

三、企业财务管理的工作步骤

企业财务管理的工作步骤如下。

1. 财务预测

财务预测是企业根据财务活动的历史资料，考虑现实条件与要求，运用特定的方法对企业未来的财务活动和财务成果做出科学的预计或测算。财务预测是进行财务决策的基础，是编制财务预算的前提。

2. 财务决策

财务决策是企业财务人员按照企业财务管理目标，利用专门的方法对各种备选方案进行比较、分析，并从中选出最优方案的过程。它不是拍板决定的瞬间行为，而是提出问题、分析问题和解决问题的全过程。正确的决策可使企业起死回生，错误的决策可使企业毁于一旦，所以财务决策是企业财务管理的核心，其成功与否直接关系到企业的兴衰。

知识拓展

财务决策的
一般程序

3. 财务预算

财务预算是指企业运用科学的技术手段和方法，对未来财务活动的内容及指标进行综合平衡与协调的具体规划。财务预算是以财务预测提供的信息和财务决策确立的方案为基础编制的，是财务预测和财务决策的具体化，是财务控制和财务分析的依据，贯穿企业财务活动的全过程。

4. 财务控制

财务控制是在财务管理的过程中，利用有关信息和特定手段，对企业财务活动所施加的影响和进行的调节。实行财务控制是落实财务预算、保证预算实现的有效措施，财务控制的效果也是责任绩效考评与奖惩的重要依据。

5. 财务分析

财务分析是根据企业核算资料，运用特定的方法，对企业财务活动过程及其结果进行分析和评价的一项工作。财务分析既是本期财务活动的总结，也是下期财务预测的前提，具有承上启下的作用。通过财务分析，企业可以掌握财务预算的完成情况，评价财务状况，研究和掌握财务活动的规律，改善财务预测、财务决策、财务预算和财务控制，提高企业财务管理水平。

四、企业财务管理环境

企业财务管理环境又称理财环境，是对企业财务活动和财务管理产生影响的企业内外各种条件的统称。

企业财务管理的外部环境是指企业外部的条件、因素和状况。本书只介绍外部环境，其主要包括以下方面。

1. 经济环境

在影响财务管理的各种外部环境中，经济环境极为重要。经济环境的内容十分广泛，包括经济体制、经济周期、经济发展水平、宏观经济政策及通货膨胀水平等。

（1）经济体制。在计划经济体制下，国家统筹企业资本，统一投资、统负盈亏，企业利润统一上缴，亏损全部由国家补贴，企业虽然是一个独立的核算单位，但无独立的理财权利。因此，计划经济体制下的财务管理活动的内容比较单一，财务管理方法比较简单。在市场经济体制下，企业成为自主经营、自负盈亏的经济实体，有独立的经营权，同时也有独立的理财权。企业可以从其自身需要出发，合理确定资本需要量，然后到市场上筹集资本，再把筹集到的资本投放到高效益的项目上以获取更大的收益，最后将收益根据需要进行分配，保证企业自始至终根据自身条件和外部环境做出各种财务管理决策。因此，市场经济体制下的财务管理活动的内容比较丰富，方法也复杂多样。

（2）经济周期。在市场经济条件下，经济的发展与运行带有一定的波动性，大体上要经历复苏、繁荣、衰退和萧条几个阶段的循环，这种循环称为经济周期。在不同的阶段，企业应采取不同的财务管理策略，如表1-1-1所示。

表 1-1-1　经济周期中的财务管理策略

复苏期	繁荣期	衰退期	萧条期
1. 增加厂房设备	1. 扩充厂房设备	1. 停止扩张	1. 建立投资标准
2. 实行长期租赁	2. 继续建立存货	2. 出售多余设备	2. 保持市场份额
3. 建立存货	3. 提高产品价格	3. 停产不利产品	3. 压缩管理费用
4. 开发新产品	4. 开展营销规划	4. 停止长期采购	4. 放弃次要利益
5. 增加劳动力	5. 增加劳动力	5. 削减存货	5. 削减存货
		6. 停止扩招员工	6. 裁减员工

（3）经济发展水平。财务管理的发展水平与经济发展水平密切相关。财务管理水平的提高，将推动企业降低成本、提高效率、提高效益，从而促进经济发展水平的提高；而经济发展水平的提高，将改变企业的财务战略、财务理念、财务管理模式和财务管理方法，从而促进企业财务管理水平的提高。财务管理应当以经济发展水平为基础，以宏观经济发展目标为导向，从业务工作的角度保证企业经营目标和经营战略的实现。

（4）宏观经济政策。加快完善社会主义市场经济体制，以进一步解放和发展生产力，在这个目标的指导下，我国已经或正在进行财税体制、金融体制、外汇体制、外贸体制、计划体制、价格体制、投资体制、社会保障制度等各项改革。所有这些改革措施，深刻地影响着我国的经济生活，也深刻地影响着我国企业的发展和财务活动的运行。例如，金融政策中的货币发行量、信贷规模会影响企业投资的资金来源和投资的预期收益；财税政策会影响企业的资金结构和投资项目的选择等；价格政策会影响资金的投向和投资的回收期及预期收益；会计制度的改革会影响会计要素的确认和计量，进而对企业财务活动的事前预测、决策及事后评价产生影响。

（5）通货膨胀水平。通货膨胀对企业财务活动的影响是多方面的，主要表现在以下方面。

① 引起资金占用大量增加，从而增加企业的资金需求。

② 引起企业利润虚增，造成企业资金流失。

③ 引起利润上升，提高企业的权益资本成本。

④ 引起有价证券价格下降，增加企业的筹资难度。

⑤ 引起资金供应紧张，增加企业的筹资难度。

为了减轻通货膨胀对企业造成的不利影响，企业应当采取措施予以防范。在通货膨胀初期，货币面临贬值的风险，这时企业进行投资可以规避风险，实现资本保值；与供应商签订长期购货合同，以减少物价上涨造成的损失；取得长期负债，保持资本成本的稳定。在通货膨胀持续期，企业可以采用比较严格的信用条件，减少企业债权；调整财务政策，防止和减少企业资本流失等。

2. 法律环境

市场经济是法治经济，企业的一些经济活动总是在一定法律规范内进行的。法律既为企业从事各种合法经济活动提供法律保护，同时也约束企业的非法经济行为。

国家相关法律法规按照对财务管理内容的影响情况可以分为以下几类。

（1）影响企业筹资的各种法律法规，主要有《中华人民共和国公司法》《中华人民共和国证券法》《中华人民共和国民法典》等。

（2）影响企业投资的各种法律法规，主要有《中华人民共和国公司法》《企业财务通则》等。

（3）影响企业收益分配的各种法律法规，主要有《中华人民共和国企业所得税法》《中华人民共和国公司法》《企业财务通则》等。

法律环境对企业的影响是多方面的，影响范围包括企业组织形式、公司治理结构、投融资活动、日常经营、收益分配等。例如，我国法律规定，企业可以采用独资、合伙、公司制等企业组织形式。企业组织形式不同，业主（股东）权利责任、企业投融资、收益分配、纳税等就不同，内部治理结构也不同。上述不同种类的法律法规，分别从不同方面约束了企业的经济行为，对企业财务管理产生重要的影响。

3. 金融环境

财务管理的金融环境，主要包括金融机构、金融工具、金融市场和利率4个方面。

（1）金融机构。社会资金从资金供应者手中转移到资金需求者手中，大多要通过金融机构。金融机构包括银行金融机构和其他金融机构。银行是指经营存款、放款、汇兑、储蓄等金融业务，承担信用中介的金融机构，包括各种商业银行和政策性银行，如中国工商银行、中国农业银行、中国银行、中国建设银行、国家开发银行、中国农业发展银行等。其他金融机构（即非银行金融机构）主要包括保险公司、信托公司、证券公司、财务公司、金融资产管理公司、金融租赁公司等。

（2）金融工具。金融工具是能够证明债权债务关系或所有权关系并据此进行货币资金交易的合法凭证，它对交易双方所应承担的义务与享有的权利具有法律效力。金融工具一般具有期限性、流动性、风险性和收益性4个基本特征。

（3）金融市场。金融市场是指资金供应者和资金需求者通过金融工具进行交易的场所。金融市场按组织方式的不同可划分为两个部分：一是有组织的、集中的场内交易市场，即证券交易所，它是证券市场的主体和核心；二是非组织化的、分散的场外交易市场，它是证券交易所的必要补充。

（4）利率。利率也称利息率，是利息额占本金的百分比指标。从资金的借贷关系来看，利率是一定时期内运用资金资源的交易价格。

利率主要由资金的供给与需求决定。除了这两个因素，经济周期、通货膨胀、国家货币政策和财政政策、国际政治经济关系、国家对利率的管制程度等，对利率的变动均有不同程度的影响。因此，资金的利率通常由3个部分组成。第一，纯粹利率。纯粹利率指无通货膨胀、无风险情况下的社会平均资金利润率，即资金时间价值。第二，通货膨胀附加率。投资收益要在将来获得，而通货膨胀会导致将来获得的资金购买力降低，为弥补这个损失，要求获取的投资收益应是考虑了通货膨胀附加率的收益。第三，风险报酬率。投资是有风险的，风险越大，投资者要求获得的收益就越高。风险的大小、性质不同，投资风险的附加水平也不同。利率可以用下式表示。

$$利率 = 纯粹利率 + 通货膨胀附加率 + 风险报酬率 \qquad （式1-1-1）$$

式1-1-1中，风险报酬率包括违约风险报酬率、流动性风险报酬率和期限风险报酬率。其中，违约风险报酬率是指为了弥补因债务人无法按时还本付息而带来的风险，债权人要求提高的利率；流动性风险报酬率是指为了弥补因资产存在短期内不能以合理价格变现而带来的风险，债权人要求提高的利率；期限风险报酬率是指为了弥补因面临存续期内市场利率上升导致价格下跌而带来的风险，债权人要求提高的利率。

 ## 任务小结

企业财务管理是按照法律法规和企业的经营要求，遵循资本营运规律，对企业财务活动进行组织、预测、决策、计划、控制、分析和监督等一系列管理工作的总称，是利用价值形式对企业财务活动及其体现的财务关系进行的综合性管理工作。企业财务活动包括筹资活动、投资活动、资金营运活动和收益分配活动。财务管理的目标和环境会影响企业财务管理，因此，明确企业财务管理目标和认知企业财务管理环境显得尤为重要。

阅读案例

报业集团对财务管理体制的选择

 ## 巩固与提升

一、单项选择题

1. 在市场经济条件下，财务管理的核心是（ 　　 ）。
   　A．财务预测 　　　　　　　　　　B．财务决策
   　C．财务控制 　　　　　　　　　　D．财务预算

2. 利润最大化目标的优点是（ 　　 ）。
   　A．反映企业创造剩余产品的能力
   　B．反映企业创造利润与投入资本的关系
   　C．反映企业所承受的风险程度
   　D．反映企业取得收益的时间价值因素

3. 根据相关者利益最大化财务管理目标理论，拥有较大权力并承担较大义务和风险的是（ 　　 ）。
   　A．股东 　　　　　　　　　　　　B．债权人

  C．企业经营者   D．供应商

4．下列（   ）属于财务管理的法律环境。

  A．经济周期   B．企业组织形式

  C．经济发展水平   D．经济政策

5．股东财富最大化作为企业财务管理目标，不具备的优点是（   ）。

  A．便于考核和奖惩

  B．考虑了风险因素

  C．体现了合作共赢的价值理念

  D．在一定程度上能够避免企业的短期行为

二、多项选择题

1．财务活动的内容主要有（   ）。

  A．筹资活动   B．投资活动

  C．资金营运活动   D．收益分配活动

2．企业的财务管理目标有（   ）。

  A．利润最大化   B．股东财富最大化

  C．企业价值最大化   D．相关者利益最大化

3．既能避免企业追求短期行为，又能考虑风险因素的财务管理目标有（   ）。

  A．利润最大化   B．股东财富最大化

  C．企业价值最大化   D．相关者利益最大化

4．下列属于财务管理经济环境构成要素的有（   ）。

  A．经济周期   B．经济发展水平

  C．宏观经济政策   D．公司治理结构

5．风险报酬率主要包括（   ）。

  A．违约风险报酬率   B．流动性风险报酬率

  C．期限风险报酬率   D．通货膨胀附加率

三、判断题

1．实现盈利的企业也可能因不能偿还到期债务而无法继续经营下去。   （   ）

2．如果企业现有资金不能满足企业的经营需要，还要采取短期借款的方式来筹集所需资金，这种产生企业资金收付的活动属于筹资活动。   （   ）

3．企业与政府之间的财务关系体现为一种投资与受资关系。   （   ）

4．就上市公司而言，将股东财富最大化作为财务管理目标的缺点之一是不容易量化。

                            （   ）

5．在经济衰退期，公司一般应当出售多余设备，停止长期采购。   （   ）

四、课后任务

选择1～2家公司的财务部进行认知学习。

任务二　资金时间价值

核心知识：资金时间价值的含义、年金的含义。
核心技能：复利终值和现值的计算与应用、年金终值和现值的计算与应用。

 **相关知识**

一、资金时间价值的概念和表现形式

1. 资金时间价值的概念

资金时间价值是指一定量的资金在不同时点上的价值量的差额，即资金经历一定时间的投资和再投资所增加的价值，也称为"货币时间价值"。例如，今年的10 000元的价值可能比明年的10 000元的价值更高，因为我们今天将10 000元存到银行，如果一年期的存款年利率为3%，到了明年的同一时间，这10 000元就可以增值到10 300元。

资金时间价值的实质是资金周转使用后的增值额。一般而言，它相当于在没有风险、没有通货膨胀的情况下的社会平均资金利润率。

2. 资金时间价值的表现形式

资金时间价值可以用相对数来表示，也可以用绝对数来表示。相对数，即时间价值率，是增值额占投资额的百分比。绝对数，即时间价值额，是投资额与时间价值率的乘积。

因为资金具有时间价值，所以不同时点的资金不宜直接比较，需要将不同时点的资金量换算到相同的时点上，然后才能进行价值大小的比较。

二、资金时间价值的计算方式和指标

1. 资金时间价值的计算方式

单利是指本金按期数计算利息，而本金产生的利息不再计算利息。

复利就是人们常说的"利滚利"，即利息在下期转化为本金，与原来的本金一起计息。在复利计息方式下，不仅本金能生利，利息也能生利。

2. 资金时间价值的指标

资金时间价值主要包括两个指标：一是终值，又称将来值，是指现在一定量的货币折算到未来某一时点所对应的金额，通常记为"F"；二是现值，是指未来某一时点上一定量的货币折算到现在所对应的金额，通常记为"P"。终值和现值是一定量的货币在前后两个不同时点上对应的价值，其差额即资金时间价值。

 任务实训

资金时间价值的应用范围很广，涉及企业筹资、投资、营运等各个环节。资金时间价值的计算与应用形式主要分为三种：一是一次性收付款项的计算及应用，二是年金的计算及应用，三是混合现金流的计算及应用。混合现金流的计算及应用往往建立在前两者的基础之上，本任务实训不作详细介绍，感兴趣的读者可查阅相关资料学习。

一、一次性收付款项的计算及应用

一次性收付款项是指在某一特定时点上一次性支付（收取），经过一段时间后再相应地一次性收取（支付）的款项。在日常理财过程中，需要对一次性收付款项的现值或终值等指标进行计算，得出所需的相关指标，以做出科学的决策。一次性收付款项终值、现值的计算如图1-2-1所示。

图 1-2-1　一次性收付款项终值、现值的计算

1. 单利终值与现值的计算与应用

（1）单利终值的计算（已知现值求终值）。计算公式如下。

$$F=P+I=P+P\times i\times n=P（1+i\times n）\qquad（式1-2-1）$$

其中，F 为终值，P 为现值，I 为利息，i 为利率（折现率），n 为计息期。

（2）单利现值的计算（已知终值求现值）。计算公式如下。

$$P=F/（1+i\times n）\qquad（式1-2-2）$$

 提示

单利终值系数和单利现值系数互为倒数。

【任务1-2-1】王先生现在有一笔资金10 000元，如果存进银行做定期储蓄存款，期限3年，年利率为3%，按单利计息，则到期时王先生所得的本利和为多少？

【解析】$F=P（1+i\times n）=10\,000\times（1+3\%\times3）=10\,900$（元）。

按照每年3%的单利计息，10 000元本金在3年内的利息为900元。如果按照单利计算，3年后的10 900元相当于现在的多少资金呢？这就是所谓的"现值"问题。

【任务1-2-2】张先生想在3年后从银行取出10 900元，假设银行当前的3年期存款年利率为3%，按单利计息，那么他现在应该存进多少元？

【解析】$P=F/（1+i\times n）=10\,900/（1+3\%\times3）=10\,000$（元）。

随堂练习

（1）甲企业向银行借款30万元，年利率为8%，期限为3年，按单利计息。3年后该企业应偿还的本利和是多少？

（2）李某希望5年后能存够60万元，年利率为10%，按单利计息，那么他现在应该向银行存入多少元？

2. 复利终值与现值的计算与应用

（1）复利终值的计算（已知现值求终值）。复利的终值是一定量的本金按复利计算若干期后的本利和，如图1-2-2所示。

图 1-2-2 复利终值

计算公式如下。

$$F=P(1+i)^n=P(F/P, i, n) \qquad (式1-2-3)$$

式1-2-3中，$(1+i)^n$为复利终值系数，用符号$(F/P, i, n)$表示，其值可查阅本书附录中的复利终值系数表（见附表1）。

（2）复利现值的计算（已知终值求现值）。复利的现值是复利终值的逆运算，它是指未来某一特定时点收取（支付）的一笔款项按折现率所计算的现在的价值，如图1-2-3所示。

图 1-2-3 复利现值

计算公式如下。

$$P=F(1+i)^{-n}=F(P/F, i, n) \qquad (式1-2-4)$$

式1-2-4中，$(1+i)^{-n}$为复利现值系数，用符号$(P/F, i, n)$表示，其值可查阅本书附录中的复利现值系数表（见附表2）。

 提示

复利终值系数和复利现值系数互为倒数。在财务管理中，一般按复利计息。

【任务1-2-3】王先生现在有一笔资金10 000元，如果存进银行做定期储蓄存款，期限3年，年利率为3%，则到期时王先生所得的本利和为多少？

【解析】$F=P(F/P, i, n)=10 000×(F/P, 3\%, 3)=10 000×1.092 7=10 927（元）$。

【任务1-2-4】张先生想在5年后从银行取出50 000元，假设银行存款年利率为5%，那么他现在应该存入银行多少元？

【解析】$P=F(P/F, i, n)=50 000×(P/F, 5\%, 5)=50 000×0.783 5=39 175（元）$。

技能拓展 **Excel 在复利终值及现值计算中的应用**

1. 使用插入函数法计算复利终值

本法是指在 Excel 环境下，通过插入财务函数FV，并根据计算机系统的提示，正确输入已知的现值pv、期限nper和折现率rate，从而直接求得终值FV的方法。

沿用【任务1-2-3】中的有关数据，利用插入函数法确定其终值，解析如下。

【解析】从已知条件可以看出，这是已知现值计算终值的问题，可以使用函数FV进行计算，其中参数pv为10 000，nper为3，rate为3%，其余参数可省略，如图1-2-4所示。

Excel 在复利终值及现值计算中的应用

在图 1-2-4 所示的 B5 单元格中输入公式"= FV（B4，B3，，−B2）"，即可得到 3 年后王先生所得的本利和为 10 927.27 元。

2. 使用插入函数法计算复利现值

本法是指在 Excel 环境下，通过插入财务函数 PV，并根据计算机系统的提示，正确输入已知的终值 fv、期限 nper 和折现率 rate，从而直接求得现值 PV 的方法。

	B5	▼	f_x	=FV(B4,B3,,-B2)	
	A		B		C
1	**一次性收付款项复利终值的计算**				
2	现值（元）		10000		
3	期限（年）		3		
4	年利率		3%		
5	复利终值（元）		10,927.27		

图 1-2-4　一次性收付款项复利终值的计算

沿用【任务 1-2-4】中的有关数据，利用插入函数法确定其现值，解析如下。

【解析】从题意可知，这是已知终值计算现值的问题，可以使用函数 PV 进行计算，其中参数 fv 为 50 000，nper 为 5，rate 为 5%，其余参数可省略，如图 1-2-5 所示。

在图 1-2-5 所示的 B5 单元格中输入公式"=PV（B4，B3，，B2）"，就可以得出张先生现在应存入银行 39 176.31 元。

	B5	▼	f_x	=PV(B4,B3,,B2)	
	A		B		C
1	**一次性收付款项复利现值的计算**				
2	终值（元）		50000		
3	期限（年）		5		
4	年利率		5%		
5	复利现值（元）		−39,176.31		

图 1-2-5　一次性收付款项复利现值的计算

提示

（1）财务函数一般可采用以下 3 种方法输入。

① 先将相关数据输入 Excel 表格中，然后单击【公式】选项卡中的【插入函数】按钮，在弹出的【插入函数】对话框中，找到所需的财务函数，单击【确定】按钮，弹出【函数参数】对话框。单击参数输入文本框右侧的折叠按钮，然后选择相关数据所在单元格，最后单击【确定】按钮。

② 在【函数参数】对话框中直接输入数据，这种方法一般用于只需要计算一个结果的情况。

③ 在单元格中直接输入财务函数。这种方法需要记住函数名称及其所使用的参数，要做到这点比较困难，所以并不常用。

（2）在本书所有的参数设置中，凡是投资（支出）的金额都以负数表示，收益（收入）的金额都以正数表示。

（3）因计算过程中保留小数位数不同，导致人工计算与 Excel 软件计算的结果可能略有差异，后面不再说明。

随堂练习

（1）某投资者在 2022 年向银行存入一笔 3 万元的款项，按复利计息，年利率为 2%，则 6 年后得到多少本利和？

（2）刘先生拟购房，开发商提出两个方案，甲方案是现在一次性支付 80 万元，乙方案是 5 年后一次性支付 100 万元，若银行按揭贷款年利率为 7%，问刘先生应如何付款？

知识链接　　实际利率与名义利率的换算

当每年复利次数超过一次时，所给定的年利率称为名义利率，也称报价利率。而每年只复利一次的利率称为实际利率，也称有效年利率。每年复利次数为 m，将名义利率 r 调整为实际利率 i 的换算公式如下。

$$i=\left(1+\frac{r}{m}\right)^{m}-1 \qquad (\text{式}1\text{-}2\text{-}5)$$

【**任务1-2-5**】某企业向银行借款30 000元，按季度计息，年利率为8%，则3年后这笔借款的终值为多少？

【**解析**】方法一，调整期数和利率。

$F=P\,(F/P,\ i,\ n)=30\,000\times(F/P,\ 8\%/4,\ 3\times4)=30\,000\times1.268\,2=38\,046$（元）。

方法二，按照实际利率计算（本书计算结果默认保留小数点后两位数字，以下不再重复说明）。

$$i=\left(1+\frac{r}{m}\right)^{m}-1=\left(1+\frac{8\%}{4}\right)^{4}-1=8.24\%\ 。$$

$F=P\,(F/P,\ i,\ n)=30\,000\times(F/P,\ 8.24\%,\ 3)=30\,000\times1.268\,2=38\,046$（元）。

二、年金的计算及应用

在日常经济活动中，资金除了存在一次性收付款项的情况，还存在分期等额系列收付款项的情况。年金是指在一定时期内每期发生的等额系列收付款项，通常用"A"表示。年金存在的形式多种多样，主要表现为连续发生的等额利息、等额租金、等额保险费、等额分期收款、等额分期付款等。年金、现值或终值的计算关系如图1-2-6所示。

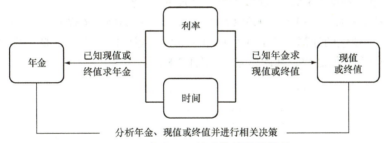

图 1-2-6　年金、现值或终值的计算关系

年金按其收付发生的时点不同，分为普通年金、预付年金、递延年金、永续年金等。

1. 普通年金终值和现值的计算

普通年金，又称后付年金，是指一定时期内每期期末等额的系列收付款项。

 提示

年金收付间隔期不一定是一年，可以是半年、一个季度、一个月等。

（1）普通年金终值的计算。普通年金终值犹如零存整取的本利和，它是一定时期内每期期末等额收付款项的复利终值之和，计算方法如图1-2-7所示。

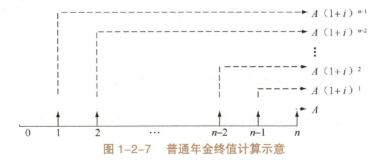

图 1-2-7　普通年金终值计算示意

普通年金终值的计算公式如下。

$$F=A(1+i)^0+A(1+i)^1+A(1+i)^2+\cdots+A(1+i)^{n-1}$$
$$=A\frac{(1+i)^n-1}{i}$$
$$=A(F/A, i, n) \qquad \text{（式1-2-6）}$$

式1-2-6中，$\frac{(1+i)^n-1}{i}$ 为年金终值系数，用符号（F/A, i, n）表示，其值可查阅本书附录中的年金终值系数表（见附表3）。

【任务1-2-6】李女士计划每年年末存入银行10 000元，共存10年，以便能在10年后退休时拥有一笔养老金，已知年利率为2%，请问李女士10年后可从银行取出多少钱？

【解析】$F=A(F/A, i, n)$=10 000×（F/A, 2%, 10）=10 000×10.949 7=109 497（元）。

偿债基金是指为了在约定的未来某一时点清偿某笔债务或积累一定数额的资金而必须分次等额形成的存款准备金。简单来说，就是为了在第n期期末偿付或积累F，每期期末应该存入的金额A。

根据$F=A(F/A, i, n)$，推导出$A=F/(F/A, i, n)$或$A=F(A/F, i, n)$。其中，（A/F, i, n）为偿债基金系数，它与年金终值系数互为倒数。

【任务1-2-7】某人拟在5年后还清10 000元的债务，从现在起每年年末等额存入银行一笔款项。假设银行存款年利率为6%，则其每年需要存入多少元？

【解析】$A=F/(F/A, i, n)$=10 000/（F/A, 6%, 5）=10 000/5.637 1=1 773.96（元）。

（2）普通年金现值的计算。普通年金现值犹如整存零取的本金，它是一定时期内每期期末等额收付款项的复利现值之和。其计算方法如图1-2-8所示。

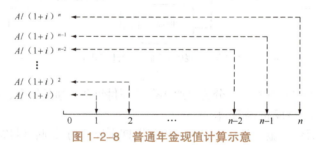

图1-2-8 普通年金现值计算示意

普通年金现值的计算公式如下。

$$P=A(1+i)^{-1}+A(1+i)^{-2}+\cdots+A(1+i)^{-(n-1)}+A(1+i)^{-n}$$
$$=A\frac{1-(1+i)^{-n}}{i}$$
$$=A(P/A, i, n) \qquad \text{（式1-2-7）}$$

式1-2-7中，$\frac{1-(1+i)^{-n}}{i}$ 为年金现值系数，用符号（P/A, i, n）表示，其值可查阅本书附录中的年金现值系数表（见附表4）。

【任务1-2-8】王先生准备出国，出国期限为5年。在出国期间，他每年年末需支付1万元的物业管理费等费用，已知银行年利率为5%，王先生现在需要在银行存入多少元才能保证5年中每年年末有1万元用于支付相关费用？

【解析】$P=A(P/A, i, n)$=10 000×（P/A, 5%, 5）=10 000×4.329 5=43 295（元）。

年资本回收额是指在约定年限内等额回收初始投入资本或清偿所欠债务的金额。简单来说，就是现在投入资本或借入债务P，每期期末应等额收回或清偿的金额A，即为年资本回收额。

根据$P=A(P/A, i, n)$，推导出$A=P/(P/A, i, n)$或$A=P(A/P, i, n)$。其中，$(A/P, i, n)$为资本回收系数，它与年金现值系数互为倒数。

 提示

普通年金终值系数和偿债基金系数互为倒数，普通年金现值系数和资本回收系数互为倒数。

【任务1-2-9】若现在向银行借10 000元，打算5年内每年年末分期还款，借款年利率为6%，则每年还款额为多少？

【解析】$A=P/(P/A, i, n)=10\,000/(P/A, 6\%, 5)=10\,000/4.212\,4=2\,373.94$（元）。

技能拓展　　**Excel 在普通年金终值及现值计算中的应用**

1. 使用插入函数法计算普通年金终值

本法是指在Excel环境下，通过插入财务函数FV，并根据计算机系统的提示，正确输入已知的年金pmt、期限nper和折现率rate，从而直接求得终值FV的方法。

Excel 在普通年金计算中的应用

沿用【任务1-2-6】中的有关数据，利用插入函数法确定其终值，解析如下。

【解析】从已知条件可以看出，这是要计算普通年金终值，所以可以采用函数FV进行计算，其中参数pmt为1，nper为10，rate为2%，其余参数可省略，如图1-2-9所示。

B5	fx　=FV(B4,B3,-B2)	
	A	B	C
1	普通年金终值的计算	
2	年金（万元）	1
3	期限（年）	10
4	年利率	2%
5	年金终值（万元）	10.95

图1-2-9　普通年金终值的计算

在图1-2-9所示的B5单元格中输入公式"=FV(B4, B3, −B2)"，得出李女士10年后可从银行取出10.95万元。

2. 使用插入函数法计算普通年金现值

本法是指在Excel环境下，通过插入财务函数PV，并根据计算机系统的提示，正确输入已知的年金pmt、期限nper和折现率rate，从而直接求得现值PV的方法。

沿用【任务1-2-8】中的有关数据，利用插入函数法确定其现值，解析如下。

【解析】从题意可知，这是要计算普通年金现值，所以可以采用函数PV进行计算，其中参数pmt为1，nper为5，rate为5%，其余参数可省略，如图1-2-10所示。

B5	fx　=PV(B4,B3,-B2)	
	A	B	C
1	普通年金现值的计算	
2	年金（万元）	1
3	期限（年）	5
4	年利率	5%
5	年金现值（万元）	4.33

图1-2-10　普通年金现值的计算

在图1-2-10所示的B5单元格中输入公式"=PV(B4, B3, −B2)"，就可以得出王先生现在应向银行存入4.33万元。

3. 使用插入函数法计算普通年金

本法是指在Excel环境下，通过插入财务函数PMT，并根据计算机系统的提示，正确输入已知的现值pv、终值fv、期限nper和折现率rate，从而直接求得普通年金PMT的方法。

沿用【任务1-2-7】中的有关数据，利用插入函数法确定其年金，解析如下。

【解析】从题意可知，这是要计算普通年金，所以可以采用函数PMT进行计算，其中参数fv为10 000，nper为5，rate为6%，其余参数可省略，如图1-2-11所示。

在图1-2-11所示的B5单元格中输入公式"=PMT（B2，B3，，B4）"，就可以得出每年需要存入1 773.96元（图1-2-11中"–"代表存入）。

	A	B	C
	B5	▼	fx =PMT(B2,B3,,B4)
1	普通年金的计算		
2	年利率	6%	
3	期限（年）	5	
4	年金终值（元）	10000	
5	年金（元）	-1 773.96	

图 1-2-11　普通年金的计算

随堂练习

（1）李某每年年末存入银行20 000元，年利率为7%，则6年后可得到多少元？

（2）张先生拟在3年后还清200 000元的债务，年利率为3%，从现在起每年年末等额存入一笔款项，则每年需存入多少元？

（3）刘女士外出工作4年，请你代付房租，每年年末付租金20 000元。若银行年利率为4%，她现在应该在银行存入多少元？

（4）假设陈先生现在以10%的年利率借款50万元，投资于某个期限为10年的项目，每年年末至少要收回多少万元才不会亏损？

2. 预付年金终值和现值的计算

预付年金是指一定时期内每期期初等额的系列收付款项，又称先付年金或即付年金。

（1）预付年金终值的计算。预付年金的终值是各期期初等额系列收付款项的复利终值之和。通过比较图1-2-12所示的普通年金和预付年金终值计算的时间可知，预付年金终值比普通年金终值要多一个计息期。

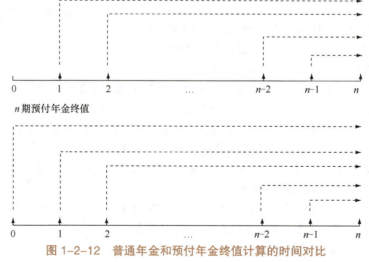

图 1-2-12　普通年金和预付年金终值计算的时间对比

预付年金终值的计算公式如下。

$$F=A(1+i)^1+A(1+i)^2+\cdots+A(1+i)^{n-1}+A(1+i)^n$$

$$=A\frac{(1+i)^n-1}{i}(1+i)$$

$$=A[(F/A, i, n+1)-1]$$ （式1-2-8）

 提示

预付年金终值系数通过普通年金终值系数换算，方法为"期数加1，系数减1"。

【任务1-2-10】张先生计划每年年初向银行存入20 000元，以便第3年年末积累一笔资金买车，若银行存款年利率为6%，则3年后张先生共积累了多少元买车？

【解析】

方法一：$F=20\,000\times(F/A, 6\%, 3)(1+6\%)=20\,000\times3.183\,6\times1.06=67\,492.32$（元）。

方法二：$F=20\,000\times[(F/A, 6\%, 3+1)-1]=20\,000\times(4.374\,6-1)=67\,492$（元）。

（2）预付年金现值的计算。预付年金的现值是各期期初等额系列收付款项的复利现值之和。通过比较图1-2-13所示的普通年金和预付年金现值计算的时间可知，预付年金现值比普通年金现值少折现一期。

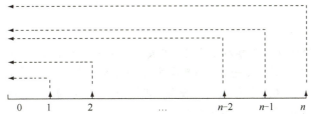

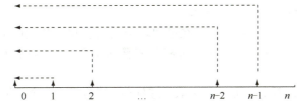

图1-2-13　普通年金和预付年金现值计算的时间对比

预付年金现值的计算公式如下。

$$P=A(1+i)^{-0}+A(1+i)^{-1}+A(1+i)^{-2}+\cdots+A(1+i)^{-(n-2)}+A(1+i)^{-(n-1)}$$

$$=A\frac{1-(1+i)^{-n}}{i}(1+i)$$

$$=A[(P/A, i, n-1)+1]$$ （式1-2-9）

 提示

预付年金现值系数通过普通年金现值系数换算，方法为"期数减1，系数加1"。

【任务1-2-11】 王先生拟购一套住房，开发商提出两种方案，一是现在一次性付800万元，二是从现在起每年年初付200万元，连续支付5年。若目前的银行贷款年利率为7%，则王先生应选择哪种付款方案？

【解析】 方案一中现值P=800（万元）。

方案二中现值P=200×（P/A，7%，5）（1+7%）=200×4.100 2×1.07=877.44（万元）。

由于方案一现值小于方案二的现值，所以选择方案一。

📝 **技能拓展**　　**Excel 在预付年金终值及现值计算中的应用**

预付年金终值及现值的计算方法与普通年金的相似，主要区别在于计算预付年金终值及现值时要将参数 type 设为1。

Excel在预付年金终值及现值计算中的应用

📝 **随堂练习**

（1）为了给女儿上大学准备资金，刘女士计划未来6年每年年初存入银行10 000元，若银行年利率为5%，则刘女士在第6年年末能一次性取出多少本利和？

（2）甲公司在2023年租入一台设备，租期为5年，若每年年初支付租金30 000元，年利率为6%，则5年中租金的总现值为多少？

3. 递延年金终值和现值的计算

递延年金，又叫延期年金，是指在最初若干期没有收付款项的情况下，随后若干期发生的等额系列收付款项。递延年金是一种特殊的普通年金。m期以后的n期递延年金如图1-2-14所示。

从图1-2-14中可以看出，前m期（m表示递延期）没有发生现金收付，第一次收付发生在$m+1$期期末，连续收付n期（n表示收付期）。

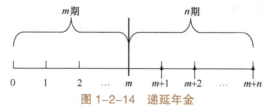

图 1-2-14　递延年金

（1）递延年金终值的计算。递延年金终值只与收付期有关，与递延期无关。其计算方法与普通年金终值的计算方法相似，即

$$F=A（F/A，i，n）\qquad（式1-2-10）$$

提示

n表示A的个数，与递延期无关。

（2）递延年金现值的计算。递延年金现值的计算有以下3种方法。

① 补缺法。假设递延期中也发生等额系列收付款项，先计算出$m+n$期的普通年金现值，然后扣除实际并未收付的m期年金现值，即可得到递延年金现值。公式如下。

$$P=P_{m+n}-P_m$$
$$=A\,(P/A,\ i,\ m+n)-A\,(P/A,\ i,\ m)$$
$$=A[\,(P/A,\ i,\ m+n)-(P/A,\ i,\ m)\,] \tag{式1-2-11}$$

② 分段法。将递延年金看成n期普通年金，先求出m期期末的现值，然后再将此现值折算到第一期期初，即可得到n期递延年金现值。公式如下。

$$P=A\,(P/A,\ i,\ n)\,(P/F,\ i,\ m) \tag{式1-2-12}$$

③ 折终折现法。先计算递延年金在$m+n$期期末的终值，然后将此终值折算到第一期期初求现值，即可得到递延年金现值。公式如下。

$$P=A\,(F/A,\ i,\ n)\,(P/F,\ i,\ m+n) \tag{式1-2-13}$$

 提示

在计算递延年金现值之前，一定要准确判断递延期的数值。如何确定递延期呢？
（1）知道递延年金的第一次收付发生在第几期期末（假设为第X期期末）。
（2）根据（$X-1$）的数值即可确定递延期。

【任务1-2-12】某企业进行项目投资，该项目于2019年年初动工，施工期为3年，于2022年年初建成投产，从投产之日起每年年末得到收益4万元。按年利率6%计算，则10年后的收益于2019年年初的现值是多少？

【解析】方法一：$P=4\times[\,(P/A,\ 6\%,\ 13)-(P/A,\ 6\%,\ 3)\,]=4\times(8.852\ 7-2.673)=24.72$（万元）。

方法二：$P=4\times(P/A,\ 6\%,\ 10)(P/F,\ 6\%,\ 3)=4\times7.360\ 1\times0.839\ 6=24.72$（万元）。

方法三：$P=4\times(F/A,\ 6\%,\ 10)(P/F,\ 6\%,\ 13)=4\times13.180\ 8\times0.468\ 8=24.72$（万元）。

技能拓展　　Excel 在递延年金终值及现值计算中的应用

1. 使用插入函数法计算递延年金终值

递延年金终值只与收付期n有关，与递延期m无关，所以$m+n$期期末的递延年金终值可以按照n期的普通年金终值的公式计算。

2. 使用插入函数法计算递延年金现值

沿用【任务1-2-12】中的有关数据，利用插入函数法确定其现值，解析如下。

Excel 在递延年金终值及现值计算中的应用

【解析】从题意可知，这是要计算递延年金现值，其中递延期为3年，年金为4万元，年利率为6%，有10年的普通年金，可以按以下3种方法计算。

（1）补缺法。在图1-2-15所示的B6单元格中输入公式"=PV(B5, B3+B4, B2)"，计算出第13年的普通年金现值是35.41万元；在B7单元格中输入公式"=PV(B5, B4, B2)"，计算出递延期3年的年金现值是10.69万元；最后在B8单元格中输入公式"=B6-B7"，即可计算出它的现值是24.72万元。

	A	B
	B8 ▼ fx =B6-B7	
1	递延年金现值的计算	
2	年金（万元）	4
3	年金期限n（年）	10
4	递延期数m（年）	3
5	年利率	6.00%
6	(m+n)期的年金现值（万元）	−35.41
7	m期的年金现值（万元）	−10.69
8	递延年金现值（万元）	−24.72

图1-2-15　递延年金现值的计算——补缺法

（2）分段法。在图1-2-16所示的B6单元格中输入公式"=PV(B5, B3, B2,, 0)"，计算出第3年年末的普通年金现值是29.44万元，然后以此结果作为终值，在B7单元格中输入公式"=PV(B5, B4,, −B6)"，计算出它的现值是24.72万元。

	A	B
	B7 ▼ fx =PV(B5, B4,, −B6)	
1	递延年金现值的计算	
2	年金（万元）	4
3	年金期限n（年）	10
4	递延期数m（年）	3
5	年利率	6.00%
6	发生年金n期的现值（万元）	−29.44
7	递延年金现值（万元）	−24.72

图1-2-16　递延年金现值的计算——分段法

（3）折终折现法。在图1-2-17所示的B6单元格中输入公式"=FV(B5, B3, B2)"，计算出第13年年末的递延年金终值是52.72万元，然后以此结果作为终值，在B7单元格中输入公式"=PV(B5, B3+B4,, −B6)"，计算出它的现值是24.72万元。

	A	B
	B7 ▼ fx =PV(B5, B3+B4,, −B6)	
1	递延年金现值的计算	
2	年金（万元）	4
3	年金期限n（年）	10
4	递延期数m（年）	3
5	年利率	6.00%
6	递延年金终值（万元）	−52.72
7	递延年金现值（万元）	−24.72

图1-2-17　递延年金现值的计算——折终折现法

📝 随堂练习

（1）有一项年金，从第3年年末起，每年年末取出20 000元，直至第6年年末全部取完，年利率为8%，最初一次存入银行的款项为多少？

（2）有一项年金，前3年年初无流入，后5年每年年初流入50 000元，年利率为10%，该项年金的现值为多少？

4. 永续年金现值的计算

永续年金是指无限期等额收付的年金,可视为普通年金的特殊形式,即期限趋于无穷的普通年金,如图1-2-18所示。日常生活中,存本取息、优先股、奖学金都可视为永续年金的例子。

图 1-2-18 永续年金

由于永续年金持续期趋于无穷大,没有终止的时间,因此没有终值。永续年金现值的计算公式可以通过普通年金现值的计算公式推导得出。

$$P = A\frac{1-(1+i)^{-n}}{i}(n \to \infty) = \frac{A}{i}$$ （式 1-2-14）

提示

除了永续年金没有终值,其他种类的年金都有终值。

【任务1-2-13】某学校设立永久性奖学金,每年计划发放50 000元,若年利率为8%,则该项奖学金的本金应为多少?

【解析】$P=A/i=50\,000/8\%=625\,000$(元)。

随堂练习

某企业想给学校创立一个永久性的爱心基金,希望每年能从该基金中拿出10万元用于经济困难学生的生活补助。若年利率为4%,则企业要向学校捐赠多少元才能创建该爱心基金呢?

知识链接　混合收付款项现值、终值的计算及利率的计算

1. 混合收付款项现值和终值的计算

混合收付款项是指各期不相等的收付款项。对于混合收付款项终值(现值)的计算,可先计算出每次收付款项的复利终值(现值),然后加总得到最终结果。

【任务1-2-14】刘先生准备第1年年末存入银行1万元,第2年年末存入银行3万元,第3～5年每年年末存入银行4万元,存款年利率为10%,则这5年存款的现值合计是多少?

【解析】$P=1\times(P/F, 10\%, 1)+3\times(P/F, 10\%, 2)+4\times[(P/F, 10\%, 3)+(P/F, 10\%, 4)+$
　　　　$(P/F, 10\%, 5)]$
　　　$=1\times0.909\,1+3\times0.826\,4+4\times(0.751\,3+0.683\,0+0.620\,9)$
　　　$=11.61$(万元)。

2. 利率的计算

计算利率时,首先要计算出有关的资金时间价值系数,然后查找相应的系数表(如复利终值系数表、复利现值系数表、年金终值系数表、年金现值系数表)。如果在系数表中能找到这个

系数值，则对应的利率即为所求的利率；如果不能，则在系数表中找出最接近该系数值的一大一小两个系数及其对应的利率，运用内插法求出利率。

内插法一般是指数学上的直线内插法，其原理是根据比例关系建立一个方程，然后解方程计算得出所求的数据。内插法在财务管理中的应用很广泛，如在复利计息方式下，利率与现值（终值）系数之间存在一定的数量关系。已知现值（或终值）系数，则可以通过内插法计算对应的利率。

$$i = i_1 + \frac{B - B_1}{B_2 - B_1}(i_2 - i_1)$$

（式1-2-15）

式1-2-15中，所求利率为i，与i对应的现值（终值）系数为B，B_1、B_2为现值（终值）系数表中与B相邻的系数，i_1、i_2为B_1、B_2对应的利率。

利率与系数值的关系如图1-2-19所示。

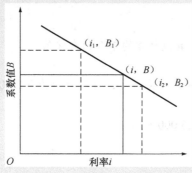

图1-2-19　利率与系数值的关系

【任务1-2-15】某公司因资金周转需要在第1年年初借款30 000元，双方约定每年年末还款5 000元，连续8年还清，则此项借款年利率为多少？

【解析】根据题意，已知P=30 000，A=5 000，n=8，求i。

由$P=A(P/A, i, n)$可得，

30 000=5 000×$(P/A, i, 8)$，则$(P/A, i, 8)$=6。

查年金现值系数表，当n=8时，

利率（i）	系数值（B）
i_1=6%	B_1=6.209 8
i=？	B=6
i_2=7%	B_2=5.971 3

根据内插法可得，

$$i = 6\% + \frac{6 - 6.209\,8}{5.971\,3 - 6.209\,8} \times (7\% - 6\%) = 6.88\%$$

3.计息期的计算

在已知现值、终值、年金、利率等要素的情况下，计息期的计算方法和利率的计算方法相同，也可使用内插法计算，本书不做详细介绍，感兴趣的读者可查阅资料了解。

技能拓展　　　　**Excel 在利率及计息期计算中的应用**

1. 使用插入函数法计算利率

本法是指在 Excel 环境下，通过插入财务函数 RATE，并根据计算机系统的提示，正确输入已知的现值 pv、终值 fv、期限 nper、年金 pmt 和估计利率 guess，从而直接求得利率 RATE 的方法。

Excel 在利率及计息期计算中的应用

注：参数估计利率 guess 如果与实际利率相差较大，则会出现错误，需要重新估计；如果省略不写，则假定该值为 10%。通常情况下该参数可省略。

沿用【任务 1-2-15】中的有关数据，利用插入函数法确定其利率，解析如下。

【解析】从题意可知，这是要计算普通年金利率，可以采用函数 RATE 进行计算，其中参数 pv 为 30 000，pmt 为 5 000，nper 为 8，其余参数省略，如图 1-2-20 所示。

在图 1-2-20 所示的 B5 单元格中输入公式"=RATE(B3，-B2，B4)"，就可以得出此项借款年利率为 6.88%。

B5	f_x =RATE(B3,-B2,B4)	
	A	B	C
1	普通年金利率的计算	
2	年金（元）	5000
3	期限（年）	8
4	年金现值（元）	30000
5	年利率	6.88%

图 1-2-20　普通年金利率的计算

2. 使用插入函数法计算计息期

本法是指在 Excel 环境下，通过插入财务函数 NPER，并根据计算机系统的提示，正确输入已知的现值 pv、终值 fv、年金 pmt 和利率 rate，从而直接求得计息期 NPER 的方法。计息期函数 NPER 的使用方法与利率函数 RATE 的使用方法相似，此处不再详细介绍。

大数据应用　　　　**基于文本挖掘技术分析股民情感指数与股价变化的影响关系**

作为金融市场的重要组成部分，股票市场对促进国民经济发展和推动世界经济一体化进程具有重要的作用。而对现代股票市场而言，网络已成为交易的重要平台之一，实时股评中包含丰富的金融信息，体现了投资者的情绪变化。因此，对股市的研究可以考虑从股评入手进行挖掘分析。

利用文本挖掘方法对在东方财富网股吧抓取的上证指数股评文本进行分析，并据此利用基于情感词典的方法研究评论的情感倾向，可以分析股评者的心理状态及非理性行为，得出股票价格变化与投资者情绪变化之间的影响关系，为投资决策的制定提供参考。

文本挖掘之情感分析(上)　　文本挖掘之情感分析(中)　　文本挖掘之情感分析(下)　　股民情感与股票价格之间的关系——Python代码实现

任务小结

资金时间价值是指一定量的资金在不同时点上的价值量的差额。在对这一概念理解的基础上，不仅需要记住一次性收付款项终值与现值公式、4种年金终值和现值公式，而且还要掌握它们的计算方法。

巩固与提升

一、单项选择题

1．甲某拟存入一笔资金以备3年后使用。假定银行3年期存款年利率为5%，甲某3年后需用的资金总额为34 500元，则在单利计息情况下，目前需存入的资金为（　　　　）元。

    A．30 000　　　　B．29 803.04　　　　C．32 857.14　　　　D．31 500

2．如果某人现有退休金100 000元，准备存入银行。在银行年利率为4%的情况下，其10年后可以从银行取得（　　　　）元。

    A．140 000　　　　B．148 020　　　　C．120 000　　　　D．150 000

3．一定时期内每期期初等额收付的系列款项是（　　　　）。

    A．预付年金　　　　B．永续年金　　　　C．递延年金　　　　D．普通年金

4．某企业拟建立一项基金，每年年初投入100 000元，若年利率为10%，5年后该项基金本利和为（　　　　）元。

    A．671 561　　　　B．564 100　　　　C．871 600　　　　D．610 500

5．在普通年金终值系数的基础上，期数加1、系数减1所得的结果，在数值上等于（　　　　）。

    A．普通年金现值系数

    B．预付年金现值系数

    C．普通年金终值系数

    D．预付年金终值系数

6．已知（P/A，10%，4）=3.169 9，（P/A，10%，5）=3.790 8，（P/A，10%，6）=4.355 3，则5年期、折现率为10%的预付年金现值系数是（　　　　）。

    A．4.169 9　　　　B．4.790 8　　　　C．5.355 3　　　　D．6.206 4

7．已知（P/A，12%，9）=5.328 2，（P/A，14%，9）=4.946 4，某公司向银行借入20 000元，借款期为9年，每年年末的还本付息额为4 000元，则借款年利率为（　　　　）。

    A．13.06%　　　　B．13.72%　　　　C．15.36%　　　　D．16.5%

8．已知（F/A，10%，9）=13.579 5，（F/A，10%，11）=18.531 2，则10年期、年利率为10%的预付年金终值系数为（　　　　）。

    A．17.531 2　　　　B．15.937 2　　　　C．14.579 5　　　　D．12.579 5

9．某公司拟于5年后一次性还清所欠债务100 000元，假定银行利率为10%，5年期，年利率为10%的普通年金终值系数为6.105 1；5年期，年利率为10%的普通年金现值系数为3.790 8，则应从现在起每年年末等额存入银行的偿债基金为（　　　　）元。

    A．16 379.75　　　　B．26 379.66　　　　C．379 080　　　　D．610 510

10．在下列各项资金时间价值系数中，与资本回收系数互为倒数关系的是（　　　　）。

    A．（P/F，i，n）　　B．（P/A，i，n）　　　　C．（F/P，i，n）　　　　D．（F/A，i，n）

二、多项选择题

1. 下列属于年金特点的有（　　　）。
   A. 每次发生的金额相等
   B. 每次发生的时间间隔相同
   C. 每次发生的金额必须相等，但每次发生的时间间隔可以不同
   D. 每次发生的金额可以不相等，但每次发生的时间间隔必须相同
2. 永续年金的特点有（　　　）。
   A. 没有终值　　　　B. 期限趋于无穷大　　　C. 只有现值　　　　D. 每期等额收付
3. 某公司向银行借入一笔款项，年利率为10%，分6次还清，第5～10年每年年末偿还本息5 000元。下列计算该笔借款现值的算式中，正确的有（　　　）。
   A. $5\,000 \times (P/A, 10\%, 6) \times (P/F, 10\%, 3)$
   B. $5\,000 \times (P/A, 10\%, 6) \times (P/F, 10\%, 4)$
   C. $5\,000 \times [(P/A, 10\%, 9) - (P/A, 10\%, 3)]$
   D. $5\,000 \times [(P/A, 10\%, 10) - (P/A, 10\%, 4)]$
4. 下列各项中可以直接或间接利用普通年金终值系数计算出确切结果的有（　　　）。
   A. 偿债基金　　　　B. 预付年金终值　　　C. 永续年金现值　　　D. 永续年金终值
5. 下列关于资金时间价值系数关系的表述，正确的有（　　　）。
   A. 普通年金现值系数×资本回收系数=1
   B. 普通年金终值系数×偿债基金系数=1
   C. 普通年金现值系数×（1+折现率）=预付年金现值系数
   D. 普通年金终值系数×（1+折现率）=预付年金终值系数

三、判断题

1. 终值是本金和利息之和。（　　　）
2. 即使只有一笔款项的发生额不相等，该系列款项也不能被称为年金。（　　　）
3. 普通年金现值系数加1等于同期、同利率的预付年金现值系数。（　　　）
4. 国库券是一种几乎没有风险的有价证券，那么其利率可以代表资金时间价值。（　　　）
5. 在终值和计息期一定的情况下，折现率越低，复利现值越大。（　　　）

四、课后任务

要求学生在网上查找某保险公司资料，进一步掌握一次性收付款项的终值与现值、年金的终值与现值等计算资金时间价值的方法。

任务三　投资风险价值

核心知识：风险的含义及分类、风险价值的含义。
核心技能：单项资产投资风险价值的计算与应用、资产组合投资风险价值的计算与应用。

 相关知识

一、风险的含义及分类

1. 风险的含义

风险是市场经济条件下不可避免的客观现象，公司的经济活动大多是在有风险的情况下进行的。在财务管理中，风险是指实际收益偏离预期收益的可能性，要衡量这一偏离程度，需要用概率来计量。

2. 风险的分类

公司面临的风险按投资主体分为系统性风险和非系统性风险。

（1）系统性风险又称不可分散风险、市场风险，是指某些因素对市场上所有投资造成经济损失的可能性。例如，世界经济或某国经济发生严重危机、持续高涨的通货膨胀、特大自然灾害等，都会对整个市场产生不利影响。

（2）非系统性风险又称可分散风险、非市场风险，是指某些因素对单一投资造成经济损失的可能性，如新产品开发失败、失去重要的销售合同、诉讼失败或过度负债等。

对特定公司而言，非系统风险包括经营风险和财务风险。

① 经营风险。经营风险是指公司的决策人员与管理人员在经营管理过程中出现失误而导致公司盈利水平发生变化，从而使投资者预期收益下降的可能性。例如，由于原材料供应失误而带来的供应方面的风险、由于生产组织不合理而带来的生产方面的风险、由于销售决策失误而带来的销售方面的风险。

② 财务风险，又称筹资风险，是指举债导致公司财务结构不合理而给公司带来不利影响的可能性。

二、风险价值的含义

风险价值又称风险报酬或风险收益，是指投资者冒着风险进行投资而获得的超过资金时间价值的额外收益。一般情况下，风险报酬通常采用相对数，即用风险报酬率表示。

在不考虑通货膨胀的情况下，投资报酬由两部分组成：一部分是资金时间价值，因为它是在无风险条件下得到的价值，所以又称为无风险价值；另一部分是风险价值，即风险报酬。

 任务实训

一、进行单项资产投资决策

公司的投资总是在一定风险条件下进行的，公司需要权衡风险和收益并做出科学的决策。单项资产投资项目的风险和收益权衡如图1-3-1所示。

单项资产投资决策的具体内容和步骤如下。

1. 计算期望值

期望值是指各种可能收益率的加权平均数，其中权数为各种可能收益率发生的

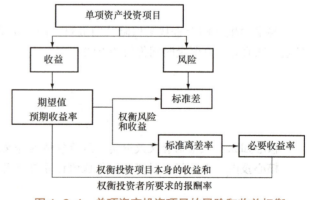

图 1-3-1　单项资产投资项目的风险和收益权衡

概率。收益率的期望值也称为预期收益率、期望收益率，是指在不确定的条件下，预测的某项投资未来可能实现的收益率。它并不是"希望得到的收益率"，而是根据投资的客观情况得出的平均收益率。其计算公式如下。

$$\overline{E} = \sum_{i=1}^{n}(X_iP_i)$$ （式1-3-1）

式1-3-1中，$\overline{E}$ 为预期收益率，X_i 为第 i 种可能结果的收益率，P_i 为第 i 种可能结果的概率，n 为可能结果的个数。

 提示

$\overline{E}$ 反映预计的平均收益率，不能用来衡量风险。

【任务1-3-1】某企业有A、B两个投资项目，计划投资额均为1 000万元，其收益率的概率分布如表1-3-1所示。

表 1-3-1 项目收益率概率分布

市场状况	概率	A项目收益率	B项目收益率
好	0.2	20%	30%
一般	0.6	10%	10%
差	0.2	5%	−5%

要求：计算两个项目收益率的期望值。

【解析】A项目 $\overline{E}$ =0.2×20%+0.6×10%+0.2×5%=11%。

B项目 $\overline{E}$ =0.2×30%+0.6×10%+0.2×（−5%）=11%。

两个项目的预期收益率是相同的，但其概率分布不同。对A项目而言，其收益率在20%、10%和5%之间变动；对B项目而言，其收益率在30%、10%和−5%之间变动。这说明投资A项目获得11%的预期收益率的可能性更大，风险更小。两个项目的风险需要用统计学中的标准差和标准离差率来计量。

2. 计算标准差

标准差也叫标准离差，是反映各随机变量偏离期望值程度的指标之一，以绝对额反映风险的大小。针对投资项目，标准差能反映各种可能的投资收益率偏离预期收益率的综合差异程度。标准差等于方差开平方。其计算公式如下。

$$方差（\sigma^2） = \sum_{i=1}^{n}[(X_i - \overline{E})^2 P_i]$$ （式1-3-2）

$$标准差（\sigma） = \sqrt{\sum_{i=1}^{n}[(X_i - \overline{E})^2 P_i]}$$ （式1-3-3）

预期收益率相同的情况下，标准差越大，风险越大；标准差越小，风险越小。

【任务1-3-2】根据【任务1-3-1】的资料，计算两个项目预期收益率的标准差，并判断A、B两个投资项目的优劣。

【解析】A项目预期收益率的标准差 $= \sqrt{(20\% - 11\%)^2 \times 0.2 + (10\% - 11\%)^2 \times 0.6 + (5\% - 11\%)^2 \times 0.2} = 4.90\%$

$$\text{B项目预期收益率的标准差} = \sqrt{(30\%-11\%)^2 \times 0.2 + (10\%-11\%)^2 \times 0.6 + (-5\%-11\%)^2 \times 0.2} = 11.14\%$$

由于A、B两个项目的预期收益率相同，而A项目的风险相对较小（其标准差小于B项目），因此A项目优于B项目。

3. 计算标准差率

标准差率也叫标准离差率、变异系数、离散系数，是反映各随机变量偏离期望值程度的指标之一，它以相对数反映风险程度的大小。其计算公式如下。

$$\text{标准差率}(V) = \frac{\sigma}{E} \qquad (\text{式}1\text{-}3\text{-}4)$$

【任务1-3-3】 根据【任务1-3-1】给出的资料，计算两个项目预期收益率的标准差率。

【解析】 A项目预期收益率的标准差率 $= \dfrac{4.90\%}{11\%} = 0.45$。

B项目预期收益率的标准差率 $= \dfrac{11.14\%}{11\%} = 1.01$。

在预期收益率相同的情况下，直接利用标准差就可以比较不同事件的风险大小；在预期收益率不同的情况下，需用标准差率比较不同事件的风险大小。一般情况下，标准差率越大，风险越大或收益越低；标准差率越小，风险越小或收益越高。

例如，甲、乙两个方案，甲方案预期收益率为12%，标准差是35%；乙方案预期收益率为20%，标准差是46%。因为两个方案的预期收益率不同，所以需要进一步计算标准差率，以此决定方案的选择。

4. 计算必要收益率

风险较大的资产，其要求的收益率相对较高；收益率较低的资产，风险相对较小。但是，并非风险越大，收益就一定越高。风险与收益的内在本质关系：风险与收益共生共存，承担风险是获取收益的前提；收益是风险的成本和报酬。风险和收益的上述本质关系可以表述为下面的公式。

$$\text{必要收益率}(R) = \text{无风险收益率}(R_f) + \text{风险收益率}(R_r) \qquad (\text{式}1\text{-}3\text{-}5)$$

必要收益率也称最低必要报酬率或最低要求的收益率，表示投资者对某资产合理要求的最低收益率。无风险收益率通常用短期国库券的利率来表示。短期国库券基本上是无风险的，而且时间很短，不用考虑通货膨胀因素，可以用来表示在没有风险、没有通货膨胀的情况下的最低社会平均收益率。

风险收益率与风险大小有关，风险越大，风险收益率也就越高，其公式为

$$R_r = bV \qquad (\text{式}1\text{-}3\text{-}6)$$

式中，R_r为风险收益率，也称为风险报酬率；b为风险价值系数，也称为风险报酬系数。

标准离差率可以代表投资项目的风险大小，反映投资者所冒风险的程度；风险价值系数反映人们对待风险的态度。对风险在意的人，就要求冒险获得较高的收益；反之，对风险无所谓的人，对冒风险获利的要求较低。因此，风险收益率的大小，一方面取决于投资项目客观上面临的风险大小，另一方面取决于投资者主观上对待风险的态度。

【任务1-3-4】 根据【任务1-3-1】给出的资料，假定A项目的风险价值系数为5%，B项目的风险价值系数为6%，计算两个项目的风险收益率。

【解析】 A项目的风险收益率=5%×0.45=2.25%。

B项目的风险收益率=6%×1.01=6.06%。

如果短期国库券的利率为6%，计算两个项目的必要收益率。

A项目的必要收益率=6%+2.25%=8.25%<11%。

B项目的必要收益率=6%+6.06%=12.06%>11%。

5. 做出投资决策

预期收益率≥必要收益率，投资可行；预期收益率＜必要收益率，投资不可行。

由于A项目的预期收益率高于必要收益率，B项目的预期收益率低于必要收益率，因此选择A项目。

📝 技能拓展　　　　　　　　**Excel 在单项资产投资决策中的应用**

沿用【任务1-3-1】中的有关数据。首先根据已知条件在表格中输入基本数据，然后根据有关计算公式定义分析区，得出计算结果，如图1-3-2所示。各单元格的计算公式设置如图1-3-3所示。

B16	▾	⋮	×	✓	*fx*	=IF(B11)=B15,"可行","不可行")

	A	B	C	D
1	**单项资产投资决策**			
2	项目收益率分布情况			
3	市场状况	概率	A项目收益率	B项目收益率
4	好	0.2	20%	30%
5	一般	0.6	10%	10%
6	差	0.2	5%	-5%
7	风险价值系数及无风险收益率			
8	A项目风险价值系数	5%	无风险收益率	6%
9	B项目风险价值系数	6%		
10	投资决策分析区			
11	A项目收益率期望值	11%	B项目收益率期望值	11%
12	A项目收益率方差	0.0024	B项目收益率方差	0.0124
13	A项目收益率标准差	4.90%	B项目收益率标准差	11.14%
14	A项目标准离差率	0.45	B项目标准离差率	1.01
15	A项目必要收益率	8.23%	B项目必要收益率	12.07%
16	A项目投资可行性	可行	B项目投资可行性	不可行

单项资产投资决策 ⊕

Excel 在单项资产投资决策中的应用

图 1-3-2　单项资产投资决策

	A	B	C	D
1	**单项资产投资决策**			
2	项目收益率分布情况			
3	市场状况	概率	A项目收益率	B项目收益率
4	好	0.2	0.2	0.3
5	一般	0.6	0.1	0.1
6	差	0.2	0.05	-0.05
7	风险价值系数及无风险收益率			
8	A项目风险价值系数	0.05	无风险收益率	0.06
9	B项目风险价值系数	0.06		
10	投资决策分析区			
11	A项目收益率期望值	=SUMPRODUCT(B4:B6,C4:C6)	B项目收益率期望值	=SUMPRODUCT(B4:B6,D4:D6)
12	A项目收益率方差	=SUM((C4-B11)^2*B4,(C5-B11)^2*B5,(C6-B11)^2*B6)	B项目收益率方差	=SUM((D4-D11)^2*B4,(D5-D11)^2*B5,(D6-D11)^2*B6)
13	A项目收益率标准差	=SQRT(B12)	B项目收益率标准差	=SQRT(D12)
14	A项目标准离差率	=B13/B11	B项目标准离差率	=D13/D11
15	A项目必要收益率	=D8+B8*B14	B项目必要收益率	=D8+B9*D14
16	A项目投资可行性	=IF(B11>=B15,"可行","不可行")	B项目投资可行性	=IF(D11>=D15,"可行","不可行")

图 1-3-3　单项资产投资决策（公式设置）

注：在单项资产投资决策的计算中，需综合运用乘积求和函数SUMPRODUCT、单一求和函数SUM、平方根函数SQRT和条件函数IF。

（1）SUMPRODUCT函数：其用法是数组间对应的元素相乘，并返回乘积之和。例如，在某单元格中输入"=SUMPRODUCT({1;2;3;4},{1;2;3;4})"，可得出答案30，即1×1+2×2+3×

3+4×4=30。

（2）SUM函数：其用法是返回在公式中输入的参数之和。例如，在某单元格中输入"=SUM(10,2,3)"，可得出答案15，即10+2+3=15。

（3）SQRT函数：其用法是返回给定数字的正平方根。例如，在某单元格中输入"=SQRT（16）"，可得出答案4，即$\sqrt{16}=4$。

（4）IF函数：其用法是在条件为真时返回一个值，在条件为假时返回另一个值。例如，在某单元格中输入"=IF(A1>60,"及格","不及格")"，如果A1>60，那么该单元格返回"及格"，否则返回"不及格"。

随堂练习 　　　　　单项资产投资风险价值的应用

某企业准备投资开发一种新产品，现有两个方案可供选择，根据市场预测，相关情况如表1-3-2所示。作为企业财务人员，你觉得应该投资哪个方案？

表1-3-2　方案收益率概率分布

市场状况	概率	预计年收益率	
		A方案	B方案
好	0.3	40%	50%
一般	0.5	15%	15%
差	0.2	-15%	-20%

计算两个方案的期望值、标准差和标准差率，并对两个方案的风险进行分析。

二、进行资产组合投资决策

在现实经济生活中，投资者在进行投资时，为分散风险，往往同时投资多项资产，构成一种资产组合（即投资组合）。针对资产组合，投资者必须在权衡其风险和收益之后再做出决策。资产组合的风险与收益权衡如图1-3-4所示。

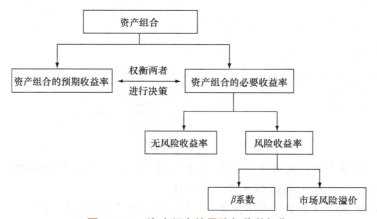

图1-3-4　资产组合的风险与收益权衡

资产组合投资决策的具体内容和步骤如下。

1. 计算资产组合的预期收益率

资产组合的预期收益率就是组成资产组合的各种资产收益率的加权平均数，其权数为各种资产在组合中的价值比例，即

$$\overline{E(R_p)} = \sum_{i=1}^{n} W_i E(R_i) \qquad （式1-3-7）$$

式1-3-7中，$\overline{E(R_p)}$ 表示资产组合的预期收益率，$E(R_i)$ 表示组合内第i项资产的预期收益率，W_i表示第i项资产在整个组合中所占的价值比例。

【任务1-3-5】根据【任务1-3-1】给出的资料，假定某投资公司的一项投资组合中包含A、B两个项目，其权重分别为60%和40%，计算该投资组合的预期收益率。

【解析】该投资组合的预期收益率 $\overline{E(R_p)}$ =60%×11%+40%×11%=11%。

2. 计算资产组合的 β 系数

资产组合的风险通常包括非系统性风险和系统性风险。非系统性风险只影响一家或少数公司，不会对整个市场产生太大的影响，通过有效的资产组合，这种风险是可以被分散的。随着投资数量的增加，该风险也将逐渐降低，并最终降为零。系统性风险造成的后果带有普遍性，因而无法通过资产组合分散掉。

系统性风险通常用β系数表示，用来说明某项资产（某一资产组合）的系统性风险相当于整个市场系统性风险的倍数。单项资产的β系数由专业研究机构给出，本书中该系数作为已知条件给出，不需要计算。整个市场的β系数为1，如果某项资产的风险情况与整个市场的风险情况一致，则这种资产的β系数等于1；如果某项资产的β系数大于1，则说明其风险大于整个市场的风险；如果某项资产的β系数小于1，则说明其风险小于整个市场的风险。

资产组合的β系数是单项资产β系数的加权平均数，权数为各种资产占资产组合的比重。其计算公式为

$$\beta_p = \sum_{i=1}^{n} W_i \beta_i \qquad （式1-3-8）$$

式1-3-8中，β_p为资产组合的β系数，W_i为资产组合中第i种资产所占的比重，β_i为第i种资产的β系数，n为资产组合中资产的数量。

【任务1-3-6】根据【任务1-3-5】给出的资料，如果A项目的β系数为0.6，B项目的β系数为1.2，计算该资产组合的β系数。

【解析】β_p=0.6×60%+1.2×40%=0.84。

3. 计算资产组合的必要收益率

根据资产定价模型，资产或资产组合的必要收益率为

$$R = R_f + \beta(R_m - R_f) \qquad （式1-3-9）$$

式1-3-9中，R为必要收益率，β为资产或资产组合的β系数，R_f为无风险收益率，R_m为市场组合的平均收益率。

模型表明，资产组合（单项资产）的必要收益率取决于3个因素：无风险收益率（R_f），一般可以将短期国库券的利率视为无风险收益率；市场风险溢价（R_m-R_f），是市场组合的平均收益率与无风险收益率之差，即市场组合的风险溢价率；β系数，是度量资产或资产组合的系统性风险的指标。

【**任务 1-3-7**】根据【任务1-3-6】给出的资料，如果市场组合的平均收益率为15%，无风险收益率为5%，计算该企业资产组合的必要收益率。

【解析】$R=5\%+0.84\times（15\%-5\%）=13.4\%$。

4. 进行投资决策

资产组合的预期收益率≥资产组合的必要收益率，投资可行；资产组合的预期收益率＜资产组合的必要收益率，投资不可行。

 随堂练习

　　L公司持有A、B、C等3种股票，在由上述股票组成的证券投资组合中，各股票所占比重分别为40%、30%和30%，其β系数分别为1、1.2和0.6，市场组合的平均收益率为12%，无风险收益率为8%。

　　要求：计算下列指标。

　　（1）L公司证券投资组合的β系数。

　　（2）L公司证券投资组合的必要收益率。

　　（3）若L公司证券投资组合的预期收益率为12%，判断该证券投资组合是否可行。

 任务小结

　　本任务主要介绍财务管理的另一价值观念——风险价值观念。对风险价值概念的理解和相关计算的掌握是学习财务管理的基础。风险价值是指投资者冒着风险进行投资而获得的超过资金时间价值的额外收益。要衡量风险价值的大小，就必须掌握单项资产和资产组合投资风险价值的计算与应用。

阅读案例

产品开发方案的
收益与风险分析

巩固与提升

一、单项选择题

1. 那些影响所有企业的因素引起的风险称为（　　）。
   A. 非市场风险
   B. 经营风险
   C. 财务风险
   D. 市场风险

2. 企业因借款而增加的风险属于（　　）。
   A. 经营风险
   B. 财务风险
   C. 市场风险
   D. 系统性风险

3. 投资者对某项资产合理要求的最低收益率称为（　　）。
   A. 实际收益率
   B. 必要收益率
   C. 预期收益率
   D. 无风险收益率

4. 关于标准差和标准离差率，下列表述中正确的是（　　）。
   A. 标准差是各种可能收益率偏离预期收益率的平均值

B．如果以标准差评价方案的风险程度，标准差越小，投资方案的风险越大

C．标准差率即风险收益率

D．对比预期收益率不同的各个投资项目的风险程度，应用标准差率

5．某企业股票的β系数为2，无风险收益率为4%，市场上所有股票的平均收益率为12%，则该企业的必要收益率为（　　　）。

A．8%   B．15%

C．11%   D．20%

二、多项选择题

1．用来衡量风险大小的指标有（　　　）。

A．无风险收益率   B．期望值

C．标准差   D．标准离差率

2．考虑风险因素后，影响投资报酬率的因素有（　　　）。

A．无风险收益率   B．风险价值系数

C．投资年限   D．标准离差率

3．下列因素引起的风险中，投资者不能通过资产组合予以削减的风险有（　　　）。

A．宏观经济状况变化   B．世界能源状况变化

C．发生经济危机   D．被投资企业出现经营失误

4．在下列各种情况下，会给企业带来经营风险的有（　　　）。

A．企业举债过度   B．原材料价格发生变动

C．企业产品更新换代周期过长   D．通货膨胀

5．资产的β系数是衡量风险大小的重要指标，下列表述中正确的有（　　　）。

A．某资产的β系数小于1，说明该资产的系统风险小于整个市场组合的平均风险

B．某资产的β系数小于0，说明该资产无风险

C．某资产的β系数等于1，说明该资产的系统风险等于整个市场组合的平均风险

D．某资产的β系数大于1，说明该资产的系统风险大于整个市场组合的平均风险

三、判断题

1．风险只能带来损失，不能带来收益。（　　　）

2．没有经营风险的企业，也就没有财务风险。（　　　）

3．由于风险可能给企业的生产经营带来超出预期的损失，因此在财务管理中，风险越小越好。（　　　）

4．一般来说，随着资产组合中资产数目的增加，资产组合的风险会逐渐降低，当资产的数目增加到一定程度时，分散风险的效应会越来越弱，但不会降到零。（　　　）

5．经营风险是指因生产经营方面的原因给企业目标带来不利影响的不确定性，它受企业生产经营内部诸多因素的影响。（　　　）

四、课后任务

查找资料，说明企业在投资时如何运用风险收益对等原则进行投资方案的选择。

项目技能训练

1. 张明于2022年1月1日存入银行10万元，年利率为8%，进行以下计算。

（1）每年复利一次，2025年1月1日存款账户金额是多少？

（2）每季度复利一次，2025年1月1日存款账户金额是多少？

2. 小张自2016年年末开始，他每年都要向某失学儿童捐赠3 000元。小张帮助这位失学儿童从小学一年级开始完成了九年义务教育。假设每年定期存款利率都是2%，则小张这9年的捐款在2025年年末相当于多少元？

3. 南方公司需用一台设备，该设备价格为700 000元，可使用6年；如租赁此设备，则每年年末需付租金150 000元，连续付6年。假设年利率为6%，问该公司应购买设备还是租赁设备？

4. 刘莉拟购置一处房产，房主提出以下两种付款方案。

（1）从现在起，每年年初支付200万元，连续支付5次，共1 000万元。

（2）从第4年开始，每年年初支付250万元，连续支付5次，共1 250万元。

假设该房产的资本成本率（即最低报酬率）为10%，则刘莉应选择哪种方案？

5. 某企业向银行借入一笔款项，银行贷款的年利率为8%，每年复利一次，银行规定前5年不用还本付息，但第6~10年每年年末偿还本息5 000元。请计算这笔款项的现值。

6. 某企业借款1 000万元，在10年内以年利率11%等额偿还，则每年年末应付的金额是多少？

7. 刘先生要在一个街道的十字路口开办一家餐馆，于是找到十字路口的一家小卖部，提出要承租该小卖部3年。小卖部的业主徐先生因小卖部受附近超市的影响，生意清淡，也愿意将小卖部租给刘先生开餐馆，但徐先生提出应一次性支付3年的使用费30 000元。刘先生觉得现在一次拿30 000元比较困难，因此请求延期支付。徐先生同意刘先生3年后支付，但3年后支付的金额为36 000元。若银行的贷款年利率为6%，则刘先生3年后付款是否合算？

8. 新宇公司有甲、乙两个投资项目，计划投资额均为100万元，其收益率的概率分布如下。

项目收益率的概率分布

市场状况	概率	甲项目	乙项目
好	0.3	20%	40%
一般	0.5	10%	10%
差	0.2	−5%	−10%

要求：

（1）分别计算甲、乙两个项目的预期收益率。

（2）分别计算甲、乙两个项目预期收益率的标准差。

（3）判断甲、乙两个项目风险的大小。

（4）如果短期国库券的利率为5%，甲项目的风险价值系数为4%，乙项目的风险价值系数为9%，计算甲、乙两个项目的必要收益率，并选择投资项目。

9. 假定华泰公司投资80万元购买A、B、C等3种股票。现行短期国库券的利率为5%，证券市场组合平均收益率为15%，市场上A、B、C等3种股票的β系数分别为0.9、1.2、1.5。

要求： 计算以下不同情况中A、B、C投资组合的β系数和必要收益率。

（1）A、B、C股票比例为1∶3∶6。

（2）A、B、C股票比例为6∶3∶1。

10．在京东商城购买某型号的联想（Lenovo）笔记本电脑，采取一次性付款方式需支付3 499元。当然，也可以选择分期付款。

如果选择分期付款，有以下几种选择。

白条分期： | 30天免息 | | 1 166.33×3期 | | 583.17×6期 | | 311.23×12期 | | 163.29×24期 |

注：3期是指3个月，6期是指6个月，12期是指12个月，24期是指24个月。

要求：如果你有一个投资机会，投资收益率为12%，按月计复利，你愿意分期付款还是一次性付款购买笔记本电脑？

相关年金现值系数如下：①（P/A，1%，3）=2.941 0；②（P/A，1%，6）=5.795 5；③（P/A，1%，12）=11.255 1；④（P/A，1%，24）=21.243 4。

项目二　筹资管理

▲ 项目导读

　　TCL科技集团股份有限公司（以下简称"TCL科技"）以"领先科技，和合共生"为使命，聚焦于半导体显示、新能源光伏等核心产业，在全球布局了29个研发中心、18个制造基地，已发展成为具有全球竞争力的高科技产业集团。

　　2024年，TCL科技加入了联合国全球契约组织，承诺遵守涵盖人权、劳工标准、环境和反腐败领域的全球契约十项原则，并为全球可持续发展贡献力量。

　　2025年6月，TCL科技成功筹组完成国内显示面板行业首笔可持续发展挂钩境外银团贷款，总额2亿美元。该笔贷款的利率与TCL科技一系列核心ESG指标（依据国际资本市场协会认可标准设定）挂钩，并创新性地采用了包含奖励与惩罚的双向浮动利率机制，彰显其践行ESG理念、引领产业可持续发展的坚定承诺。本次贷款市场获得超过3倍的超额认购，吸引了19家中、外资银行参与。TCL科技表示将持续深化绿色金融工具运用，提升资金效率，加速推进向可持续制造与低碳运营的转型。

　　【案例启示】党的二十大报告强调"推动经济社会发展绿色化、低碳化是实现高质量发展的关键环节"，要求"完善支持绿色发展的财税、金融、投资、价格政策和标准体系"。

　　TCL科技将金融创新与ESG战略相结合，响应国家绿色发展要求，是推动科技自立自强、提升全球竞争力、实现长远繁荣的重要途径。企业应勇于探索，把握中国式现代化进程中的可持续发展机遇。

▲ 项目导图

　　拥有必要数量的资金是企业生存和发展的必要条件。因此，企业需要思考3个问题：需要多少资金、怎么筹集资金和怎样确定合理的资本结构。

学习目标

知识目标：

1．了解各种筹资渠道和筹资方式，以及各种筹资类型的优缺点；

2．了解资本成本的含义与作用，掌握资本成本的计算；

3．理解资本结构、最佳资本结构的含义。

技能目标：

1．能够预测资金需要量；

2．能够进行资本结构决策。

素养目标：

1．加强风险意识，规避创业融资风险；

2．强化诚信精神，深刻认识企业筹资过程中信用的重要性；

3．培养辩证思维，正确认识杠杆的两面性。

情境讨论

某家具公司开会研究资金筹措问题。为扩大生产规模，该公司需要筹措1 150万元的资金，其中，350万元通过公司留存收益及提高流动资金利用效果来解决，剩余800万元需要从外部筹措。

该公司的规划部门倾向于以发行股票的方式筹资800万元。在证券市场上，公司的股票价格高达33元/股，扣除发行费用，每股净价为31元，这样可以募集到永久性资金。但是，公司的财务部门却建议通过借款的方式（年利率7%，期限10年）筹措资金，他们认为举债筹资可以降低资本成本。

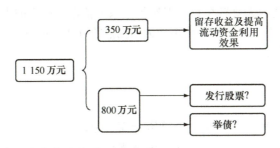

问题：该公司应该采取哪种筹资方式？为什么？

任务一　资金需要量的预测

核心知识： 资金需要量预测的意义、目的及方法。

核心技能： 熟练掌握销售百分比法和资金习性预测法的计算及应用。

相关知识

一、资金需要量预测的意义和目的

资金是企业生产经营中各种资产的货币表现。拥有必要数量的资金是企业进行生产经营活动的必要条件。企业的资金一部分来自内部积累，另一部分来自外部融资。通常情况下，按资金在生产经营过程中的作用不同，资金分为两类：一类是长期资金，即用于长期资产方面的资金；另一类是营运资金，即用于流动资产方面的资金。这里所讲的资金需要量的预测是包括长期资金和营运资金在内的资金需要总量的预测。因持续的生产经营活动，企业不断产生资金需求，同时，企业进行对外投资和调整资本结构也需要筹措资金。

资金需要量预测的目的，就是要有意识地把生产经营活动引导到以最少的资金占用取得最佳的经济效益的轨道上。科学地进行资金预测，不仅能为企业生产经营活动的正常开展测定相应的资金需要量，而且能为做出经营决策、降低资本成本、提高资金利用效率创造有利的条件。

二、资金需要量预测的方法

1. 定性预测法

定性预测法是指依靠预测者个人的经验、判断和预见能力，对未来时期的资金需要量进行估计和推算的方法。定性预测法主要根据经济理论和实际情况进行理性、逻辑性分析和论证，以定量预测法为辅助，通常采用召开专业技术人员或专家讨论会的形式进行。这种方法较为简单，但精确性较差，企业可在缺乏完整、准确的历史资料时采用这种方法。

定性预测法未经过严密计算，预测结果的准确度主要依赖于企业财务专家和经营管理者的经验，以及他们对企业未来经营发展的判断能力。由于定性预测法是一种综合性很强的预测方法，凡是影响到企业资金需要量的有关因素都可考虑进去以进行综合分析，因此，虽然用定性预测法估计的资金需要量不够精确，但由于考虑因素全面，定性预测法对企业进行财务决策仍非常有用。

2. 定量预测法

定量预测法是指以资金需要量与有关因素的关系为依据，在掌握大量历史资料的基础上选用一定的数学方法加以计算，并将计算结果作为预测值的方法。定量预测法有很多，常用的有销售百分比法和资金习性预测法。

 任务实训

企业合理筹集资金的前提是科学地预测资金需要量，因此，企业在筹资之前，应当采用一定的方法预测资金需要量。

一、使用销售百分比法预测资金需要量

销售百分比法是指以资金和销售收入的比率为基础，预测未来资金需要量的方法。这种方法基于以下假定：①企业的部分资产和部分负债与销售收入成正比例变化；②企业的各项资产、负债和所有者权益结构已经达到最优。用销售百分比法预测资金需要量的流程如图2-1-1所示。

这里的变动资产也称敏感资产，是指假设随销售收入变化而成正比例变化的资产；变动负债也称敏感负债，是指假设随销售收入变化而成正比例变化的负债。

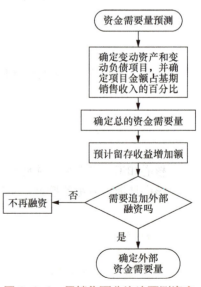

图 2-1-1 用销售百分比法预测资金需要量的流程

【任务2-1-1】某公司2023年年末资产负债表资料如表2-1-1所示。该公司2023年销售收入为20 000万元，预计2024年销售收入为22 000万元，并有剩余生产能力。该公司2023年销售净利率为2.5%、股利支付率为80%，2024年销售净利率和利润分配政策保持不变，试预测2024年总的资金需要量、留存收益增加额及外部资金需要量。

表 2-1-1　资产负债表资料
2023 年 12 月 31 日　　　　　　　　　　　　　　　　　　　　单位：万元

资产		负债和所有者权益	
项目	金额	项目	金额
货币资金	200	应付账款	2 200
应收账款	1 800	预收款项	940
存货	3 200	长期借款	420
固定资产	4 665	实收资本	2 305
		留存收益	4 000
资产总额	9 865	负债和所有者权益总额	9 865

1. 确定变动资产和变动负债项目及这些项目的基期金额占基期销售收入的百分比

变动资产一般包括现金、应收账款、存货等。如果企业的生产能力已经饱和，若要增加销售收入，就需要增加新的固定资产投资，这种情况下，固定资产也可能成为变动资产。如果企业尚有足够的剩余生产能力，那么继续增加销售收入，就不需要增加新的固定资产投资，这种情况下，固定资产不随销售收入成比例变动，所以为非变动资产。变动负债又称自发性负债，一般包括应付账款、应交税费等。由于短期借款具有主观操作性，不随销售收入成比例变动，所以是非变动负债。留存收益在企业利润不全部分配出去的前提下会有所增加，对外部资金需要量预测的影响留待后面步骤考虑。

该公司预计2024年销售收入增长10%后还有剩余生产能力，因此增加产销量无须追加固定资产投资。该公司的资产负债表中，"资产"栏除了固定资产都是变动资产；在"负债和所有者权益"栏，应付账款和预收款项为变动负债，而长期负债和实收资本不会随销售收入的增加而增加。

确定变动资产和变动负债项目后，再进一步计算这些项目的基期金额占基期销售收入的百分比。计算公式为

$$基期变动资产(或负债)的销售百分比=\frac{基期变动资产(或负债)}{基期销售收入}\times100\%　　　（式2-1-1）$$

销售百分比计算如表2-1-2所示。

表 2-1-2　销售百分比计算

资产			负债和所有者权益		
项目	金额 / 万元	占销售收入的百分比 /%	项目	金额 / 万元	占销售收入的百分比 /%
货币资金	200	1	应付账款	2 200	11
应收账款	1 800	9	预收款项	940	4.7
存货	3 200	16	长期借款	420	—

续表

资产			负债和所有者权益		
项目	金额/万元	占销售收入的百分比/%	项目	金额/万元	占销售收入的百分比/%
固定资产	4 665	—	实收资本	2 305	—
			留存收益	4 000	—
资产总额	9 865	26	负债和所有者权益总额	9 865	15.7

 提示

一定要学会判断变动项目和非变动项目。

2. 确定总的资金需要量

总的资金需要量的计算公式为

$$总的资金需要量=增加的资产-增加的负债 \qquad （式2-1-2）$$

其中，

$$增加的资产=销售收入增量×基期变动资产的销售百分比$$

$$增加的负债=销售收入增量×基期变动负债的销售百分比$$

 提示

增加的资产包括增加的变动资产和非变动资产，增加的非变动资产通常作为已知条件给出。

从表2-1-2可以看出，销售收入每增加100元，必须增加26元的资金占用，但同时增加了15.7元的资金来源。增加的资金占用26元减去增加的资金来源15.7元，差额是10.3元，表示每增加100元销售收入所需增加的资金需要量为10.3元。因此，【任务2-1-1】可以按10.3%的比例预测2024年销售收入增加2 000万元后的资金需要量。计算方法如下。

销售收入增量=20 000×10%=2 000（万元）。

2024年总的资金需要量=2 000×26%-2 000×15.7%=206（万元），或2024年总的资金需要量=2 000×10.3%=206（万元）。

3. 预计留存收益增加额

留存收益提供的资金是指预测期企业内部融资的资金。增加的留存收益的计算公式为

$$增加的留存收益=预计销售收入×预计销售净利率×预计利润留存率 \qquad （式2-1-3）$$

假设2024年的销售收入比2023年增长10%，即达到22 000万元。2024年预测的销售净利率和股利支付率与2023年相同，分别为2.5%和80%，则2024年预计增加的留存收益为22 000×2.5%×（1-80%）=110（万元）。

提示

对于增加的留存收益，应该采用预计销售收入计算。

4. 确定外部资金需要量

总的资金需要量减去增加的留存收益，其差额为企业的外部资金需要量。计算公式为

$$外部资金需要量=总的资金需要量-增加的留存收益 \qquad （式2-1-4）$$

【任务2-1-1】中2024年的外部资金需要量=206-110=96（万元）。

销售百分比法总的计算公式为

$$外部资金需要量 = \frac{A_0}{S_0}\Delta S - \frac{B_0}{S_0}\Delta S - S_1 P_1 E_1 \qquad （式2-1-5）$$

式2-1-5中，A_0代表基期变动资产，B_0代表基期变动负债，S_0代表基期销售收入，S_1代表预测期销售收入，ΔS为销售收入增量，P_1为预计销售净利率，E_1为预计利润留存率，A_0/S_0为基期变动资产销售百分比，B_0/S_0为基期变动负债销售百分比。

$$2024年外部资金需要量=\frac{200+1\,800+3\,200}{20\,000}\times 2\,000 - \frac{2\,200+940}{20\,000}\times 2\,000 - 22\,000\times 2.5\%\times（1-80\%）$$
$$=96（万元）。$$

 提示

销售百分比法假设企业的部分资产和部分负债与销售收入成正比例变动，但实际上，这些资产和负债项目并非如假设一样全部与销售收入成正比例变动，所以预测的结果可能不够准确。

 技能拓展　　　　　　**Excel 在销售百分比法中的应用**

在 Excel 中用销售百分比法预测资金需求量，以【任务2-1-1】中的有关数据为例，如图2-1-2所示。

Excel 在销售百分比法中的应用

	A	B	C	D	E	F
1	2023年年末资产负债表		单位:万元		其他数据 金额单位:万元	
2	资产	金额	负债和所有者权益	金额	项目	2023年
3	货币资金	200	应付账款	2200	销售收入	20000
4	应收账款	1800	预收账款	940	增长率	10%
5	存货	3200	长期负债	420	销售净利率	3%
6	固定资产	4665	实收资本	2305	股利支付率	80%
7			留存收益	4000		
8	资产总额	9865	负债和所有者权益总额	9865		
9	2024年总的资金需要量计算				金额单位:万元	
10						
11	资产	是否变动项目	占销售收入百分比	负债和所有者权益	是否变动项目	占销售收入百分比
12	货币资金	Y	1%	应付账款	Y	11.00%
13	应收账款	Y	9%	预收账款	Y	4.70%
14	存货	Y	16%	长期负债	N	—
15	固定资产	N	—	实收资本	N	—
16				留存收益	N	—
17	合计		26.00%	合计		15.70%
18	2024年预计总的资金需要量		206			
19	其中: 预计留存收益增加额		110			
20	预计外部资金需要量		96			

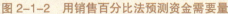

图2-1-2　用销售百分比法预测资金需要量

具体操作步骤如下。

（1）根据实际情况对资产、负债和所有者权益各项目是否为变动项目进行判断，并将其输入B12:B15单元格区域以及E12:E16单元格区域中。

（2）在C12单元格中输入公式"=IF(B12="Y",B3/$F$3,"—")"，然后向下填充到C13:C15单元格区域中，计算各资产项目占销售收入百分比。

（3）在F12单元格中输入公式"=IF(E12="Y",D3/$F$3,"—")"，然后向下填充到F13:F16单元格区域中，计算各负债项目占销售收入百分比。

（4）在C17单元格中输入求和公式"=SUM(C12:C14)"，计算变动资产项目的销售百分比合计数；在F17单元格中输入求和公式"=SUM(F12:F13)"，计算变动负债项目的销售百分比合计数。

（5）在D18单元格中输入公式"=(G3-F3)*(C17-F17)"，得到2024年预计总筹集资金需要量为206万元。

（6）在D19单元格中输入公式"=G3*F4*(1-F5)"，得到2024年预计留存收益增加额为110万元。

（7）在D20单元格中输入公式"=D18-D19"，得到2024年预计外部资金需要量为96万元。

📝 **随堂练习**

华腾公司2024年年末资产负债表资料如表2-1-3所示。

表2-1-3　资产负债表资料

2024年12月31日　　　　　　　　　　　　　　　　　单位：万元

资产	金额	与销售收入的关系	负债和所有者权益	金额	与销售收入的关系
货币资金	200	变动	应付票据	500	变动
应收账款	2 800	变动	应付账款	1 300	变动
存货	3 000	变动	短期借款（年利率5%）	1 200	不变动
固定资产	4 000	不变动	应付债券（年利率8%）	1 500	不变动
			股本（每股面值1元）	100	不变动
			资本公积	2 900	不变动
			留存收益	2 500	不变动
合计	10 000		合计	10 000	

华腾公司2024年的销售收入为10 000万元，销售净利率为10%，股利支付率为70%。

要求：如果该公司2025年的销售收入增长率为20%，所得税税率为25%，销售净利率和股利支付率不变，预测2025年需增加的资金及从外部筹集的资金。

二、使用资金习性预测法预测资金需要量

资金习性预测法是指根据资金习性预测未来资金需要量的方法。资金习性是指资金的变动与销售水平变动之间的依存关系，这里的销售水平通常用产销量表示。按照资金的习性，可以把资金分为不变资金、变动资金和半变动资金。

（1）不变资金。不变资金是指在一定范围内，不受产销量变动影响的那部分资金，如厂房、设备等固定资产占用的资金。

（2）变动资金。变动资金是指随产销量变动而同比例变动的那部分资金，如直接构成商品实体的原材料占用的资金。变动资金总额与产销量成正比例变动，但单位变动资金保持不变。

（3）半变动资金。半变动资金是指受产销量变动的影响发生变动，但是不成正比例变动的那部分资金，如辅助材料占用的资金。

半变动资金可以按一定的方法分解为不变资金和变动资金，因此，最终所有的资金都可以分成不变资金和变动资金。资金习性方程式可表示为

$$y = a + bx \qquad\qquad （式2-1-6）$$

式2-1-6中，y代表资金，a代表不变资金，b代表单位变动资金，x代表产销量。

只要确定了资金习性方程式中的a和b，就能够利用这个方程式预测资金需要量。

1. 高低点法

高低点法是指根据资金习性原理，选择历史时期产销量最高点和最低点的两组数据，求得资金习性方程式中的a和b，并利用资金习性方程式预测资金需要量的方法。

对存货、应收账款、固定资产、流动负债等项目，也可以根据各项目的历史数据按同样的方法进行分解，写出各项目的资金习性方程式；然后将各项目按资金占用减去负债资金来源的方式汇总在一起，可以得到企业预测年度总的资金习性方程式，从而预测出企业总的资金需要量。

高低点法简便易行，但只考虑了历史时期中两个时期的数据，所得到的资金习性方程式可能存在代表性不强的问题，该方法一般适用于企业各项资金变动趋势比较稳定的情况。

【任务2-1-2】某公司历年产销量与资金占用的数据如表2-1-4所示。

表 2-1-4 产销量与资金占用

年度	产销量 / 万件	资金占用 / 万元
2020	4 000	220
2021	4 800	260
2022	5 200	280
2023	5 600	300
2024	6 000	320

由表2-1-4的数据，得知产销量的最高点和最低点分别在2024年和2020年，根据这两个年度的资金占用和产销量的数据，按照资金习性方程式列出一个方程组。

$$\begin{cases} 220 = a + b \times 4\,000 \\ 320 = a + b \times 6\,000 \end{cases}$$

解该方程组，得到

$$\begin{cases} a = 20 \\ b = 0.05 \end{cases}$$

所以，该公司的资金占用和产销量之间的资金习性方程式可以表示为$y=20+0.05x$。

如果该公司2025年的预计产销量为7 000万件，则其2025年的资金需要量为$20+0.05×7\ 000=370$（万元）。

随堂练习

某企业的产销量（X）与资金占用（Y）情况如表2-1-5所示。

表 2-1-5　产销量与资金占用情况

年度	产销量 X/ 万件	资金占用 Y/ 万元
2019	2 400	130
2020	2 000	110
2021	2 600	140
2022	2 800	150
2023	2 900	150
2024	3 000	160

要求：假设该企业2025年的预计产销量为3 200万件，请运用高低点法测算该企业2025年的资金需要量。

2. 回归直线法

回归直线法是指根据有关历史资料，采用数学上的最小平方方法原理，计算能代表平均资金水平的直线截距和斜率，建立回归直线方程，并预测资金需要量的方法。

回归直线方程的截距和斜率的计算公式为

$$a = \frac{\sum X^2 \sum Y - \sum X \sum XY}{n\sum X^2 - (\sum X)^2} \qquad （式2-1-7）$$

$$b = \frac{n\sum XY - \sum X \sum Y}{n\sum X^2 - (\sum X)^2} \qquad （式2-1-8）$$

式2-1-7中，X代表产销量，Y代表资金量。

回归直线法可以避免高低点法的缺点，理论上计算较为复杂，但在实务中一般采用Excel计算。回归直线法是在历年资料比较齐全的情况下应用较多的一种资金需要量预测法。

【任务2-1-3】某公司历年产销量（X）与资金占用（Y）情况如表2-1-6所示，根据表2-1-6整理出表2-1-7。假设2025年的预计产销量为1 600万件，请预测2025年的资金需要量。

表 2-1-6　产销量与资金占用情况

年度	产销量 X/ 万件	资金占用 Y/ 万元
2019	1 400	1 200
2020	1 100	950
2021	1 000	900

续表

年度	产销量 X/ 万件	资金占用 Y/ 万元
2022	1 400	1 000
2023	1 300	1 050
2024	1 400	1 100

表 2-1-7　资金需要量预测

年度	产销量 X/ 万件	资金占用 Y/ 万元	XY	X^2
2019	1 400	1 200	1 680 000	1 960 000
2020	1 100	950	1 045 000	1 210 000
2021	1 000	900	900 000	1 000 000
2022	1 400	1 000	1 400 000	1 960 000
2023	1 300	1 050	1 365 000	1 690 000
2024	1 400	1 100	1 540 000	1 960 000
合计 n=6	$\sum X$ =7 600	$\sum Y$ =6 200	$\sum XY$ =7 930 000	$\sum X^2$ =9 780 000

【解析】由

$$a = \frac{\sum X^2 \sum Y - \sum X \sum XY}{n \sum X^2 - (\sum X)^2} = 400,$$

$$b = \frac{n \sum XY - \sum X \sum Y}{n \sum X^2 - (\sum X)^2} = 0.5,$$

得出该公司的资金需要量预测回归直线方程为 $Y=400+0.5X$。

将 2025 年的预计产销量 1 600 万件代入上式, 得出 2025 年的资金需要量为 400+0.5×1 600= 1 200（万元）。

📝 **技能拓展**　**利用FORECAST函数预测资金需要量**

FORECAST 函数的功能是根据给定的数据计算或预测未来值。此未来值为基于一系列已知的 x 值推导出的 y 值。

语法形式：FORECAST(x,known_y's,known_x's)。

说明：x 为需要进行预测的数据点, known_y's 为因变量数组或数据区域, known_x's 为自变量数组或数据区域。

沿用【任务 2-1-3】中的有关数据, 要求利用 FORECAST 函数预测 2025 年的资金需要量。

【解析】在图 2-1-3 中, 利用 FORECAST 函数预测资金需要量的具体操作步骤如下。

利用
FORECAST
函数预测资金
需要量

C12	✕ ✓ fx	=FORECAST(B10,C3:C8,B3:B8)
A	B	C

资金需要量预测		
年度（n）	产销量X（万件）	资金占用Y（万元）
2019	1400	1200
2020	1100	950
2021	1000	900
2022	1400	1000
2023	1300	1050
2024	1400	1100
当预测值X=	1600	
	预测值Y=	1200

回归直线法

图 2-1-3 用 FORECAST 函数预测资金需要量

（1）根据已知条件，在 Excel 表格中输入相应的数据。

（2）在 C12 单元格中输入公式函数 "=FORECAST(B10,C3:C8,B3:B8)"。

（3）按 "Enter" 键，显示结果。

大数据应用 利用大数据算法 ARIMA 模型预测资金流入

差分自回归移动平均模型（Autoregressive Integrated Moving Average Model，ARIMA Model），是时间序列预测分析方法之一。该模型主要用于股价波动预测、资金流入流出预测、交通流量预测、国内生产总值（Gross Domestic Product, GDP）季度增长预测等。

蚂蚁金服拥有上亿会员且业务场景中每天都涉及大量的资金流入和流出，面对庞大的用户群，其资金管理压力非常大。在既保证资金流动性风险最小，又满足日常业务运转的情况下，精准地预测资金的流入流出情况变得尤为重要。利用 ARIMA 模型，可以精准预测未来 10 天的资金流入。

ARIMA 算法
讲解（上）

ARIMA 算法
讲解（下）

利用算法预测
资金流入

任务小结

科学地预测资金需要量是企业合理筹集资金的前提。因此，企业在筹资前，会采用一定的方法预测资金需要量。销售百分比法的预测结果可能不够准确，但易于使用；高低点法简便易行，但只有在企业资金变动趋势比较稳定时才能使用；回归直线法避免了高低点法的缺点，是在历年资料比较齐全的情况下应用较多的资金需要量预测法。

阅读案例

华光公司资金
需要量的预测

 巩固与提升

一、单项选择题

1. 在财务管理中，将资金划分为变动资金与不变资金两部分，并据以预测企业未来资金需要量的方法称为（　　）。

    A. 定性预测法　　　B. 比率预测法　　　C. 资金习性预测法　　D. 成本习性预测法

2. 采用销售百分比法预测资金需要量时，属于非变动项目的是（　　）。

    A. 现金　　　　　　B. 存货　　　　　　C. 应付账款　　　　D. 长期借款

3. 某公司2025年的预计营业收入为50 000万元，预计销售净利率为10%，股利支付率为60%，据此可以计算出该公司2025年内部可筹得资金的金额为（　　）万元。

    A. 2 000　　　　　B. 3 000　　　　　C. 5 000　　　　　D. 8 000

4. 使用资金习性预测法预测资金需要量的理论依据是（　　）。

    A. 资金需要量与产销量间的对应关系　　　B. 资金需要量与投资间的对应关系

    C. 资金需要量与筹资方式间的对应关系　　D. 长短期资金间的比例关系

二、多项选择题

1. 下列属于企业资金需要量预测方法的有（　　）。

    A. 因素分析法　　　B. 资金习性预测法　　C. 连环替代法　　　D. 销售百分比法

2. 采用销售百分比法预测外部资金需要量时，下列影响因素的变动会使外部资金需要量减少的有（　　）。

    A. 股利支付率降低　　　　　　　　　　B. 固定资产增加

    C. 留存收益率提高　　　　　　　　　　D. 销售净利率提高

3. 在应用销售百分比法时，一般要经过的步骤包括（　　）。

    A. 预计留存收益增加额　　　　　　　　B. 确定变动资产和变动负债项目

    C. 确定外部资金需要量　　　　　　　　D. 确定总的资金需要量

4. 下列项目中占用的资金属于不变资金的有（　　）。

    A. 构成产品实体的原材料　　　　　　　B. 厂房、设备

    C. 必要的成品储备　　　　　　　　　　D. 必要的成品储备以外的产成品

5. 一般情况下，采用销售百分比法预测资金需要量时，假定随销售收入变动的项目有（　　）。

    A. 应收账款　　　　B. 存货　　　　　　C. 应付账款　　　　D. 公司债券

三、判断题

1. 高低点法属于企业资金需要量预测的定性分析方法。　　　　　　　　　（　　）

2. 销售百分比法简单实用、计算科学，不存在局限性。　　　　　　　　　（　　）

3. 应付账款和短期借款均属于变动负债项目。　　　　　　　　　　　　　（　　）

四、课后任务

在网上查找某上市公司的资料，了解其资金预测的方法和应用情况。

任务二　筹资渠道和筹资方式

核心知识： 了解各筹资渠道和筹资方式，以及各种筹资类型的优缺点。
核心技能： 债券发行价格的计算及应用。

 相关知识

一、筹资渠道与筹资方式

筹资是企业根据生产经营等活动对资金的需要，通过一定的渠道，采取适当的方式获取所需资金的行为。筹资活动是企业一项重要的财务活动。如果说企业的财务活动是以现金收支为主的资金流转活动，那么筹资活动则是资金流转的起点。

1. 筹资渠道

筹资渠道是指客观存在的筹措资金的来源方向与通道。认识和了解各筹资渠道及其特点，有助于企业充分拓宽和正确利用筹资渠道。目前，我国企业的筹资渠道主要包括以下几个。

（1）国家财政资金。国家对企业的直接投资是国有企业特别是国有独资企业获得资金的主要渠道。

（2）银行信贷资金。银行提供给企业的各种借款，成为我国目前各类企业重要的资金来源。

（3）其他金融机构资金。它是指信托公司、保险公司、租赁公司、证券公司、财务公司等其他金融机构为企业提供的资金。

（4）其他企业资金。企业之间可能会利用暂时闲置的资金进行相互投资。企业间的相互投资和商业信用，使其他企业资金也能成为企业资金的重要来源。

（5）居民个人资金。居民个人资金是指游离于银行及非银行金融机构之外的企业职工或居民个人的结余资金，是企业资金来源之一。

（6）企业自留资金。它是指企业内部积累形成的资金，也称企业内部留存收益，主要包括盈余公积和未分配利润。

2. 筹资方式

筹资方式是指可供企业在筹措资金时选用的具体筹资形式。目前，我国企业的筹资方式主要有7种：①吸收直接投资；②发行股票；③利用留存收益；④向银行借款；⑤发行债券；⑥融资租赁；⑦取得商业信用。其中，前3种方式筹措的资金为权益资金，后4种方式筹措的资金为债务资金。

除了以上所提到的筹资方式，近年来，一些新型的筹资工具也日益得到企业的重视，主要有可转换债券、认股权证和优先股等。

二、筹资类型

企业筹集的资金，可以根据不同的性质划分为不同的类型，各种类型资金的结合就构成了企业具体的筹资组合。为了保证企业筹资组合的有效性，必须正确认识各种不同的筹资类型。

1. 股权筹资、债务筹资及衍生工具筹资

按企业所取得资金的权益特性不同，企业筹资分为股权筹资、债务筹资及衍生工具筹资3种类型。股权筹资和债券筹资分别形成股权资本和债务资本。

股权资本是股东投入的、企业依法长期拥有、企业能够自主调配运用的资本。在企业持续

经营期间，不允许投资者抽回股权资本，因而其也被称为企业的自有资本、主权资本、权益资本或权益资金。股权资本是企业从事生产经营活动和偿还债务的基本保证，是代表企业基本资信状况的一个主要指标。企业的股权资本通过吸收直接投资、发行股票、内部积累等方式取得。股权资本到期后一般不用偿还本金，成了企业的永久性资本，因此，股权资本的财务风险小，但付出的资本成本相对较高。

债务资本，也称债务资金，是企业按合同向债权人取得的在规定期限内需要清偿的债务。企业通过债务筹资形成债务资本，债务资本通过向银行借款、发行债券、融资租赁等方式取得。由于债务资本到期要归还本金和支付利息，债权人对企业的经营状况不承担责任，因此债务资本具有较大的财务风险，但付出的资本成本相对较低。

衍生工具筹资包括兼具股权与债务筹资性质的混合筹资和其他衍生工具筹资。我国上市公司目前较常见的混合筹资方式是可转换债券筹资，较常见的其他衍生工具筹资方式是认股权证筹资。

2．短期筹资与长期筹资

按所筹集资金的使用期限不同，企业筹资分为短期筹资和长期筹资两种类型。

（1）短期筹资。短期筹资是指资金使用期限在1年以内（含1年）的资金筹集活动。短期筹资经常采取商业信用、短期借款等方式筹集，所形成的短期资金主要用于企业的流动资产和日常资金周转，一般在短期内需要偿还。

（2）长期筹资。长期筹资是指资金使用期限在1年以上的资金筹集活动。长期筹资通常采取吸收直接投资、发行股票、发行债券、长期借款、融资租赁等方式筹集，所形成的长期资金主要用于购建固定资产、形成无形资产、进行对外长期投资、垫支流动资金、研发产品和技术等。

3．直接筹资与间接筹资

企业的筹资活动按是否通过金融机构筹资可以划分为直接筹资与间接筹资两种类型。

（1）直接筹资。直接筹资是指企业不通过金融机构而直接面对资金供应者进行的筹资活动。直接筹资通常采取吸收直接投资、发行股票、发行债券等方式筹集资金。

（2）间接筹资。间接筹资是指企业通过金融机构进行的筹资活动，一般通过银行或其他金融机构完成。间接筹资的基本方式是向银行借款，此外还有融资租赁等方式。间接筹资形成的主要是债务资金。

4．内部筹资与外部筹资

按资金的来源范围不同，企业筹资可分为内部筹资和外部筹资两种类型。

（1）内部筹资。内部筹资是指企业通过利润留存而形成的资金来源。内部筹资数额的大小主要取决于企业可分配利润的多少和利润分配政策（股利分配政策）。内部筹资一般无须支付筹资费用，因此筹资成本较低。

（2）外部筹资。外部筹资是指企业向外部筹措资金而形成的资金来源。处于初创期的企业，内部筹资的可能性是有限的；处于成长期的企业，内部筹资往往难以满足需要。这就需要企业广泛地开展外部筹资，如发行股票、发行债券、取得商业信用、向银行借款等。企业向外部筹资大多需要支付一定的筹资费用，因此筹资成本较高。

实务中，企业筹资时一般先利用内部筹资，然后再考虑外部筹资。

三、权益资金的筹集

权益资金是指投资者投入企业的，以及企业的生产经营过程中所形成的积累性资金。它反映企业所有者的权益，可以为企业长期占有和支配，是企业的基本资金来源之一。

权益资金的筹集方式主要可分为吸收直接投资、发行股票和利用留存收益等。

1. 吸收直接投资

吸收直接投资是指企业按照"共同投资，共同经营，共担风险，共享利润"的原则直接吸收投资者投入资本的筹资方式。它是非股份制企业吸收资本的基本形式。吸收直接投资的出资方式有以货币资产出资、以实物资产出资、以土地使用权出资、以工业产权出资等。

（1）吸收直接投资的优点主要表现在以下几个方面。

① 有利于增强企业信誉。吸收直接投资所筹集的资金属于自有资金，能增强企业的信誉和借款能力。

② 能够尽快形成生产能力。与发行股票筹资相比，吸收直接投资所履行的法律程序相对简单，筹资速度较快。另外，企业吸收直接投资不仅可以取得一部分货币资金，而且能够直接获得所需的先进设备和技术，使企业尽快形成生产能力。

③ 有利于减小财务风险。吸收直接投资可以根据企业的经营情况向投资者支付报酬，比较灵活，财务风险较小。

（2）吸收直接投资的缺点主要表现在以下方面。

① 资本成本较高。与发行股票筹资相比，吸收直接投资的资本成本较高。当企业经营较好、盈利较高时，投资者往往要求将大部分盈余作为红利分配，这是因为向投资者支付的报酬是按其出资数额和企业实现利润的比率计算的。不过，吸收直接投资的手续相对比较简便，筹资费用较低。

② 企业控制权容易分散。投资者在投资的同时，一般要求获得与投资数量相适应的经营管理的权利，这是吸收直接投资的代价。

2. 发行股票

企业通过发行股票筹资时，主要发行普通股。发行普通股是指股份制企业通过发行普通股筹措资金的筹资方式。发行普通股筹资是股份制企业筹集资本的主要方法。

（1）发行普通股筹资的优点主要表现在以下几个方面。

① 没有固定到期日，不用偿还。这对保证企业对资本的最低要求、维持企业长期稳定的发展非常有利。

② 筹资风险小。企业筹集的股本没有还本付息的风险，因此筹资风险小。

③ 没有使用约束。普通股在使用上不受投资者的直接干预。相对于其他筹资方式，股本的使用较为灵活，既可用于长期资产投资，也可在某种程度上用于永久性占用的流动资产投资。

（2）发行普通股筹资的缺点主要表现在以下方面。

① 资本成本较高。首先，由于股票投资的风险较大，收益具有不确定性，投资者会要求较高的风险补偿。其次，相对于其他筹资方式，由于普通股股利是从税后收益中支付的，不存在负债等其他筹资方式下的税收抵免，从而直接增加了资本成本。最后，普通股的发行成本相对于其他筹资方式较高，增加了筹资成本。

② 新股发行会增加新股东，改变原有股权结构，分散企业的经营控制权。

3. 利用留存收益

企业留存收益是指从企业税后利润中提取的盈余公积以及未分配利润。因此，税后利润的合理分配也关系到企业的筹资问题。

（1）利用留存收益筹资的优点主要表现在以下方面。

① 不需要发生筹资费用。与发行股票筹资相比，利用留存收益筹资不需要产生筹资费用，资本成本较低。

② 维持企业的控制权分布。利用留存收益筹资，不需要对外发行新股或吸收新投资者，由

此增加的权益资金不会改变企业的股权结构，不会稀释原有股东的控制权。

（2）利用留存收益筹资的缺点主要是筹资数额有限。留存收益的最大数额是企业到期的净利润与以前年度未分配利润之和，无法像外部筹资那样一次性筹集大量资金。如果企业发生亏损，那么当年就没有利润留存。另外，股东和投资者从自身期望出发，往往希望企业每年分配一定的利润，保持一定的利润分配比例。

四、债务资金的筹集

债务资金的筹集即债务筹资，主要是指企业通过向银行借款、发行债券、融资租赁及赊购商品等方式筹集和取得资金。向银行借款、发行债券、融资租赁是债务筹资的基本形式，具体内容如下。

1. 向银行借款

企业可通过向银行借款进行筹资。其中，不足1年（含1年）的短期借款在企业中经常发生，与企业资金营运有密切关系。长期借款是企业向银行等金融机构借入的、期限在1年以上的各种借款。它以企业的生产经营及盈利能力为依托，通常用于企业长期资产投资和永久性流动资产投资。

（1）长期借款筹资的优点主要表现在以下几个方面。

① 筹资速度快。与发行债券、融资租赁、发行股票等筹资方式相比，长期借款的程序相对简单，所花时间较短，企业可以迅速获得所需资金。

② 筹资弹性较大。借款时企业与银行直接交涉，有关条件可通过谈判确定；用款期间企业发生某些变动（如财务变动），亦可与银行再协商。因此，长期借款筹资对企业来说具有较大的灵活性。

③ 资本成本较低。利用长期借款筹资，其利息可在所得税税前列支，利息负担一般比发行债券和融资租赁的要轻。而且，长期借款筹资的筹资费用也较低。

④ 具有财务杠杆作用。当企业投资报酬率大于其借款利率时，长期借款能使企业获得差额利润，提高企业每股净收益。

（2）长期借款筹资的缺点主要表现在以下几个方面。

① 财务风险高。长期借款需企业还本付息，企业偿债压力大，筹资风险较高。另外，企业可能会因不能偿付过多借款而破产。

② 限制条款多。与发行债券相比，长期借款合同对借款用途有明确规定。借款的保护性条款对企业资本支出额度、再筹资、股利支付等行为有严格的约束，企业以后的生产经营活动和财务政策将受到一定程度的影响。

③ 筹资数额有限。长期借款的数额往往受到贷款机构资本实力的制约，难以像发行债券、股票那样一次性筹集大量资金，无法满足企业大规模筹资的需要。

2. 发行债券

企业发行的债券称为企业债券或公司债券。企业债券是企业为筹集资金而发行的到期还本付息的有价证券，也是债权人按规定取得固定利息和到期收回本金的债权证书。

（1）发行债券筹资的优点主要表现在以下几个方面。

① 一次性筹集大量资金。利用发行债券筹资，企业能够筹集大量资金，满足企业大规模筹资的需要。这是企业选择发行债券筹资的主要原因。

② 筹集资金的使用限制条件少。与向银行借款相比，发行债券筹集的资金在使用上具有一定的灵活性和自主性，特别是发行债券所筹集的大额资金，能够用于流动性较差的长期资产。从资金使用的性质来看，向银行借款筹集的资金一般期限短、额度小，主要用于增加适量存货或增加小型设备等。而发行债券筹集的资金一般期限较长、额度较大，可用于企业增加大型固定资产

和基本建设投资。

③ 可利用财务杠杆作用。无论发行企业实现多少盈利，债券持有人一般只收取固定的利息，而企业其他收益可分配给股东或留存于企业，从而增加股东和企业的财富。

（2）发行债券筹资的缺点主要表现在以下方面。

① 筹资风险较高。债券有固定的到期日，并需定期支付利息，发行企业必须承担按期付息偿本的义务。

② 资本成本负担较重。相对于向银行借款筹资，发行债券筹资的利息负担较重、筹资费用较高，而且债券不能像向银行借款一样进行债务展期，加上大额的本金和较高的利息，在固定的到期日将会对企业现金流量产生影响。尽管企业债券的利息比银行借款的利息高，但企业债券的期限长、利率相对稳定，在预计市场利率持续上升的金融市场环境下，发行债券筹资能够锁定资本成本。

3. 融资租赁

租赁是指通过签订资产出让合同的方式，使用资产的一方（承租方）通过支付租金，向出让资产的一方（出租方）取得资产使用权的交易行为。

（1）租赁的分类。

按租赁的业务性质，租赁分为经营租赁和融资租赁。

经营租赁是由出租方向承租方在短期内提供设备，并提供维修、保养、人员培训等的服务性业务，又称服务性租赁。融资租赁是由出租方按承租方要求出资购买设备，在较长的合同期内提供给承租方使用的融资信用业务，它是以融通资金为主要目的的租赁。

（2）融资租赁的基本形式。

① 直接租赁。直接租赁是融资租赁的主要形式，承租方提出租赁申请时，出租方按照承租方的要求选购资产，然后再出租给承租方。

② 售后回租。售后回租是指承租方由于急需资金等各种原因，将自己的资产出售给出租方，然后以租赁的形式从出租方租回资产的使用权。在这种租赁合同中，除了资产所有者的名义发生改变，其余情况均无变化。

③ 杠杆租赁。杠杆租赁是指涉及承租方、出租方和资金出借方三方的融资租赁业务。一般来说，当所涉及的资产价值较高时，出租方只投入部分资金，通常为资产价值的20%～40%，其余资金则通过将该资产抵押担保的方式，向第三方（通常为银行）申请贷款解决，然后出租方将购进的设备出租给承租方，用收取的租金偿还贷款，该资产的所有权属于出租方。出租方既是债权人也是债务人，如果出租方到期不能按期偿还借款，资产所有权则转移给资金的出借方。

（3）融资租赁的优缺点。

① 融资租赁筹资的优点主要表现在以下几个方面。

• 无须大量资金就能迅速获得资产。在资金缺乏的情况下，企业通过融资租赁能迅速获得所需资产。融资租赁集"融资"与"融物"于一身，使企业在资金短缺的情况下引进设备成为可能。特别是对中小企业、新创企业而言，融资租赁是一条重要的融资途径。大型企业的大型设备、工具等固定资产，也经常通过融资租赁方式取得，如商业航空公司的飞机，大多是通过融资租赁取得的。

• 筹资的限制条件较少。企业采取发行股票、发行债券、向银行借款等筹资方式时，都会受到相当多的资格条件的限制，如足够的抵押品、银行贷款的信用标准、发行债券的政府管制等。相比之下，融资租赁筹资的限制条件较少。

• 财务风险小，财务优势明显。融资租赁与购买的一次性支出相比，能够避免一次性支出的负担，而且租金支出是未来的、分期的，企业无须一次性筹集大量资金。还款时，租金可以通过项目本身产生的收益来支付。

② 融资租赁筹资的缺点主要是资本成本较高。一般来说，租金总额通常要比设备价值高出30%，并且融资租赁的内含利率要高于向银行借款筹资和发行债券筹资的利率。

五、衍生工具筹资

衍生工具筹资的基本形式包括可转换债券筹资、认股权证筹资及优先股筹资等。

1. 可转换债券筹资

可转换债券是一种混合型证券，是普通公司债券与证券期权的组合体。可转换债券的持有人在一定期限内，可以按照事先规定的价格或者转换比例，自由地选择是否将其转换为普通股。

（1）可转换债券筹资的优点主要表现在以下几个方面。

① 筹资灵活。可转换债券筹资将传统的债务筹资功能和发行股票筹资功能结合起来，在筹资性质和时间上具有灵活性。债券发行公司先以债务方式取得资金，到了债券转换期，如果股票市价较高，债券持有人将会按约定的价格将债券转换为股票，避免了公司还本付息的负担；如果股票市价长期低迷，投资者不愿意将债券转换为股票，公司及时还本付息、清偿债务，也能避免未来长期的股权资本成本负担。

② 资本成本较低。可转换债券的利率低于同一条件下普通公司债券的利率，降低了公司的筹资成本。此外，在将可转换债券转换为普通股时，公司无须另外支付筹资费用，节约了发行股票的筹资成本。

③ 筹资效率高。可转换债券在发行时，规定的转换价格往往高于当时公司的股票价格。如果这些债券将来都转换成股权，相当于在债券发行之际，就以高于当时股票市价的价格新发行了股票，以较小的股份代价筹集了更多的股权资金。

（2）可转换债券筹资的缺点主要表现在以下几个方面。

① 存在不转换的财务压力。如果公司股票价格在转换期内处于恶化性的低位，债券持有人到期不会转股，就会使公司承担集中兑付债券本金的财务压力。

② 存在回售的财务压力。若可转换债券发行后，公司股票价格长期低迷，在设计有回售条款的情况下，投资者集中在一段时间内将债券回售给发行公司，会加大公司的财务支付压力。

③ 股票价格存在大幅度上扬风险。如果债券转换时公司股票价格大幅度上扬，公司只能以较低的固定转换价格换出股票，从而减少公司的股权筹资额。

2. 认股权证筹资

认股权证全称为股票认购授权证，是一种由上市公司发行的证明文件，持有人有权在一定时间内以约定价格认购该公司发行的一定数量的股票。

（1）认股权证筹资的优点主要表现在以下几个方面。

① 认股权证是一种融资促进工具，它能促使公司在规定的期限内完成股票发行计划，顺利实现融资。

② 有助于改善上市公司的治理结构。采用认股权证进行融资，融资的实现是缓期分批实现的，上市公司及其大股东的利益与投资者是否在到期之前执行认股权证密切相关。因此，在认股权证有效期间，上市公司管理层及其大股东的任何有损公司价值的行为，都可能降低上市公司的股票价格，从而减小投资者执行认股权证的可能性，这将损害上市公司管理层及其大股东的利益。因此，认股权证能有效约束上市公司的行为，并激励其更加努力地提高自身的市场价值。

③ 有利于推进上市公司的股权激励机制。认股权证是上市公司常用的员工激励工具，通过

给予员工一定的认股权证，可以将员工的利益与公司价值成长紧密联系在一起，建立一个员工通过提升公司价值再实现自身财富增值的利益驱动机制。

（2）认股权证筹资的缺点主要表现在以下方面。

① 灵活性较差。附带认股权证的债券发行公司，主要目的是发行债券，是为了发行债券而附带期权。认股权证的执行价格，一般比发行时的股票价格高出20%～30%。如果将来公司发展良好，股票价格会大大超过执行价格，原有股东会蒙受较大损失。

② 附带认股权证债券的承销费用高于债务筹资。

3. 优先股筹资

优先股是指股份有限公司发行的、相对普通股具有一定优先权利的股份种类。在利润分配及剩余财产清偿分配的权利方面，优先股股东优先于普通股股东；但在参与公司决策管理方面，优先股股东的权利受到限制。

（1）优先股筹资的优点主要表现在以下几个方面。

① 有利于丰富资本市场的投资结构。优先股筹资有利于为投资者提供多元化的投资渠道。看重现金红利的投资者可投资优先股，而希望分享公司经营成果的投资者则可以选择普通股。

② 有利于股份有限公司股权资本结构的调整。发行优先股，是股份有限公司股权资本结构调整的重要方式。公司资本结构调整，既包括债务资本和股权资本的调整，也包括股权资本内部结构的调整。

③ 有利于保障普通股收益和控制权。优先股的每股收益是固定的，只要净利润增加并且高于优先股股息，普通股的每股收益就会上升。另外，优先股股东无表决权，因此不影响普通股股东对公司的控制权。

④ 有利于降低公司的财务风险。优先股股利不是公司必须偿付的法定债务，如果公司财务状况恶化、经营成果不佳，这种股利可以不支付，从而相对减轻了公司的财务负担。

（2）优先股筹资的缺点主要表现在可能给股份有限公司带来一定的财务压力。一是由于优先股股息不能抵减所得税，所以其债务资本成本较高；二是优先股股利支付相对于普通股有其固定性，这可能会成为公司的一项财务负担。

 任务实训

一、发行债券筹集资金

根据《中华人民共和国公司法》的规定，股份有限公司和有限责任公司具有发行债券的资格。公司发行债券有一定的程序。筹资前，公司必须依据有关因素，运用一定的方法确定债券的发行价格。确定债券发行价格的流程如图2-2-1所示。

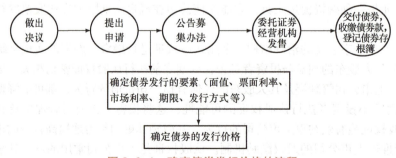

图 2-2-1　确定债券发行价格的流程

发行债券筹集资金的具体内容和步骤如下。

1. 做出决议

公司发行债券要由董事会制定方案，股东大会做出决议。

2. 提出申请

根据《中华人民共和国证券法》的规定，公司申请公开发行债券应当由国务院授权的部门或国务院证券监督管理机构审批，公司应向国务院授权的部门或国务院证券监督管理机构提交公司营业执照、公司章程、公司债券募集办法等文件。

3. 公告募集办法

公司发行债券的申请经批准后，向社会公告债券募集办法。公司债券分私募发行和公募发行。

债券的发行价格具体可按下列公式计算。

$$债券发行价格=\frac{债券面值}{(1+市场利率)^n}+\sum_{t=1}^{n}\frac{债券年利息}{(1+市场利率)^t} \qquad （式2-2-1）$$

式2-2-1中，n 为债券期限，t 为付息期数，债券年利息等于债券面值乘以票面利率。

【任务2-2-1】某公司发行面值为1 000元、票面利率为10%、期限为10年的债券，每年年末付息一次。其发行价格可分为下述3种情况进行计算。

（1）市场利率为10%，与票面利率一致，为等价发行。债券发行价格计算如下。

$$债券发行价格=\frac{1\ 000}{(1+10\%)^{10}}+\sum_{t=1}^{10}\frac{100}{(1+10\%)^t}=1\ 000 （元）。$$

（2）市场利率为8%，低于票面利率，为溢价发行。债券发行价格计算如下。

$$债券发行价格=\frac{1\ 000}{(1+8\%)^{10}}+\sum_{t=1}^{10}\frac{100}{(1+8\%)^t}=1\ 134 （元）。$$

（3）市场利率为12%，高于票面利率，为折价发行。债券发行价格计算如下。

$$债券发行价格=\frac{1\ 000}{(1+12\%)^{10}}+\sum_{t=1}^{10}\frac{100}{(1+12\%)^t}=887 （元）。$$

📝 技能拓展　　　　Excel在债券发行价格计算中的应用

沿用【任务2-2-1】中有关数据，首先根据已知条件在表格中输入基本数据，然后根据有关计算公式定义单元格，最后得出计算结果，如图2-2-2所示。

D5	× ✓ fx	=PV(B5,$B$4,-$B$2*$B$3,-$B$2,0)

	A	B	C	D
1	**债券发行价格的计算**			
2	债券面额（元）	1000		
3	票面利率（%）	10%		
4	期限（年）	10		
5	当市场利率=	10%	发行价格=	1000
6	当市场利率=	8%	发行价格=	1134.202
7	当市场利率=	12%	发行价格=	886.9955

债券发行价格的计算 ⊕

图2-2-2　债券发行价格的计算模型

Excel在债券发行价格计算中的应用

具体操作步骤如下。

（1）在D5单元格中输入公式"=PV(B5,$B$4,-$B$2*$B$3,-$B$2,0)"，计算当市场利率为10%时的债券发行价格，得出计算结果为1 000元。

（2）单击D5单元格，然后将鼠标指针移到D5单元格右下角，拖动填充柄至D7单元格，将D5单元格的公式复制到D6:D7单元格区域，即可求出市场利率为8%和12%时的债券发行价格。

4. 委托证券经营机构发售

公募发行是各国通行的公司债券发行方式，在这种发行方式下，发行公司与承销团签订承销协议。承销团由数家证券公司或投资银行等承销机构组成，承销方式有代销和包销两种。代销是指承销团代为推销债券，如果债券在约定期限内未能全部售出，剩余债券可退还发行公司，承销团不承担发行风险。包销是由承销团先购入发行公司拟发行的全部债券，然后再售给社会上的投资者，如果债券在约定期限内未能全部售出，剩余债券要由承销团负责认购。

5. 交付债券，收缴债券款

发行债券通常不需要经过填写认购证的过程，而由债券购买人直接向承销机构付款购买，承销机构付给债券购买人债券，然后发行公司向承销机构收缴债券款，登记债券存根簿，并结算代理费及预付款项。

二、向银行借款筹集资金

在我国，最常见的筹资方式是向银行借款，向银行借款筹资的程序如图2-2-3所示。

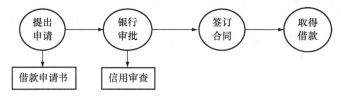

图 2-2-3　向银行借款筹资的程序

向银行借款筹集资金的具体内容和步骤如下。

1. 提出申请

企业根据筹资需求向银行提出书面申请，按银行要求的条件和内容填报借款申请书。

2. 银行审批

银行按照有关政策和贷款条件，对借款企业进行信用审查，依据审批权限，核准企业申请的借款金额和用款计划。银行审查的主要内容包括企业的财务状况、信用情况、盈利的稳定性、发展前景、借款投资项目的可行性、抵押品和担保情况。

3. 签订合同

借款申请获批准后，银行与企业进一步协商借款的具体条件，签订正式的借款合同，规定借款的数额、利率、期限和一些约束性条款。

4. 取得借款

借款合同签订后，企业在核定的借款指标范围内，根据用款计划和实际需要，一次或分多次将借款转入企业的存款结算账户，以便企业使用。

任务小结

　　企业在资本市场面临的筹资方式和筹资渠道多种多样，企业要掌握各种筹资方式的特点、优缺点并加以比较分析，从而做出选择。

阅读案例

企业在不同发展
阶段筹资方式的
选择

巩固与提升

一、单项选择题

1. 根据财务管理理论，按企业取得资金的权益特性的不同，可将筹资分为（　　　）。
   A. 直接筹资和间接筹资　　　　　　　B. 内部筹资和外部筹资
   C. 股权筹资、债务筹资和衍生工具筹资　　D. 短期筹资和长期筹资

2. 与利用留存收益筹资相比，属于吸收直接投资的特点的是（　　　）。
   A. 资本成本较低　　B. 筹资速度较快　　C. 筹资规模有限　　D. 形成生产能力较快

3. 对向银行借款筹资而言，发行股票筹资的特点是（　　　）。
   A. 筹资速度快　　B. 筹资成本高　　　C. 筹资弹性好　　　D. 财务风险大

4. 下列不属于吸收直接投资方式的是（　　　）。
   A. 吸收国家投资　　　　　　　　　　B. 吸收法人投资
   C. 吸收社会公众投资　　　　　　　　D. 融资租赁

5. 对股权筹资而言，债务筹资的优点为（　　　）。
   A. 财务风险小　　B. 限制条款少　　　C. 筹资额度大　　　D. 资本成本低

6. 与发行股票筹资相比，利用留存收益筹资的特点是（　　　）。
   A. 资本成本较高　　　　　　　　　　B. 筹资费用较高
   C. 稀释原有股东的控制权　　　　　　D. 筹资数额有限

7. 下列各种筹资方式中，最有利于降低公司财务风险的是（　　　）。
   A. 发行普通股　　B. 发行优先股　　　C. 发行公司债券　　D. 发行可转换债券

8. 企业在创立时一般首先选择的筹资方式是（　　　）。
   A. 融资租赁　　　B. 向银行借款　　　C. 吸收直接投资　　D. 发行企业债券

二、多项选择题

1. 下列属于直接筹资方式的有（　　　）。
   A. 发行股票　　　B. 发行债券　　　　C. 吸收直接投资　　D. 向银行借款

2. 下列选项中属于衍生工具筹资方式的有（　　　）。
   A. 发行股票筹资　　B. 债务筹资　　　C. 可转换债券筹资　D. 优先股筹资

3. 与普通股股东相比，优先股股东的优先权利涉及（　　　）。
   A. 优先分配股利权　　　　　　　　　B. 优先分配剩余财产权
   C. 优先认股权　　　　　　　　　　　D. 优先管理权

三、判断题

1. 企业权益资金的筹集相对于债务资金的筹集，其财务风险小，但付出的资本成本较高。
   （　　　）

2. 与发行股票筹资相比，吸收直接投资筹资的速度相对较慢。　　　　　　　　（　　）

3. 长期资金可以通过取得商业信用的方式筹集。　　　　　　　　　　　　　　（　　）

4. 在杠杆租赁的情况下，如果出租方不能按期偿还借款，那么资产的所有权就要转移给资金出借方。　　　　　　　　　　　　　　　　　　　　　　　　　　　　　　　　　（　　）

5. 在融资租赁的方式下，租赁期满，设备必须作价转让给承租方。　　　　　　　（　　）

四、课后任务

在网上查找企业筹资管理实例，了解企业筹资的一般程序，并试着分析其选择某种筹资方式的原因。

任务三　资本结构决策

核心知识：资本成本、资本结构、杠杆效应。
核心技能：资本结构决策与风险衡量。

 **相关知识**

一、资本成本

1. 资本成本的含义

资本成本是企业取得和使用资本而支付的代价。广义的资本成本是指筹集和使用所有资金的成本，狭义的资本成本是指筹集和使用长期资金的成本。

资本成本包括筹集费用和资本占用费。筹集费用是指取得资本而发生的费用，如发行股票和债券所发生的申请、登记、印刷、注册以及向承销机构支付的手续费等与发行有关的费用。这部分费用与使用的时间无关，仅在资本筹集时发生，是一项固定费用。资本占用费是指企业在一定时间内占用筹集过来的资本而支付给资本所有者的报酬，如红利、利息等。这部分费用与企业使用的时间有关，是一项变动费用。

2. 资本成本的作用

（1）资本成本是企业选择资金来源、进行筹资决策的依据。企业在比较多个筹资方案时，考虑的一个重要因素就是资本成本，即应该选择资本成本最低的方案。

（2）资本成本是企业评价投资项目的标准。国际上将资本成本视为投资项目的最低收益率，也将其视为是否采用投资项目的取舍标准。一个投资项目，只有当其投资收益高于其资本成本时，在经济上才合理。

（3）资本成本是考核企业经营业绩的依据。企业总资产报酬率高于资本成本率，则认为企业经营有利，效益很好；反之，则认为企业经营不利，业绩不佳。

3. 资本成本的种类

资本成本主要包括个别资本成本和综合资本成本。

（1）个别资本成本。个别资本成本是指单一筹资方式的资本成本，包括长期借款资本成本、债券资本成本、融资租赁资本成本、优先股资本成本、普通股资本成本和留存收益资本成本等。其中，前3类是债务资本成本，后3类是权益资本成本。个别资本成本可用于比较和评价各种筹资方式。个别资本成本计算的基本模式有一般模式和折现模式。

① 一般模式。为了便于分析比较，资本成本计算的一般模式不考虑资金时间价值，用相对数即资本成本率表示。计算时，将期初的筹资费用作为筹资总额的一个扣除项，扣除筹资费用后的筹资总额称为筹资净额。资本成本率的计算公式如下。

$$资本成本率 = \frac{年资本占用费}{筹资总额 - 筹资费用} = \frac{年资本占用费}{筹资总额 \times (1 - 筹资费用率)} \qquad （式2-3-1）$$

$$K = \frac{D}{P - F} = \frac{D}{P(1-f)} \qquad （式2-3-2）$$

式2-3-2中，K为资本成本率，P为筹资总额，D为年资本占用费，F为筹资费用，f为筹资费用率。

 提示

若资金来源为负债，还存在税前资本成本和税后资本成本的区别。计算税后资本成本需要从年资本占用费中减去资本占用费税前列支产生的所得税节约额。

② 折现模式。对金额较大、时间超过1年的长期资本，更准确的资本成本计算方式是采用折现模式，即将债务未来还本付息或股权未来股利分红的折现值与目前的筹资净额现值相等时的折现率作为资本成本率，即由

筹资净额现值 - 未来资本清偿额现金流量现值 = 0

得 资本成本率 = 所采用的折现率

（2）综合资本成本。由于受多种因素的制约，企业不可能只使用单一的筹资方式，往往需要通过多种方式筹集所需资金。为进行筹资决策，企业需要计算确定企业全部资本的总成本，即综合资本成本。

综合资本成本是一种加权平均资本成本。加权平均资本成本是企业全部长期资本的总成本，用相对数（即资本成本率）表示，是对个别资本成本率进行加权平均确定的。加权平均资本成本率计算公式如下。

$$K_w = \sum_{j=1}^{n} K_j W_j \qquad （式2-3-3）$$

式2-3-3中，K_w为加权平均资本成本率，K_j为第j类个别资本成本率，W_j为第j类个别资本占全部资本的比重。

二、资本结构

资本结构是指企业各种资本的构成及其比例关系。资本结构有广义和狭义之分。广义的资本结构是指企业全部资本的构成及其比例关系，不仅包括长期资本，还包括短期资本。狭义的资本结构是指企业长期资本的构成及其比例关系。

最佳资本结构是指能使企业综合资本成本最低、企业价值最大，并能最大限度地调动利益相关者积极性的资本结构。在现实中，不同行业的企业在资本结构的选择上是存在差异的，这表现为不同行业存在各自的最佳资本结构。

资本结构的决策方法主要有两种：一是比较资本成本法，二是每股收益无差别点法。

比较资本成本法通过计算不同资本结构的加权平均资本成本率，并以此为标准，选择其中加权平均资本成本率最低的资本结构。

每股收益无差别点法利用每股收益（非股份制公司为资本利润率）无差别点的分析来选择和确定资本结构。每股收益无差别点是指两种筹资方式下每股收益相等时的息税前利润，也称无差异点。每股收益无差别点法通过每股收益的变化来衡量资本结构合理与否。

 任务实训

一、进行资本结构决策

使用比较资本成本法进行筹资决策，首先要综合考虑不同筹资方式的优缺点及筹资环境等因素，设计出几种筹资方案，然后通过对不同筹资方案的综合资本成本进行计算、比较后选取最优方案。使用每股收益无差别点法是利用每股收益的高低来选择和确定资本结构的。资本结构决策的流程如图2-3-1所示。

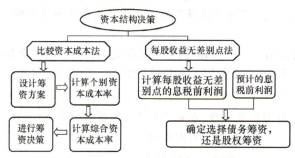

图2-3-1 资本结构决策的流程

1. 比较资本成本法

使用比较资本成本法进行资本结构决策的具体内容和步骤如下。

（1）设计筹资方案。筹资方案的设计需要综合考虑不同筹资方式的优缺点及筹资环境等因素，通常有3类：一是债务筹资，二是股权筹资，三是同时采用债务筹资和股权筹资。

【任务2-3-1】某企业原有总资本10 000万元，其中股权资本普通股为6 000万元，债务资本长期借款为4 000万元，年利率为8%。目前，企业为了扩大经营规模，拟增资5 000万元。

要求：请设计出至少3个筹资备选方案。

【解析】设计出如下3种筹资方案。

A方案：按面值发行长期债券5 000万元，票面利率为12%。

B方案：发行优先股3 000万元，年股息率为14%；向银行借入长期借款2 000万元，年利率为10%。

C方案：增发普通股500万股，每股市价为10元。

（2）计算个别资本成本率。

① 长期借款资本成本率。借款的利息可以在企业所得税税前列支，从而减轻税负，具有减税效应。所以，长期借款的利息抵销因利息支出而减少的企业所得税税后的净额，才是企业为支付长期借款利息而增加的费用。其计算公式为

$$K_1 = \frac{I \times (1-T)}{L \times (1-f)} = \frac{L \times i \times (1-T)}{L \times (1-f)} \qquad (式2-3-4)$$

式2-3-4中，K_l为长期借款资本成本率，I为长期借款年利息，T为所得税税率，L为长期借款筹资总额，i为长期借款利率，f为长期借款筹资费用率。

【任务2-3-2】某企业向银行借入一笔长期资金，共1 000万元，长期借款年利率为8%，每年结息一次，到期一次还本，同时需支付借款额的1%作为手续费，企业所得税税率为25%。

要求：计算该长期借款资本成本率。

【解析】K_l=1 000×8%×（1−25%）÷1 000÷（1−1%）=6.06%。

一般来说，长期借款的筹资费用很低，常常可以忽略不计，则公式可简化为

$$K_l = i \times (1-T)$$

其中，i代表长期借款利率。

📝 **随堂练习**

某企业取得长期借款100万元，年利率为8%，期限为5年，每年付息一次，到期一次还本，筹措借款的费用率为0.2%，企业所得税税率为25%。

要求：计算长期借款资本成本率。

---

② 债券资本成本率。债券的利息也可以在企业所得税税前列支，从而减轻税负，具有减税效应。所以，债券的利息抵销因利息支出而减少的企业所得税税后的净额才是企业为支付债券利息而增加的费用。其计算公式为

$$K_b = \frac{I \times (1-T)}{B_0 \times (1-f)} = \frac{B \times i \times (1-T)}{B_0 \times (1-f)} \qquad （式2-3-5）$$

式2-3-5中：K_b为债券资本成本率；I为债券年利息；T为所得税税率；B为债券面值；i为债券票面利率；B_0为债券实际筹资总额，按发行价确定；f为债券发行费用率。

【任务2-3-3】某企业发行一笔期限为10年的债券，每张债券发行价为1 100元，面值为1 000元，票面利率为10%，每年付一次利息，债券发行费用率为5%，企业所得税税率为25%。

要求：计算该笔债券的资本成本率。

【解析】$K_b = \dfrac{1\,000 \times 10\% \times (1-25\%)}{1100 \times (1-5\%)} = 7.18\%$。

📝 **随堂练习**

某企业以1 200元的价格，溢价发行面值为1 000元的债券1 000张，票面利率为12%，期限为5年，每年付息一次，发行费用率为3%，企业所得税税率为25%。

要求：计算债券资本成本率。

---

③ 优先股资本成本率。权益资本成本，其资金使用费是向股东分派的股利和股息，而股利和股息是以所得税税后的净利润支付的，不能抵减所得税。优先股属于权益资本，所以优先股股利不能抵税。其计算公式为

$$K_p = \frac{D}{P_0(1-f)} \qquad （式2-3-6）$$

式2-3-6中，K_p为优先股资本成本率，D为优先股每年的股利，P_0为发行优先股总额，f为优先股筹资费用率。

【任务2-3-4】 某股份有限公司拟发行优先股，其面值总额为1 000万元。确定优先股年股息率为11%，筹资费用率预计为5%。假设股票溢价发行，其筹资总额为1 200万元。

要求：计算优先股的资本成本率。

【解析】 $K_p = \dfrac{1\,000 \times 11\%}{1\,200 \times (1-5\%)} = 9.65\%$。

💡 **提示**

浮动股息优先股的资本成本率计算方式与普通股资本成本率的股利增长模型法的计算方式相同。

📝 **随堂练习**

某上市公司发行面值为100元的优先股，规定的年股息率为11%。该优先股溢价发行，发行价格为120元，发行时筹资费用为发行价格的3%。

要求：计算该优先股的资本成本率。

---

④ 融资租赁资本成本率。融资租赁各期的租金中，包含每期偿还的本金和各期手续费用（即租赁公司的各期利润），其资本成本率只能按折现模式计算。

【任务2-3-5】 某企业从租赁公司租入一套设备，价值60万元，租期6年，假设每年年末支付租金137 764元，期满租赁资产残值为零，计算该融资租赁资本成本率。

【解析】 $600\,000 = 137\,764 \times (P/A, K_b, 6)$。

查找年金现值系数表，可得 $K_b = 10\%$。

📝 **随堂练习**

某企业从租赁公司租入一套设备，价值6 000万元，租期8年，每年年末支付租金1 000万元，期满租赁资产残值为零。

要求：计算该融资租赁资本成本率。

💡 **提示**

债务资本成本率的计算有税前债务资本成本率和税后债务资本成本率，这里融资租赁资本成本率的计算是指税前的，其他债务资本成本率的计算是指税后的。

---

⑤ 普通股资本成本率。普通股资本成本主要是向股东支付的各期股利。由于各期股利并不一定固定，而是随企业各期收益及股利分配政策波动，因此普通股资本成本率只能按折现模式计算。

- 如果企业每年股利固定不变，可视为永续年金，则普通股资本成本率的计算公式可简化为

$$K_s = \frac{d}{p_0(1-f)}$$ （式2-3-7）

式2-3-7中，K_s 为普通股资本成本率，d 为每股股利，p_0 为每股发行价，f 为普通股筹资费用率。

- 如果企业股利不断增加，假设股利年增长率为 g，则普通股资本成本率的计算公式可简化为

$$K_s = \frac{d_0(1+g)}{p_0(1-f)} + g = \frac{d_1}{p_0(1-f)} + g$$ （式2-3-8）

式2-3-8中，d_0 为上一年的每股股利，d_1 为预计第1年的每股股利，g 为股利年增长率。

【任务2-3-6】某企业发行普通股，每股发行价为100元，筹资费用率为5%，第1年股利为12元，以后每年增长4%，计算该普通股资本成本率。

【解析】$K_s = \dfrac{d_1}{p_0(1-f)} + g = \dfrac{12}{100\times(1-5\%)} + 4\% = 16.63\%$ 。

随堂练习

某企业发行普通股，每股发行价为20元，本年发放现金股利每股2.5元，筹资费用率为3%，预计股利年增长率为5%。

要求：计算普通股资本成本率。

提示

普通股的资本成本率在各种筹资方式中最高。

⑥ 留存收益资本成本率。留存收益是企业资金的一项重要来源，其所有权归属于股东。因此，这部分资本成本可视同普通股资本成本来计算，所不同的是留存收益无筹资费用。

在普通股股利固定的情况下，留存收益资本成本率的计算公式为

$$K_e = \frac{d}{p_0}$$ （式2-3-9）

在普通股股利逐年固定增长的情况下，留存收益资本成本率的计算公式为

$$K_e = \frac{d_1}{p_0} + g$$ （式2-3-10）

式2-3-10中，K_e 为留存收益资本成本率。

（3）计算综合资本成本率。上一步骤所计算的个别资本成本率，是比较、评价各种筹资方式的依据。在确定筹资方案时，一般应考虑综合资本成本，在其他条件相同时，企业应选择综合资本成本率最低的筹资方式。

企业综合资本成本率，是以各项个别资本在企业总资本中的比重为权数，对各项个别资本成本率进行加权平均而得到的总资本成本率。其计算公式为

$$K_w = \sum_{j=1}^{n} K_j W_j$$ （式2-3-11）

式2-3-11中，K_w为加权平均资本成本率，K_j为第j类个别资本成本率，W_j为第j类个别资本占总资本总额的比重。

【任务2-3-7】某企业现有资本总额8 000万元，其中长期借款1 500万元，长期债券1 000万元，普通股5 000万元，留存收益500万元。其个别资本成本率分别为5%、7%、12%和11%。计算该企业的综合资本成本率。

【解析】第一步，计算各种长期资本的比重。

长期借款占资本总额的比重=1 500÷8 000×100%=18.75%。

长期债券占资本总额的比重=1 000÷8 000×100%=12.5%。

普通股占资本总额的比重=5 000÷8 000×100%=62.5%。

留存收益占资本总额的比重=500÷8 000×100%=6.25%。

第二步，计算综合资本成本率。

K_w=5%×18.75%+7%×12.5%+12%×62.5%+11%×6.25%=10%。

随堂练习

某企业2024年年末的长期资本账面总额为1 000万元，其中：银行长期借款400万元，占40%；长期债券150万元，占15%；普通股450万元，占45%。长期借款、长期债券和普通股的个别资本成本率分别为5%、6%和9%。普通股价值为1 600万元，长期债券市场价值等于账面价值。

要求：计算该企业的综合资本成本率。

【任务2-3-8】某企业原有总资本10 000万元。其中，权益资本普通股600万股，每股面值1元，发行价10元，目前价格为10元，今年预计股利为1元/股，以后股利每年增加5%。债务资本为长期借款4 000万元，年利率为8%。目前，企业为了扩大经营规模，拟增资5 000万元，现有A、B、C等3个备选方案。为方便计算，假设发行的各种证券无筹资费用，有关资料如下。

A方案：按面值发行长期债券5 000万元，票面利率为12%。由于财务风险加大，预计普通股市价降至8元/股。

B方案：发行优先股3 000万元，年股息率为14%；向银行借入长期借款2 000万元，年利率为10%。

C方案：增发普通股500万股，每股市价10元，预计股利不变。

假定企业适用的所得税税率为25%。

要求：分别计算各方案的加权平均资本成本率。

【解析】①企业现有加权平均资本成本率的计算如下。

普通股比重=（6 000÷10 000）×100%=60%。

长期借款比重=（4 000÷10 000）×100%=40%。

普通股资本成本率=1÷10+5%=15%。

长期借款资本成本率=8%×（1-25%）=6%。

企业现有加权资本成本率=15%×60%+6%×40%=11.4%。

②A方案加权平均资本成本率的计算如下。

普通股比重=（6 000÷15 000）×100%=40%。

长期借款比重=（4 000÷15 000）×100%=26.67%。

长期债券比重=（5 000÷15 000）×100%=33.33%。

普通股资本成本率=1÷8+5%=17.5%。

长期借款资本成本率=8%×（1-25%）=6%。

长期债券资本成本率=12%×（1-25%）=9%。

A方案的加权平均资本成本率=17.5%×40%+6%×26.67%+9%×33.33%=11.6%。

③B方案加权平均资本成本率的计算如下。

普通股比重=（6 000÷15 000）×100%=40%。

原长期借款比重=（4 000÷15 000）×100%=26.67%。

新长期借款比重=（2 000÷15 000）×100%=13.33%。

优先股比重=（3 000÷15 000）×100%=20%。

普通股资本成本率=1÷10+5%=15%。

原长期借款资本成本率=8%×（1-25%）=6%。

新长期借款资本成本率=10%×（1-25%）=7.5%。

优先股资本成本率=14%。

B方案的加权平均资本成本率=15%×40%+6%×26.67%+7.5%×13.33%+14%×20%=11.4%。

④C方案加权平均资本成本率的计算如下。

普通股比重=（11 000÷15 000）×100%=73.33%。

长期借款比重=（4 000÷15 000）×100%=26.67%。

普通股资本成本率=1÷10+5%=15%。

长期借款资本成本率=8%×（1-25%）=6%。

C方案的加权平均资本成本率=15%×73.33%+6%×26.67%=12.6%。

（4）进行筹资决策。在各种方案中，以加权平均资本成本率最低的方案为最优选择。从【任务2-3-8】的计算结果可以看出，B方案的加权平均资本成本率最低，B方案形成的资本结构为最佳资本结构，所以应选择B方案。

2. 每股收益无差别点法

用每股收益无差别点法进行资本结构决策的具体内容和步骤如下。

（1）计算每股收益无差别点的息税前利润（Earnings Before Interest and Tax，EBIT）。

在每股收益无差别点上，无论是采用债务筹资方案还是股权筹资方案，每股收益都是相等的。当预期息税前利润或业务量水平高于每股收益无差别点时，应当选择财务杠杆效应较大的债务筹资方案，反之应当选择股权筹资方案。在每股收益无差别点上，不同筹资方案的每股收益（Earnings Per Share，EPS）是相等的，如图2-3-2所示。

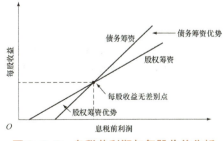

图 2-3-2　息税前利润与每股收益分析

假设有两个筹资方案，分别采用债务筹资和股权筹资，两个筹资方案的利息分别为I_1和I_2，两个筹资方案下的股数分别为N_1和N_2，假设每股收益无差别点的息税前利润为$\overline{EBIT}$，则两个方案下的每股收益计算公式为

$$EPS_1 = \frac{(\overline{EBIT} - I_1)(1-T) - D}{N_1} \qquad （式2-3-12）$$

$$EPS_2 = \frac{(\overline{EBIT} - I_2)(1-T) - D}{N_2} \qquad （式2-3-13）$$

$$\frac{(\overline{EBIT} - I_1)(1-T) - D}{N_1} = \frac{(\overline{EBIT} - I_2)(1-T) - D}{N_2} \qquad （式2-3-14）$$

式2-3-12中，T为所得税税率，D为优先股股利。

求出每股收益无差别点的$\overline{EBIT}$后，即可进行筹资决策。

（2）将预计的EBIT与每股收益无差别点的$\overline{EBIT}$进行比较，确定筹资决策。

当预计的EBIT大于每股收益无差别点的$\overline{EBIT}$时，运用债务筹资可获得较高的每股收益；当预计的EBIT小于每股收益无差别点的$\overline{EBIT}$时，运用股权筹资可获得较高的每股收益。

【任务2-3-9】某企业原有资本7 000万元，其中债务资本2 000万元（每年负担利息240万元），普通股资本5 000万元（发行普通股100万股，每股50元）。由于业务扩张需要，其需追加筹资3 000万元。经测算有两种追加筹资方案：①增加权益资本，发行普通股60万股，每股50元；②增加负债，筹措长期债务3 000万元，年利率为12%，利息为360万元，企业所得税税率为25%。

要求：回答下列问题。

（1）若企业追加筹资后，EBIT预计为1 400万元，则企业应该如何选择？

（2）若企业追加筹资后，EBIT预计为1 000万元，则企业又应该如何选择？

【解析】$EPS_1 = \dfrac{(\overline{EBIT} - 240) \times (1-25\%)}{160}$，$EPS_2 = \dfrac{(\overline{EBIT} - 240 - 360) \times (1-25\%)}{100}$。

令$EPS_1 = EPS_2$，则$\dfrac{(\overline{EBIT} - 240) \times (1-25\%)}{160} = \dfrac{(\overline{EBIT} - 240 - 360) \times (1-25\%)}{100}$。

故$\overline{EBIT} = 1\,200$（万元）。

此时，每股收益无差别点的息税前利润为1 200万元，若企业追加筹资后，EBIT预计为1 400万元，则企业选择增加负债（即第②种方案）更为有利；若企业追加筹资后，EBIT预计为1 000万元，则企业选择增发股票（即第①种方案）更为有利。

💡 **提示**

　　当需要的资本额较大时，企业可能会采用多种筹资方式组合筹资。这时，需要详细比较各种组合筹资方式下的资本成本及其对每股收益的影响，选择每股收益更高的筹资方式。

📝 **随堂练习**

　　某企业目前总资本为1 000万元，其中债务资本600万元（年利息60万元），普通股资本

400万元（400万股，面值1元，市价5元）。企业有一个较好的新投资项目，需要追加筹资300万元，有以下两种筹资方案。

甲方案：向银行取得长期借款300万元，年利率16%。

乙方案：增发普通股100万股，每股发行价3元。

要求：预计EBIT为290万元，试在两种方案中做出选择。

📝 **技能拓展**　　　**Excel在每股收益无差别点法中的应用**

沿用【任务2-3-9】中的有关数据，如图2-3-3所示。

Excel在每股收益无差别点法中的应用

图2-3-3　用每股收益无差别点法分析决策模型

具体操作步骤如下。

（1）在D8单元格中输入公式"=(D9-D4)*(1-B6)/(D3+H4)-(D9-D4-H6)*(1-B6)/D3"，计算两个方案的每股收益之差，将其作为目标函数。

（2）在【数据】选项卡的【模拟分析】下拉列表中选择【单变量求解】，系统会自动弹出【单变量求解】对话框。在"目标单元格"文本框中输入"$D$8"，在"目标值"文本框中输入"0"，在"可变单元格"文本框中输入"$D$9"，最后单击【确定】按钮，即可求出两个方案每股收益无差别点的息税前利润。

二、杠杆计算与风险衡量

财务管理中存在类似于物理学中的杠杆效应，表现为由于特定固定支出或费用的存在，当某一财务变量以较小幅度变动时，另一相关变量会以较大幅度变动。财务管理中的杠杆效应，包括经营杠杆、财务杠杆和复合杠杆3种效应形式。杠杆效应既可能产生杠杆利益，也可能带来杠杆风险。

杠杆计算与风险衡量的步骤如图2-3-4所示。

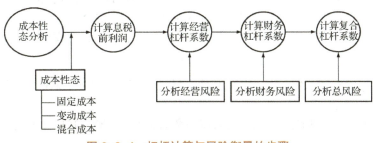

图2-3-4　杠杆计算与风险衡量的步骤

杠杆计算与风险衡量的具体内容和步骤如下。

1. 成本性态分析

成本性态，又称成本习性，是指成本总额与业务量（如产销量）之间在数量上的依存关系。企业存在固定成本，就存在杠杆效应。根据成本性态，在一定产销量范围内，产销量的增加一般不会影响固定成本总额，但会使单位产品的固定成本降低，从而提高单位产品的利润，并使利润的增长率大于产销量的增长率；反之，产销量减少，会使单位产品的固定成本升高，从而降低单位产品的利润，并使利润的减少率大于产销量的减少率。

成本按其性态可划分为固定成本、变动成本和混合成本3类。

（1）固定成本。固定成本是指在特定的业务量范围内不受业务量变动影响，一定期间的总额能保持相对稳定的成本。例如，固定折旧费用、房屋租金、行政管理人员工资、财产保险费、广告费、职工培训费、科研开发费等。固定成本性态模型如图2-3-5所示。

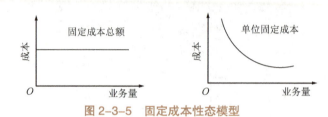

图 2-3-5　固定成本性态模型

固定成本的基本特征：固定成本总额不因业务量的变动而变动，但单位固定成本（单位业务量负担的固定成本）会随着业务量的增减成反比例变动。

（2）变动成本。变动成本是指在特定的业务量范围内，其总额会随业务量的变动而成正比例变动的成本。例如直接材料费、直接人工费、按销售量支付的推销员佣金、装运费、包装费，以及按业务量计提的固定设备折旧费等都是和单位产品的生产直接联系的，其总额会随着业务量的增减成正比例变动。变动成本性态模型如图2-3-6所示。

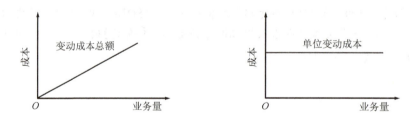

图 2-3-6　变动成本性态模型

变动成本的基本特征：变动成本总额因业务量的变动而成正比例变动，但单位变动成本（单位业务量负担的变动成本）不变。

（3）混合成本。在实际工作中，往往有一些成本虽然也随着业务量的变动而变动，但是不成比例变动，这类兼有变动和固定两种不同性质的成本，称为混合成本。

混合成本可以按一定方法分解成变动部分和固定部分，那么，总成本性态模型可以表示为

$$y=a+bx \tag{式2-3-15}$$

式2-3-15中，y代表总成本，a代表固定成本，b代表单位变动成本，x代表业务量（如产销量）。

2. 计算息税前利润

（1）边际贡献。边际贡献是指销售收入减去变动成本的差额。其计算公式为

$$M=S-V$$
$$=PQ-bQ$$
$$=(P-b)Q$$
$$=mQ \qquad (式2-3-16)$$

式2-3-16中，M代表边际贡献，S代表销售收入，V代表变动成本，P代表销售单价，b代表单位变动成本，Q代表产销量，m代表单位边际贡献。

 提示

边际贡献的另一种计算公式：边际贡献＝销售收入×（1-变动成本率）。

（2）息税前利润。息税前利润是指企业支付利息和缴纳所得税前的利润。其计算公式为

$$息税前利润＝销售收入-变动成本-固定成本 \qquad (式2-3-17)$$

$$EBIT=PQ-bQ-a$$
$$=(P-b)Q-a$$
$$=M-a \qquad (式2-3-18)$$

式2-3-18中，EBIT表示息税前利润，a代表固定成本。

注：上式的固定成本和变动成本中不应包括利息费用因素。

【任务2-3-10】A企业本年度销售A产品，产销量为5 000件，每件售价为5元，其中固定成本为5 000元，单位变动成本为3元，试计算A企业本年度的息税前利润。

【解析】$EBIT=PQ-bQ-a=(P-b)Q-a=(5-3)×5\,000-5\,000=5\,000$（元）。

随堂练习

某企业本年度销售A产品，销售收入为600万元，变动成本率为60%，固定成本为200万元。

要求：计算该企业本年度A产品的边际贡献和息税前利润。

3. 计算经营杠杆系数

在一定的产销量规模内，由于固定成本不随产销量的增长而增加，因此，随着产销量的增长，单位产销量所负担的固定成本相应减少，企业的息税前利润大幅度增加。这种由于固定成本的存在而带来的息税前利润变动率大于产销量（额）变动率的杠杆效应，称为经营杠杆。

经营杠杆的作用程度通常采用经营杠杆系数（Degree of Operating Leverage，DOL）来表示，经营杠杆系数通过息税前利润变动率与产销量（额）变动率之间的比率关系来确定。其公式为

$$DOL = \frac{\Delta EBIT / \Delta EBIT_0}{\Delta Q / Q_0} \qquad (式2-3-19)$$

为了便于计算，可将上述公式变换为

$$DOL = \frac{M_0}{M_0 - a} = \frac{M}{EBIT_0} = \frac{EBIT_0 + a}{EBIT_0} \qquad (式2-3-20)$$

式2-3-19中，DOL代表经营杠杆系数，$\Delta EBIT$代表息税前利润变动额，$EBIT_0$代表基期的息

税前利润，ΔQ代表产销量变动额，Q_0代表基期的产销量，M_0代表基期的边际贡献。

【任务2-3-11】假设某企业目前产品产销量为8 000件，销售单价为20元，单位变动成本为10元，固定成本为50 000元。在产销量变化的情况下，经营杠杆对其利润的影响如表2-3-1所示。

表2-3-1　经营杠杆对企业利润的影响　　　　　　　　　　　　　　　　单位：元

项目	基期	产销量增长10%	产销量减少10%
产销量	8 000	8 800	7 200
销售收入	160 000	176 000	144 000
变动成本	80 000	88 000	72 000
边际贡献	80 000	88 000	72 000
固定成本	50 000	50 000	50 000
息税前利润	30 000	38 000	22 000
息税前利润变动情况		+26.67%	−26.67%

从表2-3-1中可以看出，当产销量增长10%时，息税前利润增长26.67%；当产销量减少10%时，息税前利润减少26.67%。息税前利润变动率是产销量变动率的2.67倍。这种增减幅度的不同步性，是由经营杠杆所导致的。

【解析】DOL=[（38 000−30 000）÷30 000]÷[（8 800−8 000）÷8 000]=2.67，

或 $DOL=\dfrac{80\,000}{30\,000}=2.67$。

💡 提示

固定成本越高，经营杠杆系数越大，经营风险也就越大。

 随堂练习

某企业产销某种服装，固定成本为500万元，变动成本率为70%。2023年产销额为5 000万元时，变动成本为3 500万元，固定成本为500万元，息税前利润为1 000万元；2024年产销额为7 000万元时，变动成本为4 900万元，固定成本仍为500万元，息税前利润为1 600万元。

要求：计算该企业2024年经营杠杆系数。

4. 计算财务杠杆系数

在长期资本总额不变的条件下，企业支付的债务利息和优先股股利通常是不变的，当息税前利润增多或减少时，每一元收益所负担的债务成本就会相应地减少或增多，从而给企业所有者带来额外的收益或损失。这种由于固定财务费用的存在所带来的每股收益变动率大于息税前利润变动率的杠杆效应，称为财务杠杆。

【任务2-3-12】以【任务2-3-11】的资料为例，假定企业的资本来源为债券100 000元，年利率5%；优先股40 000股，每股面值1元，年利率6.25%，该企业在外流通的普通股为50 000股，假设企业所得税税率为25%，则财务杠杆对每股收益的影响如表2-3-2所示。

表 2-3-2　财务杠杆对每股收益的影响　　　　　　单位：元

项目	基期	产销量增长 10%	产销量减少 10%
息税前利润（EBIT）	30 000	38 000	22 000
利息	5 000	5 000	5 000
税前利润	25 000	33 000	17 000
所得税	6 250	8 250	4 250
税后利润	18 750	24 750	12 750
优先股股利	2 500	2 500	2 500
每股收益（EPS）	0.325	0.445	0.205
EPS 变动情况		+36.92%	−36.92%

从表2-3-2中可以看出，当企业的EBIT增长26.67%时，其EPS增长36.92%；当企业的EBIT减少26.67%时，其EPS减少36.92%。这种增减幅度的不同步性，是由财务杠杆造成的。EPS增长幅度约为EBIT增长幅度的1.38倍（36.92%÷26.67%）。

财务杠杆的作用程度通常用财务杠杆系数（Degree of Financial Leverage，DFL）表示，财务杠杆系数是普通股每股收益变动率相当于息税前利润变动率的倍数。其计算公式为

$$财务杠杆系数 = \frac{普通股每股收益变动率}{息税前利润变动率} = \frac{\Delta EPS / EPS_0}{\Delta EBIT / EBIT_0} \qquad （式 2\text{-}3\text{-}21）$$

$$EPS = \frac{(EBIT - I)(1 - T) - D}{N} \qquad （式 2\text{-}3\text{-}22）$$

可将上述公式做如下变换，以便简化公式。

$$DFL = \frac{EBIT_0}{EBIT_0 - I - D/(1-T)} \qquad （式 2\text{-}3\text{-}23）$$

式2-3-23中，DFL为财务杠杆系数，I为利息，D为优先股股利，T为所得税税率。

在不存在优先股股利的情况下，财务杠杆系数的计算公式可以进一步简化为

$$DFL = \frac{EBIT_0}{EBIT_0 - I} \qquad （式 2\text{-}3\text{-}24）$$

【任务2-3-13】某企业全部资本为5 000万元，其中债务资本占40%，年利率为12%，企业所得税税率为25%，当息税前利润为600万元时，税后净利润为370万元。计算财务杠杆系数。

【解析】财务杠杆系数 $= \dfrac{600}{600 - 5\,000 \times 40\% \times 12\%} = 1.67$。

由计算结果可知，当息税前利润增长1倍时，普通股每股约增长1.67倍的收益。

某企业全部资本为100万元，负债比率为40%，负债年利率为10%，息税前利润为14万元。请计算该企业的财务杠杆系数。

在资本总额、息税前利润相同的情况下，负债比率越高，财务杠杆系数越大，财务风险越大，预期每股收益也越高。

5. 计算复合杠杆系数

由于固定成本和固定财务费用的共同存在而导致的每股收益变动率大于产销量变动率的杠杆效应，称为复合杠杆。

对复合杠杆进行计量的常用指标是复合杠杆系数（Degree of Combining Leverage，DCL）。复合杠杆系数是指每股收益变动率相当于产销量变动率的倍数。其计算公式为

$$复合杠杆系数 = \frac{普通股每股收益变动率}{产销量变动率} = \frac{\Delta \text{EPS} / \text{EPS}_0}{\Delta Q / Q_0} \qquad （式2\text{-}3\text{-}25）$$

可将上式做如下变换，以便简化公式。

$$\text{DCL} = \text{DOL} \times \text{DFL} = \frac{M_0}{\text{EBIT}_0 - I - D/(1-T)} \qquad （式2\text{-}3\text{-}26）$$

式2-3-26中，DCL为复合杠杆系数，DOL为经营杠杆系数，DFL为财务杠杆系数，M_0为基期的边际贡献，EBIT_0为基期的息税前利润，I为利息，D为优先股股利，T为所得税税率。

企业总风险是指企业未来每股收益的不确定性。它是经营风险和财务风险共同影响的结果。

复合杠杆用来衡量企业的总体风险，财务杠杆用来衡量企业的财务风险，经营杠杆用来衡量企业的经营风险。企业可以在总风险不变的条件下，通过调整各类风险的大小来控制总风险。合适的企业总风险水平需要在企业总风险和期望收益之间进行权衡。

某企业只生产和销售A产品，其总成本性态模型为$y=10\,000+3x$，假定企业2024年A产品的销售量为10 000件，每件售价为5元，按市场预测2025年A产品的销售量将增加10%。

要求：完成以下计算。

（1）2024年该企业的边际贡献。

（2）2024年该企业的息税前利润。

（3）销售量为10 000件时的经营杠杆系数。

（4）2025年的息税前利润增长率。

（5）假定2024年发生负债利息5 000元，无优先股股利，计算复合杠杆系数。

任务小结

　　最佳资本结构是指在一定条件下使企业加权平均资本成本最低、企业价值最大的资本结构。最佳资本结构的决策方法有比较资本成本法和每股收益无差别点法等。在其他因素不变的情况下，固定成本越高，经营杠杆系数越大，经营风险越大。在其他因素不变的情况下，利息、优先股股利越高，财务杠杆系数越大，财务风险越大。只要企业同时存在固定的生产经营成本和固定的利息等财务支出，就会存在复合杠杆。

阅读案例

福满花园项目
筹资

巩固与提升

一、单项选择题

1. 在个别资本成本的计算中，不必考虑筹资费用影响因素的是（　　）。

　　A．长期借款资本成本　　　　　　　　B．债券资本成本

　　C．留存收益资本成本　　　　　　　　D．普通股资本成本

2. 下列项目中，与优先股资本成本成反比例关系的是（　　）。

　　A．优先股股利　　　　　　　　　　　B．所得税税率

　　C．优先股筹资费用率　　　　　　　　D．发行优先股总额

3. 企业向银行取得借款100万元，年利率为6%，期限为3年。每年付息一次，到期还本，企业所得税税率为25%，手续费忽略不计，则该项借款的资本成本率为（　　）。

　　A．3.5%　　　　B．6%　　　　　　　C．4.5%　　　　　　D．3%

4. 某企业发行5年期债券，债券面值为1 000元，票面利率为10%，每年付息一次，发行价为1 100元，筹资费用率为3%，企业所得税税率为25%，则该债券的资本成本率是（　　）。

　　A．9.7%　　　　B．6.56%　　　　　　C．7.5%　　　　　　D．7.03%

5. 某企业普通股目前的股价为10元/股，筹资费用率为8%，刚刚支付的每股股利为2元，股利固定增长率为3%，则该股票的资本成本率为（　　）。

　　A．22.39%　　　B．21.74%　　　　　　C．24.74%　　　　　D．25.39%

6. 某企业的经营杠杆系数为2，预计息税前利润增长10%，在其他条件不变的情况下，产销量将增长（　　）。

　　A．5%　　　　　B．10%　　　　　　　C．15%　　　　　　D．20%

7. 某企业的财务杠杆系数为1.5，每股收益目前为2元，如果其他条件不变，企业息税前利润增长50%，那么每股收益将增长为（　　）元。

　　A．1.5　　　　　B．5　　　　　　　　C．3　　　　　　　　D．3.5

8. 在息税前利润大于零的情况下，只要企业存在固定性经营成本，经营杠杆系数就必（　　）。

　　A．大于1　　　　　　　　　　　　　　B．与产销量同向变动

  C．与固定成本反向变动   D．与经营风险反向变动

 9．假定企业不存在优先股，某企业预测期财务杠杆系数为1.5，某期息税前利润为450万元，则基期实际利息费用为（ ）万元。

  A．100   B．675   C．300   D．150

 10．每股收益无差别点是以（ ）的高低作为资本结构的决策依据的。

  A．每股收益 B．息税前利润 C．净利润总额 D．每股息税前利润

二、多项选择题

 1．下列成本费用中属于资本成本的占用费用的有（ ）。

  A．借款手续费 B．股票发行费   C．利息   D．股利

 2．下列选项中属于资本成本在企业财务决策中的作用的有（ ）。

  A．资本成本是比较筹资方式和选择筹资方案的依据

  B．平均资本成本是衡量资本结构是否合理的重要依据

  C．资本成本是评价投资项目可行性的主要标准

  D．资本成本是评价企业整体业绩的重要依据

 3．影响企业经营风险的因素主要有（ ）。

  A．产品售价 B．产品成本   C．固定成本比重 D．所得税

 4．下列关于财务杠杆系数的表述，正确的有（ ）。

  A．债务资本比重越高，财务杠杆系数越大

  B．息税前利润水平越低，财务杠杆系数越大，财务风险也就越大

  C．固定的资本成本支付额越高，财务杠杆系数越大

  D．财务杠杆系数可以反映每股收益随产销量的变动而变动的幅度

 5．利用每股收益无差别点法进行企业资本结构分析时，下列说法中正确的有（ ）。

  A．当预计息税前利润高于每股收益无差别点时，采用低财务杠杆方式比采用高财务杠杆方式有利

  B．当预计息税前利润高于每股收益无差别点时，采用高财务杠杆方式比采用低财务杠杆方式有利

  C．当预计息税前利润低于每股收益无差别点时，采用低财务杠杆方式比采用高财务杠杆方式有利

  D．当预计息税前利润等于每股收益无差别点时，两种筹资方式下的每股收益相同

三、判断题

 1．由于股票投资风险较大，收益具有不确定性，投资者要求的风险补偿较高，因此，发行股票筹资的资本成本较高。   （ ）

 2．在不考虑筹资费用的情况下，长期借款资本成本率的一般计算公式可以简化为：长期借款资本成本率=长期借款利率×（1-所得税税率）。   （ ）

 3．由于经营杠杆的作用，当息税前利润下降时，普通股每股收益会下降得更快。（ ）

 4．如果企业债务筹资为零，则财务杠杆系数为1。   （ ）

 5．当财务杠杆系数为1.5、经营杠杆系数为2时，复合杠杆系数应为3.5。 （ ）

四、课后任务

以小组为单位进行讨论，每组收集一家企业的背景数据，计算并分析该企业各类资金的个别资本成本率及其经营杠杆系数、财务杠杆系数和复合杠杆系数，分析如何控制筹资的成本和风险。

 项目技能训练

1. 某公司2024年销售收入为20 000万元，该公司2024年12月31日的资产负债表如下所示。

资产负债表

2024 年 12 月 31 日
单位：万元

资产	期末余额	负债和所有者权益	期末余额
货币资金	1 000	应付账款	1 000
应收账款	3 000	应付票据	2 000
存货	6 000	长期借款	9 000
固定资产	7 000	实收资本	4 000
无形资产	1 000	留存收益	2 000
资产总额	18 000	负债和所有者权益总额	18 000

该公司2025年计划销售收入比上年增长20%，为实现这一目标，公司需新增设备一台，需要320万元资金。据历年财务数据分析，公司流动资产与流动负债随销售额同比率变化。假定该公司2025年的销售净利率可达到10%，净利润的60%分配给投资者。

要求：

（1）计算2025年公司需增加的总资金需要量。

（2）计算2025年增加的留存收益。

（3）预测2025年要对外筹集的资金量。

2. 某公司目前拥有资金2 000万元。其中，长期借款800万元，年利率为10%；普通股1 200万元，上年每股股利为2元，预计股利增长率为5%，发行价格为每股20元，目前价格为每股20元。该公司计划筹集资金100万元，公司适用的所得税税率为25%，有以下两种筹资方案。

方案1：增加长期借款100万元，长期借款年利率上升为12%，股价下降到每股18元，假设公司其他条件不变。

方案2：增发普通股40 000股，普通股市价增加到每股25元，假设公司其他条件不变。

要求：

（1）计算该公司筹资前的加权平均资本成本率。

（2）计算采用方案1的加权平均资本成本率。

（3）计算采用方案2的加权平均资本成本率。

（4）用比较资本成本法确定该公司的最佳资本结构。

3. 某公司目前发行在外的普通股为100万股（每股1元），已发行利率为10%的债券400万元。该公司打算为一个新的投资项目融资500万元，新项目投产后公司每年息税前利润增加到200万元。现有两个方案可供选择：按12%的利率发行债券（方案1），按每股20元的价格发行新股

（方案2）。公司适用的所得税税率为25%。

要求：

（1）计算两个方案的每股收益无差别点的息税前利润。

（2）计算两个方案的每股收益。

（3）判断哪个方案更好，并分析原因。

4. 某公司2024年销售产品10万件，单价为50元，单位变动成本为30元，固定成本总额为100万元。公司负债为60万元，年利率为12%，每年支付优先股股利10万元，公司适用的所得税税率为25%。

要求：

（1）计算公司2024年的边际贡献。

（2）计算公司2024年的息税前利润总额。

（3）计算公司2024年的复合杠杆系数。

5. 红星公司2024年的利润表如下所示。

红星公司 2024 年利润表　　　　　　　　　单位：万元

项目	金额
主营业务收入	500
减：变动成本	240
固定成本	130
息税前利润（EBIT）	130
减：利息	30
税前利润（EBT）	100
减：所得税（25%）	25
税后利润（EAT）	75

要求：

（1）计算红星公司的经营杠杆系数和财务杠杆系数。

（2）计算红星公司的复合杠杆系数。

6. 张同学大学毕业后在社区开了一家特色面馆，上年销售约15 000千克面条，每千克面条平均售价为40元，销售收入为60万元，变动成本为39万元，固定成本为7万元，利润为14万元。

本年，他将面馆承包给服务员李某经营，与服务员李某在承包合同中约定的销售奖励政策和低成本奖励政策为："在年销售量为15 000千克的基础上，每增加1%，增加部分利润的80%作为李某的奖励，如果李某能采取措施降低单位变动成本、减少浪费，则利润由非销售量增长的原因所引起的增长部分全部奖励给李某。"

年末，经王会计核算，面馆的年销售量增加了10%，售价平均为每千克40元，利润达到19.4万元。

假设本案例中，面馆资金全部来自自有资金；利润指息税前利润，不考虑所得税。

要求： 计算李某本年可以拿到多少奖金。

提示： 用下表计算或利用经营杠杆原理计算。

项目	上年/万元	本年/万元	增长率
销售收入	60		
单位变动成本			
变动成本	39		
固定成本	7		
息税前利润	14	19.4	

项目三　项目投资管理

▲ 项目导读

随着AMOLED技术大规模应用于手机、可穿戴设备等领域，且持续向中小尺寸显示领域渗透，AMOLED技术将逐渐成为主流趋势。为满足市场需求，在经过充分调研和论证的基础上，京东方科技集团股份有限公司（以下简称"京东方"）与成都高新区指定的投资平台及电子公司共同投资建设京东方第8.6代AMOLED生产线项目。

该项目由中建一局承建，是国内首条、全球首批高世代AMOLED生产线，位于四川省成都市高新西区，总建筑面积达55.2万平方米（相当于77座标准足球场），总投资630亿元。项目于2024年3月27日奠基，同年7月31日实现B/C标段主体结构封顶，2024年9月25日全面封顶，2025年5月启动工艺设备搬入，预计2026年10月量产。项目产品主要定位于笔记本电脑和平板电脑等高端触控显示屏，生产线采用LTPO背板技术，设计月产能3.2万片玻璃基板，重点生产中尺寸OLED面板，将推动中国半导体显示产业优化升级。

为确保项目顺利推进，京东方全面评估并制定风险应对策略。在市场风险方面，公司将密切跟踪终端需求变化，深化客户合作，加快IT产品OLED技术升级，重点拓展中尺寸折叠屏市场，并持续探索新的应用场景。在技术风险方面，由于G8.6 AMOLED产线属全球首批建设，缺乏量产经验，项目将充分利用现有G4.5测试线和G6量产线进行技术验证和产品测试，待技术成熟后再向G8.6产线转移，以最大限度降低技术开发风险。此外，公司将密切关注国际汇率波动，通过优化设备采购时机、加强前期市场调研和议价工作，有效规避外汇波动带来的财务风险。

【案例启示】项目投资风险较高，对企业发展影响较大。企业在决策时必须全面评估市场前景、经济效益及潜在风险，以提升项目成功率。

企业应推进创新型项目开发，通过技术迭代升级、产业链深度协同和全流程风险管理，构建可持续的发展优势，推动产业高端化转型，探索行业整体升级路径。

▲ 项目导图

项目投资是一种以特定建设项目为对象，直接与新建项目或更新改造项目有关的长期投资行为。项目投资管理包括新建项目投资管理和更新改造项目投资管理。

 学习目标

知识目标：

1. 了解项目投资的有关概念；
2. 掌握项目投资的决策程序。

技能目标：

1. 能进行新建项目财务可行性分析；
2. 能进行更新改造项目财务可行性分析。

素养目标：

1. 培养创新精神，增强团队合作意识；
2. 具备财务信息收集、处理、分析等职业能力。

情境讨论

　　金山公司是一家生产电子产品的上市公司，该公司准备投资新建一个分厂，董事会让财务部门对该投资项目进行可行性分析。

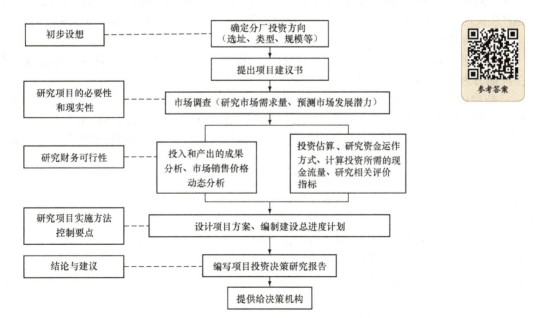

问题：投资项目可行性分析最重要的是什么？项目投资评价指标包含哪些？

任务一　新建项目投资管理

核心知识：项目投资的有关概念、项目投资的决策程序。
核心技能：新建项目财务可行性分析。

 相关知识

一、项目投资概述

1. 项目投资的含义与特点

项目投资是指企业以特定项目为对象，通过投资、购买具有实质内涵的经营资产（通常包括固定资产、无形资产、其他长期资产、流动资产等），形成具体的生产经营能力，开展实质性的生产经营活动，以获取经营利润的长期投资行为。

与其他形式的投资相比，项目投资主要具有以下特点。

（1）投资金额大。项目投资，特别是战略性的扩大生产能力投资，一般都需要较多的资金，其投资额往往是企业及其投资者多年的资金积累，在企业总资产中占相当大的比重。因此，项目投资对企业未来的现金流量和财务状况都将产生深远的影响。

（2）影响时间长。项目投资期及发挥作用的时间都较长，至少一年或一个营业周期，对企业未来的生产经营活动和长期经营活动将产生重大影响。

（3）变现能力弱。因为项目投资一旦完成，要想改变是相当困难的，所以项目投资一般不会在一年或一个营业周期内变现，即使在短期内变现，其变现能力也较弱。

（4）投资风险大。因为影响项目投资未来收益的因素特别多，加上项目投资具有投资金额大、影响时间长和变现能力弱等特点，必然造成其投资风险比其他投资更大，所以其会对企业未来的命运产生决定性影响。很多实例证明，一旦项目投资决策失败，就会给企业带来无法逆转的损失。

2. 项目投资的类型

以工业企业为例，其项目投资主要包括以新增生产能力为目的的新建项目和以恢复或改善生产能力为目的的更新改造项目两大类。

新建项目按其涉及的内容可进一步细分为单纯固定资产投资项目和完整工业投资项目。单纯固定资产投资项目简称固定资产投资，其特点是在投资中只包括为取得固定资产而发生的垫支资本投入，不涉及周转资本的投入；完整工业投资项目则不仅包括固定资产投资，还涉及流动资金投资，甚至包括其他长期资产项目的投资。

更新改造项目包括两类：一是更新项目，即以全新的固定资产替换原有的固定资产，该类项目的目的在于恢复固定资产的生产能力；二是改造项目，主要是指应用现代科学技术的新成果，对旧设备的结构进行局部改造，如安装新部件、新附件或新装置以提高旧设备的生产能力。

图3-1-1为项目投资的类型。

项目投资 ┳ 新建项目（新增生产能力） ┳ 单纯固定资产投资项目（只投资固定资产）
　　　　　┃　　　　　　　　　　　　　 ┗ 完整工业投资项目（投资固定资产、流动资金等）
　　　　　┗ 更新改造项目（恢复或改善生产能力） ┳ 更新项目
　　　　　　　　　　　　　　　　　　　　　　　 ┗ 改造项目

图 3-1-1　投资项目的类型

3. 项目计算期的构成

项目计算期是指项目从投资建设开始到最终清理结束的整个过程的全部时间，即该项目的

有效持续时间。完整的项目计算期包括建设期和营业期。其中，建设期（记为 s，$s \geq 0$）的第一年年初（记为第0年）称为建设起点，建设期的最后一年年末（记为第 s 年）称为投产日，项目计算期的最后一年年末（记为第 n 年）称为终结点。从投产日到终结点的时间间隔称为营业期（记为 p），即生产运营期，营业期包括试产期和达产（完全达到设计生产能力）期。项目计算期、建设期和营业期之间存在如下关系。

$$项目计算期（n）=建设期（s）+营业期（p）$$
$$营业期=试产期+达产期$$

项目计算期的构成如图3-1-2所示。

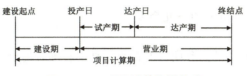

图 3-1-2 项目计算期的构成

企业进行某项目投资，第1年年初投入建设资金50万元，年末投入建设资金20万元，1年后设备完工，进入生产运营期，投入流动资金15万元。设备预计使用10年，其中项目投入生产但生产能力尚未完全达到设计生产能力的过渡阶段是1年，则该项目的建设期为1年，营业期为10年，其中试产期1年，达产期9年。

二、项目投资的内容

原始投资又称为初始投资，是反映项目所需现实资金水平的价值指标。从项目投资的角度来看，原始投资等于企业为使该项目完全达到设计生产能力、开展正常经营而投入的全部现实资金，包括建设投资和流动资金投资两项内容。

建设投资是指在建设期内按一定生产经营规模和建设内容进行的投资，包括固定资产投资、无形资产投资和其他资产投资3项内容。流动资金投资是指项目投产前后分次或一次性投放于流动资产项目的投资增加额，又称垫支流动资金。

项目总投资是一个反映项目投资总体规模的价值指标，它等于原始投资与建设期资本化利息之和。其中，建设期资本化利息是指在建设期发生的与构建项目所需的固定资产、无形资产等长期资产有关的借款利息。

相关计算公式如下。

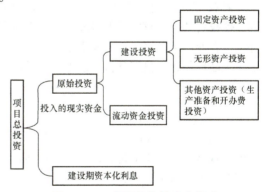

图 3-1-3 项目投资的内容构成

$$原始投资=建设投资+流动资金投资$$
$$项目总投资=原始投资+建设期资本化利息$$

项目投资的内容构成如图3-1-3所示。

关于项目投资的内容，企业应注意以下几点。

（1）原始投资不受企业投入资金来源的影响，但项目总投资受企业投入资金来源的影响。例如，项目投入资金100万元，全部来自银行借款，年利率10%，建设期1年，则项目总投资110万元，原始投资100万元；如果银行借款50万元，自有资金50万元，则项目总投资105万元，原始投资仍是100万元。

（2）固定资产投资不包括建设期资本化利息，但是在计提折旧时包括建设期资本化利息，即按固定资产原值计提折旧，而不是按固定资产投资计提折旧。二者的关系如下。

$$固定资产原值=固定资产投资+建设期资本化利息$$

例如，A企业拟新建一条生产线，需要在建设起点一次性投入固定资产投资200万元，在建设期期末投入无形资产投资25万元。建设期为1年，建设期资本化利息为10万元，全部计入固定资产原值。流动资金投资合计20万元，则：①固定资产原值=200+10=210（万元）；②建设投资=200+25=225（万元）；③原始投资=225+20=245（万元）；④项目总投资=245+10=255（万元）。

三、项目投资的决策程序

项目投资的决策程序一般包括以下几个步骤。

1. 投资项目的提出

一般而言，新增生产能力的投资项目由企业的高层管理者提出，而更新改造的投资项目由企业中层或基层管理者提出。

2. 投资项目的可行性分析

当投资项目提出以后，企业就必须从多个方面进行可行性分析，写出投资项目可行性分析报告。投资项目的可行性分析一般包括以下几个方面。

（1）国民经济可行性分析，即从整个国民经济的现状及发展的角度来考虑，宏观地分析该项目是否可行，是否有发展前景，尤其要分析该项目是否满足环保的要求。

（2）财务可行性分析，即从经济效益的角度分析该项目是否能够实现盈利。

（3）技术可行性分析，即从技术的角度分析本企业的技术水平能否达到该项目的要求。

3. 投资项目的决策

在写出投资项目可行性分析报告的基础上，企业应做出最后的决策。对于投资金额特别大的项目，应由董事会或股东大会投票表决；对于投资金额较小的项目，则由企业的经理层做出决策。

4. 投资项目的实施与控制

在投资项目的实施过程中，企业必须加强对建设进度、建设质量、建设成本等方面的管理，使投资项目能够保质保量地完成。在投资项目的实施过程中，企业如果发现国家政策、市场环境、企业内部环境等方面发生了某些重大的变化，使原来可行的投资项目变得不可行，则必须尽早果断地停止该投资项目的建设，或采取其他补救措施，力求减少损失。

四、项目投资现金流量的概念及作用

1. 现金流量的概念

现金流量（Cash Flow，CF）是指一个项目引起的企业现金支出和现金收入增加的数量。这里的"现金"是广义的现金，它不仅包括各种货币资金，也包括项目需要投入的企业现有的非货币资源的变现价值。例如，一个项目需要使用原有的厂房、设备和材料等，则相关的现金流量是指它们的变现价值，而不是其账面成本。

项目投资现金流量可分为现金流出量、现金流入量和现金净流量。

（1）现金流出量（Cash Outflow，CO）。一个投资项目的现金流出量是指该投资项目引起的企业现金支出的增加额。现金流出量主要包括建设投资、流动资金投资、经营成本、维持运营投资、税金及附加和企业所得税等。

提示

因项目建设和运营发生的利息支出不作为现金流出。

（2）现金流入量（Cash Inflow，CI）。一个投资项目的现金流入量是指该投资项目引起的企业现金收入的增加额。现金流入量主要包括营业收入、补贴收入、回收固定资产残值和回收垫支的流动资金等。

（3）现金净流量（Net Cash Flow，NCF）。现金净流量是指一定期间（一般是按年计算）现金流入量与现金流出量的差额。当一定期间的现金流入量大于现金流出量时，现金净流量为正值；反之，现金净流量为负值。计算公式如下。

$$某年现金净流量=该年现金流入量-该年现金流出量 \qquad （式3-1-1）$$
$$NCF_t = CI_t - CO_t \ (t = 0, 1, 2, \cdots, n) \qquad （式3-1-2）$$

式3-1-2中，NCF_t 为第 t 年的现金净流量。

提示

在一般情况下，投资决策中的现金流量通常指现金净流量。

2. 现金流量的作用

以现金流量作为项目投资的重要价值信息，其主要作用表现在以下几个方面。

（1）现金流量信息所揭示的未来期间现实货币资金收支运动，可以动态地反映项目投资的流出与回收之间的投入产出关系，使决策者站在投资主体的立场上，完整、准确、全面地评价具体投资项目的经济效益。

（2）利用现金流量指标代替利润指标作为反映项目效益的信息，可以克服因贯彻财务会计的权责发生制原则而带来的计量方法和计算结果的不可比和不透明等问题。由于不同的投资项目可能采取不同的固定资产折旧方法、存货估价方法或费用摊配方法，因此导致不同方案的利润信息相关性差、透明度不高和可比性差。

（3）利用现金流量信息排除了非现金收付内部周转的资本运动形式，简化了有关投资决策评价指标的计算过程。

（4）现金流量信息与项目计算期的各个时点密切结合，有助于在计算投资项目的评价指标时应用资金时间价值对动态投资效果进行综合评价。

任务实训

新建项目财务可行性分析的具体内容和步骤如下。

一、测算新建项目现金净流量

现金净流量是投资项目财务可行性分析的主要分析对象，净现值、内部收益率、静态投资回收期等财务评价指标都是以现金净流量为对象进行可行性评价的。由于一个项目从准备投资到项目结束，经历了项目建设期、营业期（含终结点），因此，投资项目现金净流量包括建设期现金净流量、营业期现金净流量和终结点现金净流量。现金净流量的确定流程如图3-1-4所示。

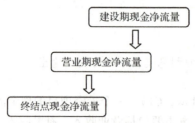

图 3-1-4　现金净流量的确定流程

1. 建设期现金净流量

建设期现金净流量主要是现金流出量，即在该投资项目上的原始投资，包括长期资产投资和垫支流动资金。长期资产投资包括在固定资产、无形资产等长期资产的购入、建造、运输、安装、试运行等方面发生的现金支出，如购置成本、运输费、安装费等。垫支流动资金是指项目形成了生产能力，需要在流动资产上追加的投资。

$$建设期某年现金净流量＝-该年原始投资额$$

$$＝-I_t\ (t=0,\ 1,\ \cdots,\ s,\ s\geq0)\qquad（式3-1-3）$$

式3-1-3中，I_t为第t年原始投资额，s为建设期年数。

由上式可知，当建设期年数s不为零时，建设期现金净流量的数量特征取决于其投资方式是分次投入还是一次性投入。

> **提示**
>
> 项目投资的垫支流动资金是流动资产扩大量与结算性流动负债扩大量的差额。

【任务3-1-1】 假定某企业拟购建一项固定资产，需投资200万元，在建设起点一次性投入，建设期为2年，在完工投产日垫支流动资金40万元。

要求：说明项目的建设期现金净流量。

【解析】 依题意知，$NCF_0=-200$（万元），$NCF_1=0$（万元），$NCF_2=-40$（万元）。

> **随堂练习**
>
> 某企业拟购建一条生产线，需投资600万元，建设期为2年，投资额分两期在期初均匀投入，在完工投产日垫支流动资金50万元。
>
> **要求**：计算该项目在建设期各年的现金净流量。

2. 营业期现金净流量

营业期是投资项目的主要时期，该时期既有现金流入量，又有现金流出量。现金流入量主要是营业期各年的营业收入，现金流出量主要是营业期各年的付现成本。

（1）根据现金净流量的定义来计算。由于所得税是投资项目的现金支出，即现金流出量，因此营业期现金净流量的计算公式为

$$营业期现金净流量＝营业收入-付现成本-所得税税额\qquad（式3-1-4）$$

式3-1-4中，付现成本是指需要支付现金的成本，如直接材料费、直接人工费等。在项目投

资决策中，按照是否需要支付现金，将总成本费用分成付现成本和非付现成本两类。这里的所得税税额并不是按利润总额来计算的，而是依据项目运营产生的营业利润来计算的，其计算公式为

$$所得税税额=营业利润×所得税税率 \qquad （式3-1-5）$$

式3-1-5中，营业利润=营业收入-付现成本-非付现成本 　　　（式3-1-6）

（2）根据年末营业结果来计算。投资项目每年现金增加主要来自两个方面：一是当年增加的税后营业利润；二是增加的非付现成本，以现金形式从销售收入中扣回，留在企业里。因此，营业期现金净流量的计算公式为

$$营业期现金净流量=税后营业利润+非付现成本 \qquad （式3-1-7）$$

式3-1-7中，税后营业利润=营业利润×（1-所得税税率）　　　（式3-1-8）

（3）根据所得税对收入、成本和非付现成本的影响来计算。使用这种方法，营业期现金净流量的计算公式为

$$营业期现金净流量=营业收入×（1-所得税税率）-付现成本×$$
$$（1-所得税税率）+非付现成本×所得税税率 \qquad （式3-1-9）$$

提示

非付现成本主要是固定资产折旧费、无形资产摊销费、开办费摊销及大修理费摊销等。

【任务3-1-2】某固定资产项目预计投产后可使用8年，每年为企业创造增量收入100万元，发生付现成本60万元，固定资产按直线法折旧，每年折旧额为20万元，期末无残值，企业所得税税率为25%。

要求：计算该项固定资产营业期的现金净流量。

【解析】所得税税额=（营业收入-付现成本-非付现成本）×所得税税率
　　　　　　=（100-60-20）×25%
　　　　　　=5（万元）

根据营业期现金净流量=营业收入-付现成本-所得税税额，得$NCF_{1\sim8}$=100-60-5=35（万元）。

【任务3-1-3】假定某企业拟购建一项固定资产，需投资120万元，在建设起点一次性投入，建设期为2年，在完工投产日垫支流动资金50万元。投产后固定资产项目预计可使用6年，每年为企业创造营业利润30万元。固定资产按直线法折旧，期末无残值，企业所得税税率为25%。

要求：计算该项固定资产营业期的现金净流量。

【解析】年折旧额=120÷6=20（万元）。

根据营业期现金净流量=税后营业利润+非付现成本，得$NCF_{3\sim8}$=30×（1-25%）+20=42.5（万元）。

随堂练习

某投资项目需要3年建成，每年年初投入建设资金90万元，共投入270万元。建成投产之时，需投入流动资金140万元，以满足日常经营活动需要。生产出A产品，估计每年可获税后营业利润60万元。固定资产使用年限为7年，使用期满后，估计有净残值收入11万元，采用直线法折旧。项目期满时，垫支流动资金全额收回。

要求：计算该项目在营业期各年的现金净流量。

3. 终结点现金净流量

终结点现金净流量主要是指现金流入量，包括固定资产的净残值收入和收回的原投入的流动资金。在投资决策中，一般假设当项目终止时，将项目初期投入在流动资产中的资金全部收回。因此，营业期最后一年的现金净流量包括运营时产生的现金净流量和项目终结时的现金净流量。

【任务3-1-4】假定某个5年的投资项目每年营业期现金净流量均为18万元，报废时的变价收入为0.8万元，原投入该项目的流动资金为50万元。

要求：计算终结点现金净流量及第5年的现金净流量。

【解析】终结点现金净流量 =50+0.8=50.8（万元）。

第5年的现金净流量 =18+50.8=68.8（万元）。

【任务3-1-5】某企业拟投资A项目，经可行性分析，有关资料如下。

（1）A项目共需固定资产投资450 000元，其中第1年年初和第2年年初分别投资250 000元和200 000元，建设期为2年。

（2）A项目投产时需垫支相应的流动资金120 000元，用于购买材料、支付工资等。

（3）A项目生产运营期预计为5年，固定资产按直线法计提折旧。A项目正常终结处理时预计发生清理费用3 000元，残余价值123 000元。

（4）根据市场预测，A项目投产后第1年营业收入为320 000元，以后4年每年营业收入均为450 000元。第1年的付现成本为150 000元，以后4年每年的付现成本均为210 000元。

（5）该企业适用的所得税税率为25%。

要求：试计算A项目在项目计算期内的现金净流量。

【解析】① 计算A项目的每年折旧额。

年折旧额 =（450 000−123 000+3 000）÷5=66 000（元）。

② 计算营业期现金净流量，如表3-1-1所示。

表 3-1-1　营业期现金净流量计算　　　　　　　　　　单位：元

项目	第1年	第2年	第3年	第4年	第5年
营业收入	320 000	450 000	450 000	450 000	450 000
减：付现成本	150 000	210 000	210 000	210 000	210 000
非付现成本	66 000	66 000	66 000	66 000	66 000
营业利润	104 000	174 000	174 000	174 000	174 000
减：所得税税额	26 000	43 500	43 500	43 500	43 500
税后营业利润	78 000	130 500	130 500	130 500	130 500
加：非付现成本	66 000	66 000	66 000	66 000	66 000
营业期现金净流量	144 000	196 500	196 500	196 500	196 500

③ 在计算出A项目营业期现金净流量后，便可通过加入项目建设期的投资现金净流量和报废时的终结现金净流量，一并计算该项目的全部现金净流量。计算过程如表3-1-2所示。

表 3-1-2　项目计算期现金净流量计算　　　　　　　　单位：元

项目	$t=0$	$t=1$	$t=2$	$t=3$	$t=4$	$t=5$	$t=6$	$t=7$
固定资产投资	−250 000	−200 000						
流动资金投资			−120 000					
营业期现金净流量				144 000	196 500	196 500	196 500	196 500
固定资产净残值								120 000
流动资金回收								120 000
现金净流量合计	−250 000	−200 000	−120 000	144 000	196 500	196 500	196 500	436 500

注：$t=0$ 代表第 1 年年初，$t=1$ 代表第 1 年年末，依此类推，$t=7$ 代表第 7 年年末。

各期现金净流量计算如下。

$NCF_0=-250\ 000$（元）。

$NCF_1=-200\ 000$（元）。

$NCF_2=-120\ 000$（元）。

$NCF_3=320\ 000×（1-25\%）-150\ 000×（1-25\%）+66\ 000×25\%=144\ 000$（元）。

$NCF_{4\sim6}=450\ 000×（1-25\%）-210\ 000×（1-25\%）+66\ 000×25\%=196\ 500$（元）。

$NCF_7=196\ 500+120\ 000+（123\ 000-3\ 000）=436\ 500$（元）。

💡 提示

　　对某一投资项目在不同时点上现金净流量的测算，通常通过编制投资项目现金净流量计算表进行。

📝 随堂练习

　　某企业为了扩大经营规模，拟新建一条生产线。生产线投资项目的 A 方案如下。项目原始投资额为 600 万元，其中，固定资产投资为 500 万元，流动资产投资为 100 万元，全部资金的来源均为自有资金。该项目需要 2 年建成，固定资产使用年限为 10 年。除了流动资金在项目完工时（第 2 年年末）投入，其余投资均于建设起点一次性投入。

　　固定资产按直线法计提折旧，期满有 50 万元的净残值；流动资金于终结点一次性收回。

　　预计项目投产后，每年发生的相关营业收入（不含增值税）和付现成本分别为 400 万元和 155 万元，企业所得税税率为 25%，该项目不享受减免所得税的待遇。

　　要求：计算该项目 A 方案各年的现金净流量。

二、计算分析投资项目的评价指标

　　项目投资决策的分析评价，需要采用一些专门的评价指标和方法。常用的财务可行性评价指标有静态投资回收期、净现值、内部收益率等，围绕这些评价指标进行评价也相应地产生了静态投资回收期法、净现值法、内部收益率法等评价方法。按照是否考虑资金时间价值，可以将这些评价方法分为非折现方法和折现方法，前者不考虑资金时间价值，后者考虑资金时间价值。

项目投资评价指标体系如图3-1-5所示。

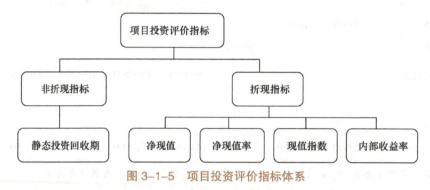

图 3-1-5 项目投资评价指标体系

1. 静态投资回收期法

静态投资回收期是指在不考虑资金时间价值的情况下，投资项目引起的未来现金净流量累计到与原始投资额相等时所需的时间（一般用年表示）。它代表收回投资项目的投资额所需要的年限，可以分为包括建设期的投资回收期（Payback Period，PP）和不包括建设期的投资回收期（PP'）两种形式。

（1）计算原理。静态投资回收期的具体计算与投资项目现金净流量的特点有关。

① 如果某一项目营业期内前若干年（假定为$s+1\sim s+m$年，共m年）每年现金净流量相等，其合计大于或等于建设期发生的原始投资合计，则可按以下简化公式直接求出投资回收期。

$$PP'=\frac{建设期原始投资合计}{营业期内前若干年每年相等的现金净流量} \qquad （式3-1-10）$$

$$PP=不包括建设期的投资回收期+建设期=PP'+s \qquad （式3-1-11）$$

② 如果投资项目的未来现金净流量各期不相等，即为混合型的情况，则

$$PP=累计现金净流量开始出现正值的年份$$

$$=-1+\frac{上年累计现金净流量绝对值}{当年现金净流量} \qquad （式3-1-12）$$

（2）静态投资回收期法的决策准则。静态投资回收期是一个无量纲的指标，单独的投资回收期指标无法对投资项目做出优劣的评价，它需要一个参照系。这个参照系就是基准投资回收期（企业自行确定或根据行业标准确定）。

对于单一投资项目，只要投资项目的静态投资回收期小于或等于基准投资回收期，投资项目就可以接受；反之，只要投资项目的静态投资回收期大于基准投资回收期，投资项目就不可以接受。在多个投资项目中选择最优投资项目时，从可行方案中选择静态投资回收期最短的项目。

（3）静态投资回收期法的评价。静态投资回收期的优点是能够直观地反映原始投资的返本期限、计算简便、易于理解，缺点是没有考虑资金时间价值因素和回收期满后继续发生的现金净流量。

【任务3-1-6】某企业准备从甲、乙两种机床中选购一种。甲机床购价为210万元，投入使用后，每年现金净流量为70万元；乙机床购价为280万元，投入使用后，每年现金净流量为80万元。

要求：用静态投资回收期法决策该企业应选购哪种机床。

知识拓展

动态投资回收期法

【解析】甲机床静态投资回收期=210÷70=3（年），乙机床静态投资回收期=280÷80=3.5（年）。

计算结果表明，甲机床的静态投资回收期比乙机床的静态投资回收期短，该企业应选购甲机床。

【任务3-1-7】根据表3-1-3所示的投资项目现金净流量预测表计算静态投资回收期。

表 3-1-3　投资项目现金净流量预测　　　　　　　单位：元

项目	t=0	t=1	t=2	t=3	t=4	t=5
NCF	−170 000	39 800	50 110	67 117	62 782	78 972
累计 NCF	−170 000	−130 200	−80 090	−12 973	49 809	128 781

要求：计算该投资项目的静态投资回收期。

【解析】静态投资回收期 $=4-1+\dfrac{|-12\,973|}{62\,782}=3.21$（年）。

随堂练习

表3-1-4列出了两个投资方案的现金净流量预测值。

表 3-1-4　现金净流量预测　　　　　　　单位：万元

项目	t=0	t=1	t=2	t=3	t=4	t=5
甲方案 NCF	−130	50	50	50	50	50
乙方案 NCF	−170	66	72	80	78	69

要求：计算两个方案的静态投资回收期，并分析应选择哪个方案。

2．净现值法

净现值（Net Present Value，NPV）通常是指特定投资项目未来现金流入量现值与现金流出量现值之间的差额，即未来现金净流量现值与原始投资额现值之间的差额。

（1）计算原理。净现值的计算公式为

$$\text{NPV} = \text{未来现金净流量现值} - \text{原始投资额现值} \qquad （式3-1-13）$$

NPV的计算步骤如下。

①测算项目投资各年的现金流量，包括CI、CO和NCF。

②选定项目投资采用的折现率。

确定折现率的参考标准有以下几种。

• 市场利率。资本市场的市场利率是整个社会投资报酬率的最低水平，可以视为一般最低报酬率要求。

• 投资者希望获得的预期最低投资报酬率。其考虑了投资项目的风险补偿因素及通货膨胀因素。

• 企业平均资本成本率。企业投资所需要的资金，都或多或少地具有资本成本，企业筹资承担的资本成本率水平给投资项目提出了最低报酬率要求。

③将各年现金净流量折算成现值。

④用未来现金净流量现值减去原始投资额现值，即为NPV。

（2）净现值法的决策准则。对于单一投资项目，NPV≥0，说明投资项目的报酬率大于或等于预定的报酬率，投资项目可以接受；反之，NPV<0，说明投资项目的报酬率小于预定的报酬率，投资项目不可接受。净现值的经济含义是投资方案报酬超过基本报酬后的剩余收益。在其他条件相同时，净现值越大，方案越好。在多个投资项目中进行选择时，企业应该选择NPV>0且净现值最大的项目。

（3）净现值法的评价。净现值指标的优点是综合考虑了资金时间价值、项目计算期内全部现金净流量信息和投资风险；缺点是无法直接反映投资项目的实际收益率水平，与静态投资回收期指标相比，计算过程比较烦琐。

【任务3-1-8】沿用【任务3-1-5】的资料，假设该企业对A项目要求的最低报酬率为10%。

要求：计算该项目的净现值，并判断该项目是否值得投资。

【解析】 $NPV = \dfrac{144\,000}{(1+10\%)^3} + \dfrac{196\,500}{(1+10\%)^4} + \dfrac{196\,500}{(1+10\%)^5} + \dfrac{196\,500}{(1+10\%)^6} + \dfrac{436\,500}{(1+10\%)^7} -$

$$\left[250\,000 + \dfrac{200\,000}{(1+10\%)^1} + \dfrac{120\,000}{(1+10\%)^2}\right]$$

= 144 000×（P/F，10%，3）+196 500×（P/A，10%，3）（P/F，10%，3）+436 500×

（P/F，10%，7）-[250 000+200 000×（P/F，10%，1）+120 000×（P/F，10%，2）]

=144 000×0.751 3+196 500×2.486 9×0.751 3+436 500×0.513 2-

（250 000+200 000×0.909 1+120 000×0.826 4）

=699 341.17-530 988

=168 353.17（元）。

根据计算结果可知，该项目NPV>0，因此该项目值得投资。

【任务3-1-9】假设A企业目前存在3个投资机会，企业要求的最低报酬率为10%，相关资料如表3-1-5所示。

表 3-1-5　各方案预计现金净流量　　　　　　　单位：万元

期间	现金净流量		
	A方案	B方案	C方案
0	-2 000	-900	-1 200
1	750	120	460
2	820	600	460
3	1 100	600	460
合计	670	420	180

要求：利用净现值法评价3种投资方案。

【解析】 $NPV_A = \dfrac{750}{1+10\%} + \dfrac{820}{(1+10\%)^2} + \dfrac{1100}{(1+10\%)^3} - 2\,000$

=750×（P/F，10%，1）+820×（P/F，10%，2）+1 100×（P/F，10%，3）-2 000

=750×0.909 1+820×0.826 4+1 100×0.751 3-2 000

=185.90（万元）。

$$NPV_B = \frac{120}{1+10\%} + \frac{600}{(1+10\%)^2} + \frac{600}{(1+10\%)^3} - 900$$

=120×（P/F, 10%, 1）+600×（P/F, 10%, 2）+600×（P/F, 10%, 3）−900

=120×0.909 1+600×0.826 4+600×0.751 3−900

=155.71（万元）。

NPV_C=460×（P/A, 10%, 3）−1 200

=460×2.486 9−1 200

=−56.03（万元）。

A方案和B方案的NPV>0，可以接受；C方案的NPV<0，不可以接受。在多个投资项目选择最优投资项目时，选择NPV>0且NPV最大的方案，因此，应该选择A方案。

技能拓展　　Excel在计算项目净现值中的应用

本法是指在Excel环境下，通过插入财务函数NPV，并根据计算机系统的提示，正确输入已知的基准折现率和Excel电子表格中的现金净流量，从而直接求得净现值指标的方法。

本法的应用步骤如下。

（1）将已知的各年现金净流量的数值输入Excel电子表格的任意一行（列）。

（2）在该电子表格的另外一个单元格中插入财务函数NPV，并根据该函数的提示输入折现率i和现金净流量NCF的参数，并将该函数的表达式修改为

Excel在计算项目净现值中的应用

$$= NPV(i, NCF_1 : NCF_n) + NCF_0$$

上式中的i为已知数据，NCF_1为第一期现金净流量所在的单元格参数，NCF_n为最后一期现金净流量所在的单元格参数，NCF_0为第0期现金净流量所在的单元格参数。

（3）按"Enter"键，财务函数NPV公式所在的单元格显示的数值即为所求的净现值。

仍采用【任务3-1-9】中的有关数据，如图3-1-6所示，利用插入函数法计算各方案的净现值，具体步骤如下。

（1）将表3-1-5中的各期间现金净流量数据及折现率输入Excel电子表格。

（2）在B7单元格中输入公式"=NPV($E$3,B4:B6)+B3"，按"Enter"键后，即可得到A方案的净现值为185.95万元；然后向右填充至D7单元格，可得到B方案和C方案的净现值分别为155.75万元和−56.05万元（与前文计算结果略有差异的原因是计算过程中多次"四舍五入"带来了误差）。

| B7 | | f_x | =NPV($E$3,B4:B6)+B3 | |
A	B	C	D	E
1		投资决策		
期间	A方案现金净流量	B方案现金净流量	C方案现金净流量	折现率
0	-2000	-900	-1200	10%
1	750	120	460	
2	820	600	460	
3	1100	600	460	
NPV	185.95	155.75	-56.05	

图3-1-6　净现值计算模型

　　某企业准备购入设备以提升生产能力。该设备需投资310万元，采用直线法计提折旧，使用寿命是10年，10年后有残值收入10万元，10年中每年销售收入为170万元，每年付现成本为80万元，另需垫支流动资金30万元。假设企业所得税税率为25%，资本成本率为12%。

　　要求：利用净现值法分析在以下前提下是否可以投资该设备。

　　（1）建设期为0。

　　（2）建设期为2年。

3. 内部收益率法

　　内部收益率又称为内含报酬率（Internal Rate of Return，IRR），是指项目投资可能达到的收益率。实质上，它是指能使投资项目的净现值等于零的折现率。

　　（1）计算原理。内部收益率的计算就是求解一元n次方程的过程，即计算当IRR为多少时，净现值为零。其计算公式为

$$NPV=未来现金净流量现值-原始投资额现值=0$$

　　如果投资项目的现金流量模式是年金型现金流量模式，可以先计算年金现值系数[（P/A，IRR，n）]，然后查阅年金现值系数表，依据左右相邻的两个现值系数及其折现率（i）求内部收益率（IRR）。如果投资项目的现金流量模式是混合型现金流量模式，则要通过逐次测试法计算内部收益率。首先，估算使净现值由正值到负值相邻的两个折现率，如果NPV>0，则$i<$IRR；如果NPV<0，则$i>$IRR。然后，依据使净现值由正值到负值相邻的折现率，用内插法计算内部收益率。其计算公式为

$$IRR=i_1+(i_2-i_1)\times\frac{0-NPV_1}{NPV_2-NPV_1}\qquad（式3-1-14）$$

　　（2）内部收益率法的决策准则。在应用内部收益率法时，必须寻找一个参照指标。这个指标就是最低期望报酬率。如果投资项目的内部收益率大于或等于最低期望报酬率，则投资项目可以接受；反之，如果投资项目的内部收益率小于最低期望报酬率，则投资项目不可以接受。对于在多个投资项目中选择最优项目，应该从可接受项目中选择内部收益率最高的项目。在内部收益率相同的情况下，再从项目发展前景等方面进行项目投资决策。

　　（3）内部收益率法的评价。内部收益率法的优点是既可以直接反映投资项目可能达到的收益率水平，又不受最低期望报酬率的影响，比较客观，也易于被高层决策人员所理解。因此，在实务中将其作为项目投资财务可行性分析的主要判断指标。

　　【任务3-1-10】采用内部收益率法评价**【任务3-1-9】**。

　　【解析】A方案的净现值为NPV$_A$=750×（P/F，IRR$_A$，1）+820×（P/F，IRR$_A$，2）+1 100×（P/F，IRR$_A$，3）-2 000=0。

　　前面已经计算过当$i=10\%$时，NPV$_A$=185.90万元，说明方案本身的报酬率高于10%，因此，应提高折现率进一步测试，测试过程如表3-1-6所示（结果取整数）。

表 3-1-6　A 方案内部收益率测试　　　　　　　　　　单位：万元

期间	现金净流量	折现率 i=14%		折现率 i=15%	
		折现系数	现值	折现系数	现值
0	-2 000	1	-2 000	1	-2 000
1	750	0.877 2	658	0.869 6	652
2	820	0.769 5	631	0.756 1	620
3	1 100	0.675 0	743	0.657 5	723
NPV			32		-5

A 方案的内部收益率为 $\mathrm{IRR_A}=14\%+(15\%-14\%)\times\dfrac{32}{32+5}=14.86\%$。

B 方案的净现值为 $\mathrm{NPV_B}=120\times(P/F,\ \mathrm{IRR_B},\ 1)+600\times(P/F,\ \mathrm{IRR_B},\ 2)$
$+600\times(P/F,\ \mathrm{IRR_B},\ 3)-900=0$。

测试过程如表3-1-7所示（结果取整数）。

表 3-1-7　B 方案内部收益率测试　　　　　　　　　　单位：万元

期间	现金净流量	折现率 i=17%		折现率 i=18%	
		折现系数	现值	折现系数	现值
0	-900	1	-900	1	-900
1	120	0.854 7	103	0.847 5	102
2	600	0.730 5	438	0.718 2	431
3	600	0.624 4	375	0.608 6	365
NPV			16		-2

B 方案的内部收益率为 $\mathrm{IRR_B}=17\%+(18\%-17\%)\times\dfrac{16}{16+2}=17.89\%$。

C 方案的净现值为 $\mathrm{NPV_C}=460\times(P/A,\ \mathrm{IRR_C},\ 3)-1\ 200=0$。

各期现金流入量相等，符合年金形式，可利用年金现值系数表来确定。

$(P/A,\ \mathrm{IRR_C},\ 3)=\dfrac{1\ 200}{460}=2.608\ 7$。

查阅年金现值系数表，在 n=3栏下寻找到接近 $(P/A,\ i,\ 3)=2.608\ 7$ 的 i 的取值如下。

$i_1=7\%$，$(P/A,\ 7\%,\ 3)=2.624\ 3$；

$i_2=8\%$，$(P/A,\ 8\%,\ 3)=2.577\ 1$。

这说明内部收益率介于7%和8%之间，具体为 $\mathrm{IRR_C}=7\%+(8\%-7\%)\times\dfrac{2.624\ 3-2.608\ 7}{2.624\ 3-2.577\ 1}=7.33\%$。

A 方案和 B 方案的内部收益率都高于最低期望报酬率（10%），可以接受；C 方案的内部收益率低于最低期望报酬率，不可以接受。对于在多个投资项目中选择最优投资项目，应该从可接受方案中选择内部收益率最高的方案，因此应该选择 B 方案。

以净现值为选择依据，A方案净现值大于B方案净现值，应该选择A方案；以内部收益率为选择依据，B方案内部收益率高于A方案内部收益率，应该选择B方案。实务中，在资金不充足的情况下，应着重考虑投资效率，选择内部收益率高的方案进行投资。

技能拓展　　Excel在计算项目内部收益率中的应用

本法是在Excel环境下，通过插入财务函数IRR，并根据计算机系统的提示，正确输入已知Excel电子表格中的现金净流量，从而直接求得内部收益率指标的方法。

本法的应用步骤如下。

（1）将已知的各年现金净流量的数值输入Excel电子表格的任意一行（列）。

（2）在该电子表格的另外一个单元格中插入财务函数IRR，输入现金净流量NCF参数，其函数的表达式为=IRR（NCF_0:NCF_n）

（3）按"Enter"键，财务函数IRR公式所在的单元格显示的数值即为所求的内部收益率。

仍采用【任务3-1-9】中的数据，如图3-1-7所示，利用插入函数法计算各方案的内部收益率，具体步骤如下。

（1）将表3-1-5中的各期间现金净流量数据及折现率输入Excel电子表格。

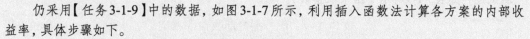

	A	B	C	D	E
	B8		f_x	=IRR(B3:B6)	
1	投资决策				
2	期间	A方案现金净流量	B方案现金净流量	C方案现金净流量	折现率
3	0	-2000	-900	-1200	10%
4	1	750	120	460	
5	2	820	600	460	
6	3	1100	600	460	
7	NPV	185.95	155.75	-56.05	
8	IRR	14.87%	17.87%	7.33%	

图3-1-7　内部收益率计算模型

（2）在B8单元格中输入公式"=IRR(B3:B6)"，按"Enter"键后，即可得到A方案的内部收益率为14.87%；然后向右填充至D8单元格，可得到B方案和C方案的内部收益率分别为17.87%和7.33%。

注：在Excel中运用财务函数IRR计算内部收益率快速准确，而手工计算内部收益率，不仅费时费力，还可能产生一定的误差。

随堂练习

某企业拟投资200万元新建一项目。项目的建设期为2年，第3年年初投产，投产后每年能给企业带来的净利润为20万元，项目计算期为7年。假设企业采用直线法计提折旧，使用期满后无残值，市场利率为6%。

要求：用内部收益率法评价该项目是否可行。

提示

在实务中，进行单一投资项目财务可行性分析时，只要NPV≥0、IRR≥最低期望报酬率，则该项目可行。

三、新建项目敏感性分析

敏感性分析是指通过分析主要不确定因素的变化对项目评价指标的影响，确定评价指标对该因素的敏感程度和项目对其变化的承受能力。

项目建设过程中和项目营业期可能存在一些不确定因素，如建设投资、生产负荷、未来营业收入及成本费用等。一般情况下，建设投资和生产负荷对项目效益的影响较小。因此，在进行项目分析时，主要的敏感因素有未来营业收入及成本费用，由于这两个因素变化对未来净收益可能产生不利影响，因此企业需要对这两个因素变化进行敏感性分析。敏感性分析一般是在净现值法的基础上进行的，测定敏感因素的变化对项目净现值、内部收益率、静态投资回收期的影响程度。具体对3种情况进行分析：第1种情况为营业收入下降；第2种情况为成本费用上升；第3种情况为营业收入下降，同时成本费用上升。

【任务3-1-11】某企业准备购入设备以提升生产能力。该设备需投资600万元，采用直线法计提折旧，使用寿命是8年，8年后有残值收入40万元，8年中每年营业收入为260万元，付现成本每年为90万元，另需垫支流动资金50万元，企业所得税税率为25%。

要求：

（1）计算项目计算期内各年现金净流量。

（2）计算该设备的静态投资回收期。

（3）假定适用的行业基准折现率为10%，计算项目净现值。

（4）计算项目内部收益率。

（5）当营业收入下降3%、成本费用上升3%、营业收入下降3%且成本费用上升3%时，对项目进行敏感性分析。

（6）评价项目的财务可行性。

【解析】（1）年折旧额=（600-40）÷8=70（万元）。

NCF_0=-（600+50）=-650（万元）。

$NCF_{1\sim7}$=260×（1-25%）-90×（1-25%）+70×25%=145（万元）。

NCF_8=145+40+50=235（万元）。

（2）PP=650÷145=4.48（年）。

（3）NPV=145×（P/A，10%，7）+235×（P/F，10%，8）-650

$\qquad$ =145×4.868 4+235×0.466 5-650

$\qquad$ =165.55（万元）。

（4）NPV=145×（P/A，IRR，7）+235×（P/F，IRR，8）-650=0。

当i_1=16%时，NPV_1=7.27万元；当i_2=17%时，NPV_2=-14.32万元。

$$IRR = 16\% + (17\% - 16\%) \times \frac{-7.27}{-14.32 - 7.27} = 16.34\%。$$

（5）敏感性分析汇总表如表3-1-8所示。

表 3-1-8　敏感性分析汇总

敏感因素变化率	净现值/万元	静态投资回收期/年	内部收益率/%
营业收入下降3%	134.34	4.67	15.17
成本费用上升3%	154.74	4.55	15.93
营业收入下降3%、成本费用上升3%	123.53	4.74	14.77

由敏感性分析汇总表可知，该项目对营业收入的变化较为敏感，对成本费用的变化不太敏感。

（6）虽然该项目的PP>项目计算期的一半，但其NPV>0、IRR>行业基准折现率，因此，该项目值得投资。

 任务小结

在项目投资决策中，现金流量是指一个投资项目引起的企业现金支出和现金收入增加的数量。现金流量包括现金流入量、现金流出量和现金净流量。

项目投资的评价指标按是否考虑资金时间价值分为折现指标和非折现指标。折现指标是考虑资金时间价值的指标，包括净现值和内部收益率；非折现指标是不考虑资金时间价值的指标，如静态投资回收期。这些指标具有各自的优缺点，有不同的判断标准，投资者在进行投资决策时应综合加以利用。

阅读案例

书店项目投资的财务分析

 巩固与提升

一、单项选择题

1．在财务管理中，将以特定项目为对象，直接与新建项目或更新改造项目有关的长期投资行为称为（　　）。

　　A．项目投资　　　B．证券投资　　　　C．固定资产投资　　　D．流动资产投资

2．关于项目投资，下列说法中不正确的是（　　）。

　　A．投资风险大，投资数额多，变现能力弱

　　B．是以特定建设项目为投资对象的长期投资行为

　　C．影响时间可以短于一年或者一个营业周期

　　D．每个项目至少涉及一项形成固定资产的投资

3．某投资方案的年营业收入为100 000元，年总营业成本为60 000元，其中年折旧额为10 000元，企业所得税税率为25%，该方案每年的营业期现金净流量为（　　）元。

　　A．30 000　　　　B．40 000　　　　C．16 800　　　　D．32 500

4．甲投资项目的原始投资额为150万元，使用寿命为10年，已知该项目第10年的营业期现金净流量为37.5万元，期满处置固定资产残值收入及回收流动资金共12万元，则该投资项目第10年的现金净流量为（　　）万元。

　　A．12　　　　　　B．37.5　　　　　　C．49.5　　　　　　D．43

5．已知某投资项目的原始投资额为100万元，建设期为2年，投产后第1～8年每年的NCF为

25万元，第9～10年每年的NCF为20万元，则该项目包括建设期的静态投资回收期为（　　）年。

  A．4　　　　　　　　B．5　　　　　　　　C．6　　　　　　　　D．7

  6．计算净现值时，下列各项中不适合用来确定折现率的是（　　）。

   A．市场利率　　　　　　　　　　　　B．投资者希望获得的预期最低投资报酬率

   C．企业平均资本成本率　　　　　　　D．投资项目的内部收益率

  7．下列选项中不属于净现值指标缺点的是（　　）。

   A．不能从动态的角度直接反映投资项目的实际收益率水平

   B．当各项目投资额不等时，仅用净现值无法确定投资方案的优劣

   C．现金流量的测量和折现率的确定比较困难

   D．没有考虑投资的风险性

  8．下列说法中不正确的是（　　）。

   A．内部收益率是能够使未来每年现金净流量现值等于原始投资额现值的折现率

   B．内部收益率是方案本身的投资报酬率

   C．内部收益率是使方案净现值等于零的折现率

   D．内部收益率是使方案现值指数等于零的折现率

  9．某投资项目，若使用10%作为折现率，其净现值为500万元；若使用12%作为折现率，其净现值为-400万元，该项目的内部收益率是（　　）。

   A．9.6%　　　　　　　B．12.8%　　　　　　　C．10.53%　　　　　　　D．11.11%

  10．当某方案的净现值大于零时，其内部收益率（　　）。

   A．可能小于零　　　　　　　　　　　B．一定等于零

   C．一定大于设定的折现率　　　　　　D．可能等于设定的折现率

二、多项选择题

  1．某投资项目终结点年度的税后营业利润为100万元，折旧额为10万元，回收流动资金20万元，回收固定资产残值5万元，下列表述中正确的有（　　）。

   A．终结点回收额为25万元

   B．终结点回收额为5万元

   C．营业期现金净流量为110万元

   D．终结点现金净流量为135万元

  2．评价投资方案的静态投资回收期指标的主要缺点有（　　）。

   A．不能衡量企业的投资风险　　　　　B．没有考虑资金时间价值

   C．没有考虑回收期后的现金流量　　　D．不能衡量投资方案总投资收益率的高低

  3．净现值法的优点有（　　）。

   A．考虑了资金时间价值　　　　　　　B．考虑了项目计算期的全部现金净流量

   C．考虑了投资风险　　　　　　　　　D．可从动态上反映项目的实际投资收益率

  4．若净现值为负数，则表明该投资项目（　　）。

   A．各年利润小于0，不可行

   B．投资报酬率小于0，不可行

   C．投资报酬率没有达到预定的折现率，不可行

   D．投资报酬率不一定小于0

5．在其他因素不变的情况下，下列财务评价指标中，指标数值越大，表明项目可行性越强的有（　　　）。

  A．净现值   B．现值指数   C．内部收益率   D．静态投资回收期

三、判断题

1．净现值是指某项目未来各年现金流入与现金流出差额的现值之和。   （　　　）

2．因为固定资产投资用于购建固定资产，所以固定资产原值一定等于固定资产投资。
                                （　　　）

3．在营业期内的现金净流量一定大于或等于0。   （　　　）

4．净现值指标的计算虽然考虑了资金时间价值，但是没有考虑风险性。 （　　　）

5．在评价投资项目的财务可行性时，如果静态投资回收期的评价结论与净现值指标的评价结论产生矛盾，应当以净现值指标的结论为准。   （　　　）

四、课后任务

在多个投资项目中选择最优项目时，分别利用净现值法、内部收益率法进行决策得出的结论是否相同？请说明原因。

任务二　更新改造项目投资管理

核心知识：更新改造项目的相关概念和内容。

核心技能：更新项目财务可行性分析、改造项目财务可行性分析。

 相关知识

固定资产更新改造是指以新的固定资产替换旧的固定资产，或以新的技术装备对原有的固定资产进行改造，它是实现以内涵型为主的扩大再生产的重要方式。更新改造项目财务可行性分析主要包括更新项目财务可行性分析和改造项目财务可行性分析。

 任务实训

一、更新项目财务可行性分析

更新项目的决策意味着企业面临两种选择：①继续使用旧设备；②卖掉旧设备，购置新设备以替换旧设备。这两种方案属于互斥投资方案，互相排斥，不能并存，选择其中一个方案，就必须淘汰另一个方案。从经济效益最大的要求出发，以方案的获利数额作为评价标准，一般采用净现值法和年金净流量法进行择优决策。

更新项目财务可行性分析的具体内容和步骤如下。

1．测算更新项目现金净流量

将更新项目看成两个投资方案，分别计算继续使用旧设备和购置新设备以替换旧设备的现金净流量，如图3-2-1所示。

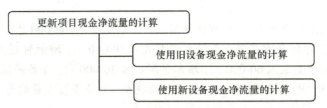

图 3-2-1　更新项目现金净流量的计算

使用新、旧设备两个方案现金净流量的计算公式与任务一中新建项目的现金净流量的计算公式相同。但估算使用旧设备的现金净流量时要注意以下几个问题。

（1）旧设备的初始投资应根据其变现价值确定。例如，假设某更新项目旧设备的原值是10万元，账面净值为5万元，变现价值为3万元，则旧设备的初始投资为其变现价值3万元。

（2）旧设备的变现损失具有抵税作用，变现收益需要纳税。例如，旧设备的账面净值为5万元，变现价值为3万元，假设企业的所得税税率为25%，则旧设备的变现会出现亏损，此时需要考虑亏损抵税，数额为（5-3）×25%=0.5（万元）。如果旧设备的账面净值为5万元，变现价值为8万元，则旧设备的变现会出现收益，此时需要考虑收益纳税，数额为（8-5）×25%=0.75（万元）。

相对于使用新设备，因使用旧设备失去变现损失的抵税额可作为使用旧设备的现金流出，因使用旧设备失去变现收益的纳税额可作为使用旧设备的现金流入。

（3）计算旧设备的折旧应按照原有的价值，而不能按照旧设备的变现价值。

【任务3-2-1】某企业计划用新设备替换现有的旧设备。旧设备预计可使用5年，账面价值为60 000元，目前变价净收入为35 000元。新设备投资额为100 000元，预计使用5年。截至第5年年末，新设备的预计残值为5 000元，旧设备的预计残值为1 000元。使用旧设备时，年营业收入为80 000元，付现成本为55 000元。使用新设备后，预计可使企业每年增加营业收入20 000元、每年降低付现成本10 000元。该企业按直线法计提折旧，企业所得税税率为25%。

要求：计算使用新、旧设备两个方案的现金净流量。

【解析】（1）使用旧设备的现金净流量的计算如下。

旧设备年折旧额=（60 000-1 000）÷5=11 800（元）。

旧设备提前处理发生的固定资产净损失抵税额=（60 000-35 000）×25%=6 250（元）。

NCF_0=-35 000-6 250=-41 250（元）。

$NCF_{1\sim4}$=80 000×（1-25%）-55 000×（1-25%）+11 800×25%=21 700（元）。

NCF_5=21 700+1 000=22 700（元）。

（2）使用新设备的现金净流量的计算如下。

新设备年折旧额=（100 000-5 000）÷5=19 000（元）。

NCF_0=-100 000（元）。

$NCF_{1\sim4}$=（80 000+20 000）×（1-25%）-（55 000-10 000）×（1-25%）+19 000×25%=46 000（元）。

NCF_5=46 000+5 000=51 000（元）。

📝 随堂练习

某企业打算变卖一套尚可使用5年的旧设备，另购置一套新设备来替换它。取得新设备的投资额为180 000元，旧设备的折余价值为90 000元，其变价净收入为80 000元，截至第5年年末，新设备与旧设备的预计净残值均为5 000元。新、旧设备的替换将在当年内完成

（即更新项目的建设期为零）。使用新设备前，年营业收入为100 000元，付现成本为60 000元。使用新设备后可使企业在第1年增加营业收入50 000元，增加付现成本25 000元；第2～5年每年增加营业收入60 000元，增加付现成本30 000元。设备采用直线法计提折旧，企业所得税税率为25%，假设处理旧设备不涉及税金，全部资金来源均为自有资金。

要求：分别计算使用新、旧设备的现金净流量。

2. 做出更新项目投资决策

当新、旧设备寿命期相同时，采用净现值法进行决策，选择净现值大的方案；当新、旧设备寿命期不同时，采用年金净流量法进行决策，选择年金净流量高的方案，如图3-2-2所示。

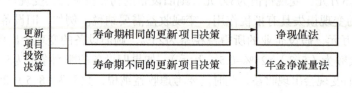

图 3-2-2 更新项目投资决策

（1）寿命期相同的更新项目决策（净现值法）。

【任务3-2-2】使用新设备的原始投资的现值为150万元，第1～10年每年的现金净流量为29.29万元；继续使用旧设备的原始投资额为100万元，第1～10年每年的现金净流量为20.18万元。行业基准折现率为10%。

要求：分析是否值得更新设备。

【解析】因新、旧设备寿命期相同，故采用净现值法。

使用旧设备的净现值=20.18×（P/A，10%，10）-100=20.18×6.144 6-100=24（万元）。

使用新设备的净现值=29.29×（P/A，10%，10）-150 =29.29×6.144 6-150 =29.98（万元）。

因使用新设备的净现值大于使用旧设备的净现值，所以值得更新设备。

【任务3-2-3】假设某企业为降低每年的生产成本，准备用一台新设备代替旧设备。旧设备原值为100 000元，已提折旧25 000元，估计还可用5年，5年后的残值为零。如果现在出售，可得价款80 000元。新设备的买价、运费和安装费共需160 000元，可用5年，第5年年末预计净残值为10 000元。使用新设备时，每年付现成本可节约30 000元（新设备年付现成本为50 000元，旧设备年付现成本为80 000元）。假设年销售收入不变，均为110 000元，企业所得税税率为25%，企业的最低期望报酬率为10%，新、旧设备均按直线法计提折旧。

要求：分析是否值得更新设备。

【解析】第1步，计算使用新、旧设备的现金净流量。

旧设备年折旧额=（100 000-25 000-0）÷5=15 000（元）。

新设备年折旧额=（160 000-10 000）÷5=30 000（元）。

处置旧设备产生的收益纳税=［80 000-（100 000-25 000）］×25%=1 250（元）。

使用旧设备营业期现金净流量=（110 000-80 000-15 000）×（1-25%）+15 000=26 250（元）。

使用新设备营业期现金净流量=（110 000-50 000-30 000）×（1-25%）+30 000=52 500（元）。

使用新、旧设备的现金净流量计算如表3-2-1所示。

表 3-2-1　使用新、旧设备的现金净流量计算　　　　单位：元

方案	项目	$t=0$	$t=1$	$t=2$	$t=3$	$t=4$	$t=5$
使用旧设备	固定资产投资	-80 000					
	变现净收益纳税	1 250					
	营业期现金净流量		26 250	26 250	26 250	26 250	26 250
	现金净流量合计	-78 750	26 250	26 250	26 250	26 250	26 250
使用新设备	固定资产投资	-160 000					
	营业期现金净流量		52 500	52 500	52 500	52 500	52 500
	固定资产净残值						10 000
	现金净流量合计	-160 000	52 500	52 500	52 500	52 500	62 500

第2步，计算使用新、旧设备的净现值。

使用旧设备的净现值=26 250×（P/A，10%，5）-78 750

　　　　　　　　　=26 250×3.790 8-78 750

　　　　　　　　　=20 758.5（万元）。

使用新设备的净现值=52 500×（P/A，10%，4）+62 500×（P/F，10%，5）-160 000

　　　　　　　　　=52 500×3.169 9+62 500×0.620 9-160 000

　　　　　　　　　=45 226（万元）。

第3步，根据计算结果，做出决策。

因为使用新设备的净现值大于使用旧设备的净现值，所以该企业应进行设备更新。

随堂练习

　　某企业 5 年前购置一设备，价值 75 万元，购置时预期使用寿命为 15 年，残值为零。该设备用直线法计提折旧，目前已提折旧 25 万元，账面净值为 50 万元。利用这一设备，该企业每年的付现成本为 70 万元，产生的营业收入为 100 万元。现在市场上推出一种新设备，价值 120 万元（含运输、安装、调试等所有费用），使用寿命为 10 年，预计 10 年后残值为 20 万元（新设备也使用直线法计提折旧）。该设备由于技术先进，效率较高，预期可使产品营业收入由原来每年 100 万元增加到每年 110 万元，同时可使付现成本由每年 70 万元下降到每年 50 万元。如果现在将旧设备出售，估计售价为 10 万元。假设该企业的资本成本率为 10%，企业所得税税率为 25%。

　　要求：分析该企业是否应用新设备替换旧设备。

　　（2）寿命期不同的更新项目决策（年金净流量法）。

　　寿命期不同的更新项目，用净现值指标可能无法得出正确的决策结果，应当采用年金净流量法进行决策。年金净流量法如果同时考虑项目的现金流入和现金流出，则可先计算出各项目的净现值，在项目净现值的基础上计算年金净流量，选择年金净流量最大的项目。如果项目更新不会带来现金流入的变化，比较方案只考虑现金流出时，则先计算出各项目现金净流出的现值，在各项目现金净流出的现值的基础上计算年金净流出量（也称年金成本），选择年金净流出量最小

的项目。

【任务3-2-4】某企业现有旧设备一台，由于节能减排的需要，企业准备对该设备予以更新。旧设备还可使用6年，新设备寿命期为10年。当期折现率为10%，企业所得税税率为25%，更新前后预计的现金净流量如表3-2-2所示。

表3-2-2　使用新、旧设备的现金净流量　　　　　　　　　单位：元

项目	t=0	t=1	t=2	t=3	t=4	t=5	t=6	t=7	t=8	t=9	t=10
新设备	-36 000	7 500	7 500	7 500	7 500	7 500	7 500	7 500	7 500	7 500	10 200
旧设备	-10 000	4 125	4 125	4 125	4 125	4 125	7 250				

要求：请分析是否更新设备。

【解析】 方案一：使用旧设备。

NPV=-10 000+4 125×（P/A，10%，5）+7 250×（P/F，10%，6）

　　=-10 000+4 125×3.790 8+7 250×0.564 5

　　=9 729.68（元）。

年金净流量=9 729.68÷（P/A，10%，6）

　　　　　=9 729.68÷4.355 3

　　　　　=2 233.99（元）。

方案二：使用新设备。

NPV=-36 000+7 500×（P/A，10%，9）+10 200×（P/F，10%，10）

　　=-36 000+7 500×5.759+10 200×0.385 5

　　=11 124.6（元）。

年金净流量=11 124.6÷（P/A，10%，10）

　　　　　=11 124.6÷6.144 6

　　　　　=1 810.47（元）。

继续使用旧设备的年金净流量为2 233.99元，而购买新设备的年金净流量为1 810.47元，前者高于后者，因此应采用继续使用旧设备的方案。

 提示

　　一般来说，使用新设备代替旧设备如果不改变企业的生产能力，也不增加实质性收入，属于替换重置。而且这种更新往往是必需的，因此，实务中一般不对这种更新做财务可行性分析。

二、改造项目财务可行性分析

改造项目主要是指应用现代科学技术的新成果，对旧设备的结构进行局部改造，如安装新部件、新附件或新装置以提高旧设备的生产能力。

改造项目财务可行性分析的具体内容和步骤如下。

1. 测算改造项目的现金净流量

（1）进行投资预算。测算改造项目的现金净流量首先要进行投资预算。

（2）进行利润测算。这里的利润是指项目改造后带来的增量利润。

（3）测算改造项目的现金净流量。这里的现金净流量是指改造后带来的增量现金净流量。其计算公式与任务一中新建项目的现金净流量的计算公式相同。

【任务3-2-5】 某设备为企业的关键设备，已运行12年，故障率较高，2024年平均工时损失达350分钟，并有上升趋势。要求对该设备进行改造。经测算，改造项目原始投资370万元，其中，设备建设支出320万元，流动资金50万元。年平均增加税前利润为160万元，企业所得税税率为25%。预计使用10年，预计净残值20万元。假设企业期望最低报酬率为10%。

要求：请计算该项目年增量现金净流量。

【解析】 该项目年折旧额=（320−20）÷10=30（万元）。

该项目年净利润增量=160×（1−25%）=120（万元）。

ΔNCF_0=−370（万元）。

$\Delta NCF_{1\sim9}$=120+30=150（万元）。

ΔNCF_{10}=150+20+50=220（万元）。

该改造项目带来的年增量现金净流量如表3-2-3所示。

表3-2-3 某改造项目年增量现金净流量　　　　单位：万元

年限	0	1	2	3	4	5	6	7	8	9	10
年增量现金净流量	−370	150	150	150	150	150	150	150	150	150	220

2. 做出改造项目投资决策

改造项目财务可行性分析主要是投资与收益分析，一般采用差额投资内部收益率法进行决策。差额投资内部收益率法是指在计算出两个原始投资额不相等的投资项目的增量现金净流量的基础上，计算出差额内部收益率，并据此判断这两个投资项目孰优孰劣的方法。当差额内部收益率指标大于或等于基准收益率或设定折现率时，原始投资额大的项目较优；反之，则原始投资额小的项目较优。差额投资内部收益率法的计算公式与任务一中新建项目的IRR的计算公式相同，只不过采用的是增量现金净流量计算。

【任务3-2-6】 沿用【任务3-2-5】的资料，计算项目差额投资内部收益率ΔIRR，并判断该项目是否可行。

$$NPV=150×（P/A，\Delta IRR，9）+220×（P/F，\Delta IRR，10）−370=0。$$

用Excel计算出项目的差额投资内部收益率ΔIRR=10.49%，由于项目内部收益率10.49%＞企业期望最低报酬率10%，故该项目应进行改造。

 任务小结

更新项目的决策意味着企业面临两种选择：①继续使用旧设备；②卖掉旧设备，购置新设备以替换旧设备。当新、旧设备寿命期相同时，采用净现值法进行决策；当新、旧设备寿命期不同时，采用年金净流量法进行决策。改造项目一般采用差额投资内部收益率法进行决策。

阅读案例

凌云公司设备
更新决策

 巩固与提升

一、单项选择题

1. 在进行固定资产更新决策时，对于寿命期不同的设备更新方案，应当采用的决策方法是（　　）。

　　A．内部收益率法　　　　　　　　B．净现值法

　　C．年金净流量法　　　　　　　　D．静态投资回收期法

2. 运用年金净流量法进行设备更新决策时，应考虑的现金流量不包括（　　）。

　　A．新、旧设备目前的市场价值　　B．旧设备的原价

　　C．新、旧设备残值变价收入　　　D．新、旧设备的年营运成本

3. 2020年年末，某企业正在考虑卖掉现有的一台闲置设备。该设备于8年前以50 000元购入，折旧年限为10年，按直线法计提折旧，预计净残值率为10%。目前该设备的变价净收入为15 000元，假设企业所得税税率为25%，卖出现有设备对本期现金流量的影响是（　　）。

　　A．减少1 000元　　B．增加1 000元　　C．增加15 250元　　D．增加14 750元

二、多项选择题

1. 固定资产更新决策可以使用的方法有（　　）。

　　A．净现值法　　　B．现值指数法　　　C．内部收益率法　　D．年金净流量法

2. 估算固定资产更新项目的现金净流量时需要注意的问题包括（　　）。

　　A．项目的计算期不取决于新设备的使用年限，而是由旧设备可继续使用的年限决定

　　B．需要考虑在建设起点旧设备可能发生的变价净收入，并以此作为估计继续使用旧设备至期满时的净残值的依据

　　C．由于以旧换新决策相当于在使用新设备和继续使用旧设备两个原始投资不同的备选方案中做出比较与选择，因此，应分别计算各自的现金净流量

　　D．在此类项目中，所得税税后现金净流量与所得税税前现金净流量具有相同的意义

三、判断题

1. 若固定资产更新决策采用净现值法，当使用旧设备的净现值小于使用新设备的净现值时，应当对设备进行更新。　　　　　　　　　　　　　　　　　　　　　（　　）

2. 对更新改造项目而言，在计算现金净流量时应考虑旧固定资产提前报废产生的净损失。　　　　　　　　　　　　　　　　　　　　　　　　　　　　　　　　（　　）

四、课后任务

查找更新改造项目投资可行性分析报告，重点阅读财务可行性分析部分，分析其使用哪种方法评价项目是可行的。

 项目技能训练

1. 某企业投资155万元购入一台设备。该设备预计残值为5万元，可使用3年，按直线法计提折旧。设备投产后，每年营业收入增加额分别为100万元、200万元、150万元，除折旧外的费

用增加额分别为40万元、120万元、50万元。企业适用的所得税税率为25%，要求的最低总投资收益率为10%，目前年税后利润为300万元。

要求：

（1）假设企业经营无其他变化，预测未来3年企业每年的税后利润。

（2）计算该投资方案的净现值。

2．某企业投资15 100万元购买一设备，于建设起点一次性投入，建设期为2年。该设备预计残值为100万元，可使用10年，按直线法计提折旧。设备投产时需要投入流动资金200万元，投产后每年营业收入增加额均为10 000万元，每年付现成本增加额均为4 000万元。企业适用的所得税税率为25%，要求的最低投资报酬率为10%。

要求：

（1）计算该投资方案各年的现金净流量。

（2）计算该投资方案含建设期的静态投资回收期。

（3）计算项目的净现值，并评价该项目的可行性。

3．某企业拟购入一设备以提升生产能力。现有A、B两个方案可供选择。A方案需投资100万元，设备使用寿命为8年，采用直线法计提折旧，8年后设备无残值，8年中每年的营业收入为50万元，每年的付现成本为20万元。B方案需投资120万元，采用直线法计提折旧，设备使用寿命为8年，8年后有残值收入12万元，8年中每年收入为70万元，付现成本第1年为30万元，以后随着设备的逐渐陈旧，将逐年增加修理费2万元，另需垫支流动资金10万元。假设企业适用的所得税税率为25%，资本成本率为10%。

要求：

（1）计算两个方案的现金净流量。

（2）计算两个方案的静态投资回收期。

（3）计算两个方案的净现值。

（4）计算两个方案的内部收益率。

（5）试判断应选哪个方案。

4．某企业投资项目的A方案如下：项目原始投资额为650万元，其中，固定资产投资为500万元，流动资金投资为100万元，其余为无形资产投资。全部资金的来源均为自有资金。该项目的建设期为2年，营业期为10年。除流动资金在项目完工时（第2年年末）投入，其余投资均于建设起点一次性投入。

固定资产的寿命期为10年，按直线法计提折旧，期满有40万元的净残值；无形资产从投产年份起分10年摊销完毕；流动资金于终结点一次性收回。

预计项目投产后，每年发生的相关营业收入（不含增值税）和付现成本分别为380万元和129万元，企业适用的所得税税率为25%，该项目不享受减免所得税的待遇。

要求：

（1）计算该项目A方案的下列指标：①项目计算期；②固定资产原值；③固定资产年折旧额；④无形资产投资额；⑤无形资产年摊销额。

（2）计算该项目A方案的下列现金净流量指标：①建设期各年的现金净流量；②投产后第1～10年每年的营业期现金净流量；③项目计算期期末回收额。

（3）按14%的行业基准折现率计算A方案的净现值指标，并评价该方案的财务可行性。

（4）该项目的B方案比A方案多投入50万元的原始投资，建设期为0年，营业期不变，其现金净流量为$NCF_0=-700$万元，$NCF_{1\sim10}=161.04$万元，请计算该项目B方案的净现值指标，并据此评价该方案的财务可行性。

5. 某企业计划变卖一套尚可使用5年的旧设备，另购置一套新设备来替换它。旧设备的折余价值为800 000元，变价收入为600 000元。新设备投资额为850 000元，预计使用5年。截至第5年年末，新、旧设备的预计残值均为50 000元。使用新设备可使企业在未来5年内每年营业收入由原来的600 000元增加到760 000元，付现成本由原来的360 000元降至280 000元。该企业按直线法计提折旧，企业适用的所得税税率为25%。

要求：

（1）计算使用新、旧设备的现金净流量。

（2）若行业基准折现率为10%，确定是否应用新设备替换现有旧设备。

6. 公司基本情况：A有限公司注册资本为1 580万元，总资产为8 476万元，净资产为2 406万元。公司下设办公室、财务部、物流部、全国棉花交易市场江西工作站、棉花公司、综合经营部、56901仓库和56902仓库。

销售网络情况：A有限公司不仅有收购、加工及销售网点，而且利用全国棉花交易市场江西工作站远程电子同步交易功能，为客户提供服务。

项目投资及资金筹措：项目总投资3 400万元，均为业主自有资金。其中，固定资产投资3 100万元，垫支流动资金300万元，A有限公司期望的收益率为20%。

计算期：本项目的计算期为11年，其中建设期1年、营业期10年。固定资产预计使用10年，预计净残值为100万元。

主要经济效益指标如下表所示。

单位：万元

序号	项目	2014年年初	2014年	2015年	2016年	2017年	2018年	2019—2024年每年
1	项目总投资	3 100	300					
2	产品销售收入			8 000	12 000	18 000	20 000	22 000
3	总成本费用			7 000	10 000	14 000	15 000	16 000
4	利润总额			1 000	2 000	4 000	5 000	6 000
5	所得税费用（所得税税率为25%）							

要求：

（1）预测项目每年现金净流量。

（2）计算项目静态投资回收期、净现值、内部收益率，并判断项目的财务可行性。

（3）进行敏感性分析，假设收入下降5%、总成本费用上升5%，判断项目的财务可行性。

项目四　营运资金管理

▲ 项目导读

在传统制造业，库存严重占用了企业的资金，成为企业发展的沉重负担。许多精益管理的企业都在追求加快周转、降低库存。早在2008年，海尔集团就提出"零库存"的目标。经过多年努力，2022年海尔家电全品类不入库率已达85%。

根据海尔智家2022年年报，公司全年营收2 435亿元，冰箱/冷柜、洗衣机、空气能源解决方案、家庭用水解决方案收入均为百亿元规模。如此巨大的产销量，如何做到85%产品不入库？秘诀在于，海尔实现了"大规模制造"向"大规模定制"的转变。近年来，海尔智家大力推行以用户为中心的大规模个性化定制模式，从根本上保证了低库存。

对于海尔和用户之间的距离，海尔智家董事长兼总裁李华刚用"瞬间"形容。他说，全面数字化重构提高了企业效率，提升了用户体验，海尔智家如今能"瞬间"感知和响应用户需求、了解用户口碑。

【案例启示】海尔大力推行以用户为中心的大规模个性化定制模式，能够减少库存、减少资金占用、降低成本。海尔良好的库存管理体系，推动了企业高质量发展。

▲ 项目导图

营运资金是指企业维持日常经营活动所需的资金。营运资金有广义和狭义之分，广义的营运资金是指企业流动资产的总额，主要用来研究资产流动性和周转状况；狭义的营运资金是指流动资产减去流动负债后的金额，主要用来研究企业的偿债能力和财务风险。本项目介绍的营运资金管理包括流动资产管理和流动负债管理。

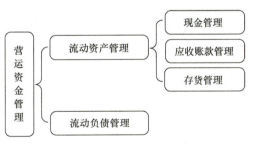

学习目标

知识目标：

1．了解现金的持有动机与持有成本；

2．掌握应收账款的功能与应收账款管理的成本、应收账款信用政策的构成；

3．了解存货的功能与持有成本；

4．掌握短期借款、短期融资券和商业信用的信用条件。

技能目标：

1．能确定最佳现金持有量、能进行现金收支管理；

2．能制定应收账款信用政策、能进行应收账款监控管理；

3．能确定存货经济订货批量、能进行存货日常管理；

4．能做出现金折扣信用决策。

素养目标：

1．具备良好的现金管理能力，树立正确的消费观；

2．增强法治观念，具备合规意识。

情境讨论

张总是某公司的副总经理兼财务总监，公司的业务流程图如下所示。公司目前存在存货积压、销售资金回笼速度慢、流动资金短缺等问题，在很大程度上制约了公司的扩张步伐。

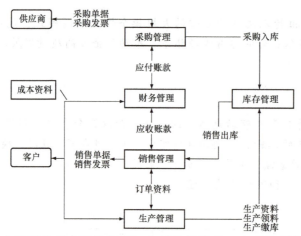

参考答案

问题：张总主要面临哪方面的问题？如果你是张总，会采取哪些措施？

任务一　现金管理

核心知识：现金的持有动机与持有成本。

核心技能：确定最佳现金持有量、进行现金收支管理。

相关知识

一、现金的含义

现金有广义和狭义之分。广义的现金是指企业在生产经营过程中以货币形态存在的资金，包括库存现金、银行存款和其他货币资金等。狭义的现金仅指库存现金。本书所讲的现金是指广义的现金。

现金是企业变现能力最强的资产，可以随时用来购买所需的物资、支付有关费用、偿还债务、上缴税费等。企业为保证生产经营活动的正常进行，必须拥有一定数额的现金。但现金是不创造价值的资产，其持有量不是越多越好。合理地确定现金持有量，既能保证企业生产经营对现金的需求，降低企业风险，同时又能避免过多的现金被闲置。

 提示

现金是流动性最强、收益性最弱的资产。

二、现金的持有动机与持有成本

1．现金的持有动机

（1）交易需求。交易需求又称为支付需求，是指企业为满足正常生产经营活动中的各种支付需求而需要持有一定数量的现金，包括购买原材料、支付工资、上缴税费等而持有的现金，这是企业持有现金的主要需求。企业每天的现金收入和现金支出很少同时等额发生，因此，保留适当的现金余额是完全必要的，企业避免因现金收支不平衡而导致正常的生产经营活动中断。企业所持有的现金数量取决于其销售水平和回收应收账款的能力。

（2）预防需求。预防需求是指企业为应对突发事件需要持有一定数量的现金，如自然灾害、生产事故、未能及时收回货款等突发事件。确定预防需求的现金数额时，需要考虑以下因素：一是企业愿意承担的现金短缺风险的程度，二是企业预测现金收支可靠的程度，三是企业临时融资的能力。希望尽可能减少风险的企业倾向于保留大量的现金余额，以应付其交易需求和大部分预防需求。现金收支预测可靠性程度较高、信誉良好、与银行关系良好的企业，预防需求的现金持有量一般较少。

（3）投机需求。投机需求是指用于不寻常的获利机会而持有的现金。例如，遇到廉价原材料或其他资产供应的机会，便可使用现金大量购入相应资产；再如，在适当时机购入价格有利的股票和其他有价证券等。除了金融机构和投资公司，其他企业专为投机需求而持有的现金并不多。

一般来说，企业持有现金并非谋求从转瞬即逝的投机机会中得到收益，而是主要考虑交易需求和预防需求。

2．现金的持有成本

（1）管理成本。现金的管理成本是指因企业保留现金而发生的管理费用，包括支付给管理人员的工资以及安全措施费用等。这部分成本在一定范围内与现金持有量没有关系，属于固定成本。

（2）机会成本。现金的机会成本是指企业由于持有现金而放弃的对外投资的收益。如果某企业的机会成本率为5%，年均持有10万元的现金，则该企业每年丧失对外投资的收益为5 000

元，即为持有现金的机会成本。机会成本与现金持有量密切相关，属于变动成本，现金持有量越大，机会成本越高，反之机会成本越低。

（3）转换成本。现金的转换成本是现金转换成有价证券以及有价证券转换成现金的成本，如手续费等。一般而言，每次的转换成本是固定的，现金持有量越大，转换次数越少，转换成本越低，反之转换成本越高。

（4）短缺成本。现金的短缺成本是指因现金持有量不足且无法及时通过有价证券变现加以补充而给企业造成的损失。短缺成本与现金持有量成反比，现金持有量越大，短缺成本越低，反之短缺成本越高。

 任务实训

一、确定最佳现金持有量

现金是维系企业生存与发展的根本，良好的现金管理可以为企业的各项生产经营活动提供充实的资金保障。在现金的流动性和收益性之间权衡，保持适当的现金持有量，是现金管理工作的重要内容。现金管理工作的流程如图4-1-1所示。

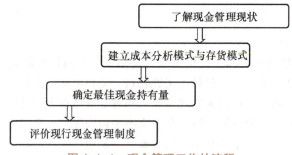

图 4-1-1　现金管理工作的流程

1. 成本分析模式

成本分析模式，也称成本分析模型，是根据现金有关成本，分析预测其总成本最低时现金持有量的一种方法。运用成本分析模式确定最佳现金持有量时，只考虑因持有一定量的现金而产生的管理成本、机会成本及短缺成本，无须考虑转换成本。

运用成本分析模式确定最佳现金持有量的步骤如下。

（1）根据需要拟定各种现金持有量方案。

（2）计算不同方案下的现金持有成本，并编制最佳现金持有量测算表。

（3）最佳现金持有量测算表中总成本最低的方案即为最佳现金持有量方案，即

$$最佳现金持有量Q^*=\min（管理成本+机会成本+短缺成本）\qquad（式4-1-1）$$

 提示

在成本分析模式下，机会成本=$Q \times i$。（Q为现金持有量，i为机会成本率）

【任务4-1-1】甲企业现有A、B、C、D共4种现金持有方案，现金持有方案如表4-1-1所示。

表 4-1-1　现金持有方案　　　　　　　　　单位：万元

项目	A 方案	B 方案	C 方案	D 方案
现金持有量	100	200	300	400
管理成本	18	18	18	18
机会成本率	10%	10%	10%	10%
短缺成本	42	32	9	0

要求： 运用成本分析模式确定最佳现金持有量。

【解析】 根据现金持有方案编制最佳现金持有量测算表，如表4-1-2所示。

表 4-1-2　最佳现金持有量测算表　　　　　　　单位：万元

方案	现金持有量	管理成本	机会成本	短缺成本	总成本
A	100	18	10	42	70
B	200	18	20	32	70
C	300	18	30	9	57
D	400	18	40	0	58

通过比较表4-1-2中各方案的总成本可知，C方案的总成本最低，即当企业持有300万元现金时，企业总成本最低，300万元为最佳现金持有量。

提示

成本分析模式的优点是计算原理简单、适用范围广，缺点是较难预测持有现金的短缺成本。

随堂练习

富达车业有限公司财务经理为了尽量减少企业闲置的现金数量，提高现金收益率，决定确定最佳现金持有量，财务部门对4种不同现金持有量的成本做了测算，具体数据如表4-1-3所示。

表 4-1-3　现金持有方案　　　　　　　　　单位：万元

项目	A 方案	B 方案	C 方案	D 方案
现金持有量	250	500	750	1 000
管理成本	200	200	200	200
短缺成本	100	60	20	0

企业的资本收益率（相当于机会成本率）为12%，财务经理根据上述数据，利用成本分析模式，确定企业最佳现金持有量为750万元。

要求：

（1）计算不同现金持有量方案的机会成本。

（2）财务经理为什么确定750万元为企业最佳现金持有量？

2. 存货模式

存货模式又称为鲍莫尔模式，最早是由美国学者威廉·杰克·鲍莫尔（William Jack Baumol）于1952年提出的。他认为企业现金持有量的确定与存货的持有量有相似之处，可以借鉴经济订货批量模型来确定现金持有量。在存货模式中，假设收入是每间隔一定时期发生的，而支出是在一定时期内均衡发生的。在此时期内，企业可通过转换有价证券获得现金，用图4-1-2加以说明。

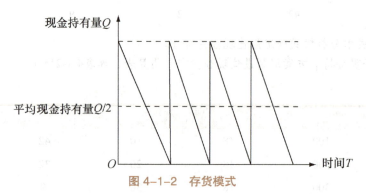

图 4-1-2　存货模式

在图4-1-2中，假定企业现金支出在一定时期内稳定均衡。企业保持现金持有量Q，当企业持有的现金超过Q时，可以用多余的现金购买有价证券，以获取较高的收益。当企业持有的现金不足时，可以出售有价证券来补充现金，如此不断重复。

运用存货模式确定最佳现金持有量时，只考虑现金的机会成本和转换成本。由于机会成本与现金持有量有关，在企业的现金需要量一定时，现金持有量越大，机会成本越高，但转换次数就越少，相应的转换成本就越低。如果减少现金持有量，机会成本会降低，但转换次数就增多，转换成本相应增加。这两种成本之和最低时的现金持有量即为最佳现金持有量，如图4-1-3所示。

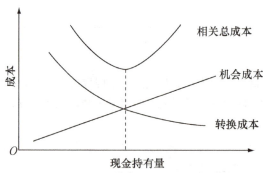

图 4-1-3　存货模式的持有现金的相关总成本

$$Q^*=\min（机会成本+转换成本）\qquad（式4-1-2）$$

假设，TC为相关总成本，b为每次转换费用，D为一定时期现金需要量，i为机会成本率，Q为现金持有量，Q^*为最佳现金持有量。

则持有现金的相关总成本的计算公式为

$$相关总成本=机会成本+转换成本\qquad（式4-1-3）$$

$$TC=\frac{Q}{2}\times i+\frac{D}{Q}\times b\qquad（式4-1-4）$$

提示

在存货模式下，机会成本 $=Q/2 \times i$，转换成本 $=D/Q \times b$。资本成本率一般按有价证券利率或有价证券报酬率计算。

运用存货模式确定最佳现金持有量的步骤如下。

（1）确定一定时期现金需要量 D。

（2）确定每次将有价证券转换为现金的转换费用 b。

（3）确定持有现金的机会成本率 i。

（4）确定最佳现金持有量 Q^*。

另外，与最佳现金持有量相关的其他指标如下。

① 相关总成本最低时的现金持有量即为最佳现金持有量。

$$Q^* = \sqrt{\frac{2Db}{i}} \qquad （式4-1-5）$$

② 最佳现金持有量下的相关总成本 TC^* 为

$$TC^* = \sqrt{2Dbi} \qquad （式4-1-6）$$

③ 有价证券的交易次数 N 为

$$N = \frac{D}{Q^*} \qquad （式4-1-7）$$

④ 有价证券的交易间隔期 T 为

$$T = \frac{360}{N} \qquad （式4-1-8）$$

【**任务**4-1-2】假如乙企业现金收支平衡，预计全年（按360天计算）现金需要量为250 000元，现金与有价证券的转换成本为每次500元，有价证券利率为10%。

要求：

（1）采用存货模式确定最佳现金持有量。

（2）计算最佳现金持有量下的相关总成本、转换成本和机会成本。

（3）计算最佳现金持有量下的全年有价证券的交易次数和有价证券的交易间隔期。

【**解析**】

（1）$Q^* = \sqrt{\dfrac{2 \times 250\,000 \times 500}{10\%}} = 50\,000$（元）。

（2）$TC^* = \sqrt{2 \times 250\,000 \times 500 \times 10\%} = 5\,000$（元）。

转换成本 $=250\,000 \div 50\,000 \times 500 = 2\,500$（元）。

机会成本 $=50\,000 \div 2 \times 10\% = 2\,500$（元）。

（3）$N=250\,000 \div 50\,000 = 5$（次）。

$T=360 \div 5 = 72$（天）。

 提示

存货模式需要假设现金支出在一定时期内均衡发生，因此，不适用于现金收支波动较大的企业。

技能拓展　　　　Excel在现金管理中的应用

沿用【任务4-1-2】中的有关数据。首先根据已知条件在表格中输入基本数据，然后根据有关计算公式定义分析区，得出计算结果，如图4-1-4所示。各单元格的计算公式设置如图4-1-5所示。

Excel在现金管理中的应用

	A	B
1	最佳现金持有量存货模式	
2	全年现金需要量（元）	250000
3	每次转换成本（元）	500
4	有价证券年利率	10%
5	最佳现金持有量决策分析区	
6	最佳现金持有量（元）	50000
7	最佳现金持有量的相关总成本（元）	5000
8	最佳交易次数（次）	5
9	最佳交易间隔期（天）	72

	A	B
1	最佳现金持有量决策分析区	
2	最佳现金持有量（元）	=SQRT(2*B2*B3/B4)
3	最佳现金持有量的相关总成本（元）	=SQRT(2*B2*B3*B4)
4	最佳交易次数（次）	=B2/B6
5	最佳交易间隔期（天）	=360/B8

图4-1-4　最佳现金持有量存货模式　　图4-1-5　最佳现金持有量存货模式（计算公式设置）

注：最佳现金持有量的计算，运用平方根函数SQRT，其结果是返回给定数值的正平方根。例如，在某单元格中输入"=SQRT(16)"，即可得出答案4。

随堂练习

某企业现金收支平衡，预计全年现金需要量为300 000元，现金与有价证券的转换成本为每次600元，有价证券报酬率为10%。

要求：

（1）运用存货模式计算最佳现金持有量。

（2）计算最佳现金持有量下的相关总成本、转换成本和机会成本。

（3）计算最佳现金持有量下的有价证券交易次数和交易间隔期。

二、现金的收支管理

现金的收支管理总体上要求企业做到现金流的匹配，尽可能使企业现金流入与现金流出在数量上和时间上趋于一致，从而使现金余额降至较低水平。现金收支管理如图4-1-6所示。

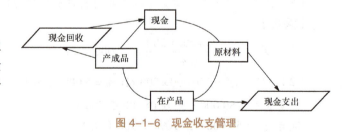

图4-1-6　现金收支管理

1. 加速收款

要想尽快收回货款，除了要考虑制定合理的应收账款回收政策，还必须缩短从客户开出付款凭据到款项划入企业账户的时间。例如，支票的提示付款期为10天，财务人员在拿到支票的当天就应送存银行办理转账；还可以让客户将货款汇到企业当地所设的收款中心，由收款中心即时汇给企业总部所在地银行；有条件的企业可以与银行建立信息联网系统，将客户的货款直接通过联网系统迅速划入企业账户。

2. 合理推迟付款

一般而言，供应商允许企业购进存货后推迟一段时间付款。企业在与供应商建立了长期合作关系后，采取分期付款的方式可以适当减小付款压力；也可以使用汇票而非支票付款，由于汇票需要先承兑后付款，因此可以适当延缓付款时间。

对于需支付的其他款项，企业也可改变支付方式，推迟付款，如改变工资支付方式，避免同时发放企业员工所有工资，发放工资时采取分项目不同时段的方式发放。

 **随堂练习**

结合所学的财务知识，请提出至少3种加速收款、合理推迟付款的方法。

 任务小结

现金管理的目的是在保证企业生产经营活动所需现金的同时，减少现金持有量，提高现金的使用效率。确定现金持有量的模式主要有成本分析模式和存货模式。在现金收支管理中，企业应努力加速收款，控制支出。

阅读案例

啤酒公司现金
收支管理分析

 巩固与提升

一、单项选择题

1. 持有过多现金可能导致的不利后果是（　　　）。

    A. 财务风险加大　　　　　　　　　　B. 收益水平下降

    C. 偿债能力减弱　　　　　　　　　　D. 资产流动性下降

2. 下列各项中，现金成本与现金持有量成正比例关系的是（　　　）。

    A. 机会成本　　　　B. 转换成本　　　　C. 管理成本　　　　D. 短缺成本

3. 下列项目中属于持有现金的机会成本的是（　　　）。

    A. 现金管理人员的工资　　　　　　　B. 现金安全措施费用

    C. 现金被盗损失　　　　　　　　　　D. 现金的再投资收益

4. 在现金持有量的成本分析模式和存货模式中均需要考虑的因素是（　　　）。

    A. 管理成本　　　　B. 转换成本　　　　C. 短缺成本　　　　D. 机会成本

二、多项选择题

1. 下列各项中，决定预防现金需求数额的因素有（　　　）。

    A. 企业临时融资的能力

    B. 企业预测现金收支的可靠性

    C. 金融市场上的投资机会

    D. 企业愿意承担的现金短缺风险的程度

2. 企业运用存货模式确定最佳现金持有量所依据的假设包括（　　　）。

    A. 所需现金只能通过银行存款取得

　　　B．预算期内现金需求总量可以预测

　　　C．现金支出过程比较稳定

　　　D．有价证券利率及转换成本可以知悉

3．下列各项中，属于交易需求的支出的有（　　　）。

　　　A．购买材料　　　　B．支付工资　　　　C．应付自然灾害　　　D．缴纳税款

4．运用成本分析模式确定企业最佳现金持有量时，现金持有量与持有成本之间的关系表现为（　　　）。

　　　A．现金持有量越小，总成本越高　　　　B．现金持有量越大，机会成本越高

　　　C．现金持有量越小，短缺成本越高　　　　D．现金持有量越大，管理成本越高

三、判断题

1．因为现金的管理成本是相对固定的，所以在确定现金最佳持有量时，可以不考虑它的影响。　　　　　　　　　　　　　　　　　　　　　　　　　　　　　　　　　　（　　　）

2．企业的最佳现金持有量通常等于满足各种动机所需的现金余额之和。　　（　　　）

3．利用存货模式确定最佳现金持有量，必须考虑机会成本、转换成本和短缺成本。　（　　　）

四、课后任务

通过实地调查或查找资料，了解某公司的现金管理现状，在此基础上建立成本分析模型与存货模型，确定最佳现金持有量，并根据分析结果，评价公司的现金管理制度。

任务二　应收账款管理

核心知识：应收账款的功能与应收账款管理的成本。

核心技能：制定应收账款信用政策、进行应收账款监控管理。

 相关知识

一、应收账款的功能

应收账款的功能是指其在生产经营中的作用，应收账款主要有以下两个功能。

1．增加销售的功能

在激烈的市场竞争中，提供赊销可有效促进销售。因为企业提供赊销不仅向客户提供了商品，也在一定时间内向客户提供了购买该商品的资金，客户能从赊销中得到好处，所以赊销会给企业带来销售收入和利润的增加，特别是在企业销售新产品、开拓新市场时，赊销更具有重要的意义。

2．减少存货的功能

企业持有一定存货会相应地占用资金，形成仓储费用、管理费用等，产生成本，而赊销则可避免这些成本的产生。无论是季节性生产企业还是非季节性生产企业，当企业的存货较多时，企业一般会采用优惠的信用条件进行赊销，将存货转化为应收账款，减少存货，而存货资金占用成本、仓储费用与管理费用等就会相应减少，从而提高企业收益。

应收账款具有两面性：一方面，企业通过提供商业信用，采取赊销、分期付款等销售方

式，可以增加销售收入，增加利润；另一方面，较高的应收账款会导致较高的成本，同时意味着有大量资金被占用，从而影响企业资金的流动性和资金的利用效率。因此，应收账款的管理目标在于，通过应收账款的管理增加销售收入，提高竞争能力；同时，尽可能降低在应收账款上的投资成本，提高资金的流动性。

二、应收账款管理的成本

持有应收账款，要付出一定的代价，这种代价即应收账款的持有成本，又称为应收账款的信用成本。应收账款的信用成本主要包括以下方面。

1. 应收账款的机会成本

应收账款的机会成本，是指因资金投放在应收账款上而丧失的其他收益，即如果不把这部分资金投放于应收账款，便可以将其用于其他投资（如股票、债券投资等）而获得收益。

$$
\begin{aligned}
应收账款的机会成本 &= 应收账款占用资金 \times 资本成本率 \\
&= 应收账款平均余额 \times 变动成本率 \times 资本成本率 \\
&= 日销售额 \times 平均收现期 \times 变动成本率 \times 资本成本率
\end{aligned}
$$
（式4-2-1）

假设某企业预测的年度销售额为300万元，应收账款的平均收现期为60天（一年按360天计算），变动成本率为60%，资本成本率为10%。

应收账款平均余额=300÷360×60=50（万元）。

应收账款占用资金=50×60%=30（万元）。

应收账款的机会成本=30×10%=3（万元）。

 提示

（1）平均收现期一般按所有客户收账天数的加权平均数确定，计算时以各客户销售额占总销售额的比重为权重。

（2）资本成本率一般可按有价证券利率计算。

2. 应收账款的管理成本

应收账款的管理成本，即对应收账款进行日常管理而耗费的开支，主要包括对客户的资信调查费用、应收账款账簿记录费用、收账费用等。

3. 应收账款的坏账成本

应收账款的坏账成本，也称坏账损失，即因应收账款无法收回而给企业带来的损失。这一成本一般与应收账款数量同方向变动，即应收账款越多，坏账成本也就越高。

$$应收账款的坏账成本 = 赊销额 \times 预计坏账损失率$$
（式4-2-2）

 任务实训

一、制定应收账款信用政策

随着市场竞争的日趋激烈，企业常常采用赊销来扩大自己的市场份额，与此同时，企业的应收账款不断增加，经营的风险随之增大。应收账款信用政策包括信用标准、信用条件和收账政策三个方面。企业应制定合适的应收账款信用政策，力求给自身带来经济效益的同时减小经营风险。

应收账款管理工作的流程如图4-2-1所示。

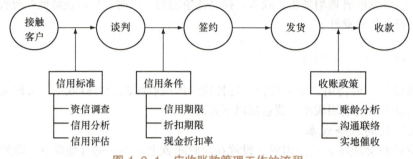

图 4-2-1　应收账款管理工作的流程

制定应收账款信用政策的具体内容和步骤如下。

1. 制定信用标准

信用标准是客户获得企业商业信用所应具备的最低条件，通常用预计的坏账损失率表示。信用标准过高，将使许多客户因信用品质达不到所设的标准而被企业拒之门外，虽然有利于减少坏账损失，但不利于销售；信用标准过低，有利于刺激销售增长，但会增加坏账损失。

（1）信息来源。企业进行信用分析时，必须考虑信息的类型、数量和成本。信息既可以从企业内部收集，也可以从企业外部收集。无论信用信息从哪里收集，都必须将成本与预期的收益进行对比。信用信息的内部来源主要是信用申请人执行信用申请（协议）的情况和企业保存的有关信用申请人还款的历史记录。

企业可以使用各种外部信息帮助自身确定信用申请人的信誉。信用申请人的财务报表是外部信息主要来源之一。第二个信息来源是一些商业参考资料或信用申请人过去获得赊购的供货商。另外，银行或其他贷款机构（如商业贷款机构或租赁企业）可以提供信用申请人财务状况和可使用信用额度方面的标准化信息。这些信用信息一般包括：还款历史、财务信息、最高信用额度、可获得的最长信用期限和所有未了结的债务诉讼等。

（2）信用的定性分析。信用的定性分析是指对申请人"质"的方面的分析。常用的信用定性分析法是5C评估法。5C评估法是指重点分析影响客户信用的5个方面的方法。这5个方面的英文首字母都是C，故称为5C评估法。这5个方面是品德（Character）、能力（Capacity）、资本（Capital）、抵押品（Collateral）和条件（Condition）。

· 品德是指客户有没有按期偿还贷款的诚意。

· 能力是指客户的支付能力，主要通过对客户以往经营活动的支付行为和其现有资产状况的分析获得这方面的信息。

· 资本是指客户的财务实力和财务状况。

· 抵押品是指客户为其应付账款提供资产担保的实物，主要有土地、房屋、有价证券和商品等。

· 条件是指可能影响客户偿债能力的各种经济环境。

（3）信用的定量分析。信用的定量分析主要是指根据客户的历史数据，通过经济分析指标，利用数量计算或建立信用级别评价模型，以分析其资信状况的方法。

$$C = w_1\rho_1 + w_2\rho_2 + \cdots + w_n\rho_n$$
$$= \sum w_i\rho_i \qquad\qquad （式4\text{-}2\text{-}3）$$

式4-2-3中，C为信用分析对象的信用评分，w_i为第i个信用分析指标的权重系数，ρ_i为第i个信用分析指标的数值（财务比率）。

2. 制定信用条件

信用条件是指销货企业要求赊购客户支付货款的条件，由信用期限、折扣期限和现金折扣率3个要素组成。

（1）确定信用期限。信用期限是指企业允许客户从购货到付款之间的时间，即企业为客户规定的最长付款期限。通常，延长信用期限有利于企业扩大销售，增加收入，但应收账款占用资金的数量和时间也会相应增加，从而导致机会成本等信用成本增加。确定信用期限有助于分析不同信用期限对收入和成本的影响，具体步骤如下。

① 给出不同信用条件的备选方案。

② 计算不同方案的相关成本。

③ 比较不同方案的信用成本后收益，做出决策。

$$信用成本前收益=销售收入-变动成本 \qquad （式4-2-4）$$
$$信用成本后收益=信用成本前收益-应收账款的机会成本-坏账损失-收账费用 \quad （式4-2-5）$$

 提示

固定成本一般保持不变，属于决策无关成本，如果发生变化，则要减去有变化的固定成本。

【任务4-2-1】某企业预测2025年销售额为3 600万元，其信用条件是$n/30$，变动成本率为60%，资本成本率为10%，坏账损失率为2%，收账费用为60万元。如果企业为了增加销售额，决定将信用条件改为$n/60$，估计销售额为4 800万元，坏账损失率为3%，收账费用为90万元。一年按360天计算。分析企业是否需要改变原来的信用条件。应收账款信用条件决策计算如表4-2-1所示。

表 4-2-1　应收账款信用条件决策计算　　　　　　　　单位：万元

项目	原方案	新方案
信用条件	$n/30$	$n/60$
年销售额	3 600	4 800
减：变动成本	2 160	2 880
信用成本前收益	1 440	1 920
减：信用成本	150	282
其中：应收账款的机会成本	18	48
坏账损失	72	144
收账费用	60	90
信用成本后收益	1 290	1 638

【解析】原方案的相关计算如下。

信用成本前收益=3 600-3 600×60%=1 440（万元）。

应收账款的机会成本=3 600÷360×30×60%×10%=18（万元）。

坏账损失=3 600×2%=72（万元）。

信用成本后收益=1 440-18-72-60=1 290（万元）。

新方案的相关计算如下。

信用成本前收益=4 800-4 800×60%=1 920（万元）。

应收账款的机会成本=4 800÷360×60×60%×10%=48（万元）。

坏账损失=4 800×3%=144（万元）。

信用成本后收益=1 920-48-144-90=1 638（万元）。

根据结果可知，新方案的信用成本后收益较高，因此，企业应该改变原来的信用条件，选择新方案。

📝 **技能拓展**　　　　**Excel在应收账款管理中的应用**

沿用【任务4-2-1】中的有关数据。首先根据已知条件在表格中输入基本数据，然后根据有关计算公式定义分析区，得出计算结果，如图4-2-2所示。各单元格计算公式的设置如图4-2-3所示。

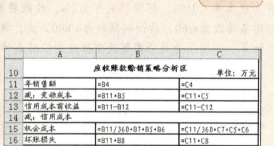

Excel在应收账款管理中的应用

	A	B	C
1	应收账款赊销策略分析模型		
2	方案	原方案	新方案
3	信用条件	n/30	n/60
4	年销售额（万元）	3600	4800
5	变动成本率	60%	60%
6	应收账款资本成本率	10%	10%
7	平均收账期（天）	30	60
8	坏账损失率	2%	3%
9	收账费用（万元）		90
10	应收账款赊销策略分析区		单位：万元
11	年销售额	3600	4800
12	减：变动成本	2160	2880
13	信用成本前收益	1440	1920
14	减：信用成本		
15	机会成本	18	48
16	坏账损失	72	144
17	收账费用	60	90
18	信用成本后收益	1290	1638
19			

应收账款赊销策略分析模型 / Sheet2 / Sheet3

图4-2-2　应收账款赊销策略分析模型

	A	B	C
10	应收账款赊销策略分析区		单位：万元
11	年销售额	=B4	=C4
12	减：变动成本	=B11*B5	=C11*C5
13	信用成本前收益	=B11-B12	=C11-C12
14	减：信用成本		
15	机会成本	=B11/360*B7*B5*B6	=C11/360*C7*C5*C6
16	坏账损失	=B11*B8	=C11*C8
17	收账费用	=B9	=C9
18	信用成本后收益	=B13-B15-B16-B17	=C13-C15-C16-C17

图4-2-3　应收账款赊销策略分析模型
（计算公式设置）

（2）制定现金折扣条件。现金折扣是指企业为了鼓励客户尽早（在规定的期限内）付款而给予的价格扣减。现金折扣包括两方面的内容：一是折扣期限，即客户在多长时间内付款能够享受折扣；二是现金折扣率，即折扣期内给予客户多少折扣。现金折扣通常用如"4/10, 2/20, n/30"这样的符号形式来表示。上述符号的含义：客户在10日内付款，可以享受4%的价格优惠；客户在11～20日付款，可以享受2%的价格优惠；客户在21～30日需全额付款，如在30天后付款则意味着信用关系遭到破坏。

无论是信用期限还是现金折扣，都可能会给企业带来收益，但也会增加成本。企业在给予客户某种现金折扣时，应当考虑折扣能带来的收益与成本孰高孰低，权衡利弊，最终确定最佳方案。

制定现金折扣条件的具体步骤如下。

① 给出不同信用条件的备选方案。

② 计算不同方案的相关成本。

③ 比较不同方案的信用成本后收益并做出决策。

$$信用成本前收益=销售收入-变动成本-现金折扣成本 \quad （式4-2-6）$$
$$信用成本后收益=信用成本前收益-应收账款的机会成本-坏账损失-收账费用 \quad （式4-2-7）$$

【任务4-2-2】仍以【任务4-2-1】的资料为例。如果企业为了加速应收账款的回收，决定在新方案的基础上将信用条件改为"2/10，1/20，n/60"，估计约有60%的客户会利用2%的折扣，15%的客户会利用1%的折扣。坏账损失率降为1.5%，收账费用降为76万元。请对该信用条件做出评价。应收账款信用条件决策计算如表4-2-2所示。

表4-2-2　应收账款信用条件决策计算　　　　　　　　　　单位：万元

项目	新方案	调整后的新方案
信用条件	n/60	2/10，1/20，n/60
年销售额	4 800	4 800
减：变动成本	2 880	2 880
现金折扣成本	—	64.8
信用成本前收益	1 920	1 855.2
减：信用成本	282	167.2
其中：应收账款的机会成本	48	19.2
坏账损失	144	72
收账费用	90	76
信用成本后收益	1 638	1 688

【解析】调整后的新方案各项指标的计算如下。

现金折扣成本=4 800×（2%×60%+1%×15%）=64.8（万元）。

信用成本前收益=4 800-4 800×60%-64.8=1 855.2（万元）。

应收账款平均收账期=60%×10+15%×20+（1-60%-15%）×60=24（天）。

应收账款的机会成本=4 800÷360×24×60%×10%=19.2（万元）。

坏账损失=4 800×1.5%=72（万元）。

信用成本后收益=1 855.2-19.2-72-76=1 688（万元）。

提供现金折扣后，企业的信用成本后收益增加，因此，企业应选用调整后的新方案。

 提示

　　当存在两个以上现金折扣率的情况下，要计算现金折扣成本，可以先计算出平均现金折扣率，如【任务4-2-2】中"2%×60%+1%×15%"即为平均现金折扣率。

随堂练习

思美时装公司近年来采取较宽松的信用政策，因此销售量有所增加，但坏账损失也随之上升。该公司变动成本率为65%，资本成本率（有价证券利率）为8%。其收账政策不变，固定成本总额不变，并采用按年赊销额百分比法估计坏账损失，相关资料如表4-2-3所示。

表4-2-3　信用条件方案　　　　　　　　　　　单位：万元

项目	第1年（n/30）	第2年（n/60）	第3年（n/90）
年赊销额	2 400	2 640	3 000
坏账损失	48	79.2	140
收账费用	24	40	56

要求：回答以下问题。

（1）公司采用宽松的信用政策是否成功？

（2）如果第3年为了加速应收账款的收回，该公司决定将赊销条件改为"2.5/10, 1.5/30, n/90"，估计约有70%的客户（按赊销额计算）会利用2.5%的折扣；20%的客户会利用1.5%的折扣。坏账损失率降为4%，收账费用降为45万元。信用条件变化后收益情况会如何？

3. 制定收账政策

收账政策是指当企业的应收账款不能如期收回时，企业所采取的收账策略和方法。一般而言，收账费用支出越多，坏账损失越少，但二者并不一定存在线性关系。通常情况下，开始时花费一些收账费用，应收账款和坏账损失有小部分减少；收账费用继续增加，应收账款和坏账损失明显减少；收账费用达到某一限度后，应收账款和坏账损失的减少就不再明显了，这个限度称为饱和点。在制定收账政策时，应权衡增加收账费用与减少应收账款和坏账损失之间的得失。

二、进行应收账款监控管理

实施信用政策，企业需监督与控制每一笔应收账款和应收账款的总额。企业通过客户追踪分析，完善客户的信用信息，确保每一笔应收账款的收回；通过账龄分析，了解每一笔应收账款的账期变化，及时催收账款。企业也需对应收账款的总体水平加以监督，应收账款的增加会影响企业资金的流动性，甚至可能导致额外的融资需求。应收账款监控管理的内容如图4-2-4所示。

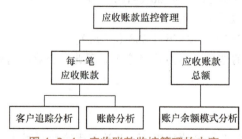

图4-2-4　应收账款监控管理的内容

1. 应收账款客户追踪分析

应收账款一旦发生，赊销企业就必须考虑如何按期足额收回应收账款。要达到这一目的，赊销企业就有必要在收账之前，对该项应收账款的运行过程进行追踪分析。

企业应按照已确定的信用政策，选择和追踪客户，关注其资信程度的变化，确保赊销的应收账款能够顺利收回。对客户进行信用调查，通常有以下两种方法。

（1）直接调查。调查人员通过与被调查单位进行直接接触，以当面采访、询问、观看等方式获取信用资料。直接调查可以保证收集资料的准确性和及时性，但若无法与被调查单位合作，调查工作将难以开展。

（2）间接调查。以被调查单位以及其他机构保存的有关原始记录和核算资料为基础，通过加工整理获得被调查单位的信用资料。这些资料主要来源于：①财务报表；②信用评估机构；③银行；④其他途径。

2. 应收账款账龄分析

应收账款账龄分析就是将应收账款划分为未到信用期的应收账款和以30天为间隔的逾期应收账款，并计算各账龄应收账款的余额占应收账款总余额的百分比，考察分析应收账款的账龄结构。企业通过账龄分析，可以确定逾期应收账款。

假定信用期为30天，表4-2-4反映出该企业有40%的应收账款逾期。

表 4-2-4　应收账款账龄分析

账龄 / 天	应收账款金额 / 元	占应收账款总额的百分比 /%
0 ~ 30	600 000	60
31 ~ 60	200 000	20
61 ~ 90	150 000	15
91 以上	50 000	5
合 计	1 000 000	100

一般而言，应收账款的逾期时间越短，收回的可能性越大，即发生坏账损失的可能性相对越小；反之，收账的难度及发生坏账损失的可能性也就越大。

3. 应收账款账户余额模式分析

应收账款账户余额模式反映一定期间的赊销额在发生赊销的当期期末及随后的各期仍未偿还的百分比。企业历史收款状况决定了其正常的应收账款余额的模式，可以运用此模式衡量应收账款的收账效率及预测未来的现金流。

假设没有坏账损失，销售当月收回销售额的10%，销售后的第1个月收回销售额的40%，销售后的第2个月收回销售额的35%，销售后的第3个月收回销售额的15%。各月应收账款账户余额模式如表4-2-5所示。

表 4-2-5　各月应收账款账户余额模式

发生赊销的月份	销售额 / 元	月销售额于第 3 个月月底未收回的金额 / 元	月销售额于第 3 个月月底未收回的金额占应收账款总额的百分比 /%
第 1 个月	100 000	15 000	15
第 2 个月	150 000	75 000	50
第 3 个月	200 000	180 000	90

第3个月月底应收账款余额合计为15 000+75 000+180 000=270 000（元）。

如果预计第4个月的销售额为300 000元，则

预计第4个月的现金流入=300 000×10%+200 000×40%+150 000×35%+100 000×15% =177 500（元）。

 大数据应用　　　　　　利用 K 均值聚类算法对客户进行聚类分析

　　聚类分析指将物理或抽象对象的集合分组为由类似的对象组成的多个类的分析过程。聚类分析用于发现不同的客户群，并且通过购买模式刻画不同客户群的特征，是细分市场的有效工具。聚类分析也可用于研究消费者行为，寻找新的潜在市场。

　　面对激烈的市场竞争，航空公司为了吸引更多客户，基于大量会员档案信息和航班乘坐记录，利用 K 均值聚类算法（K-means Clustering Algorithm）对客户进行聚类分析，比较不同类型客户的价值，对不同价值的客户提供个性化服务，进行精准营销。

聚类算法（上）

聚类算法（下）

航空客户价值分析

 任务小结

阅读案例

某大型公司的应收账款管理

　　应收账款的管理目标是通过应收账款管理增加销售收入，提高竞争能力，同时，尽可能降低在应收账款上的投资成本，提高资金流动性。应收账款管理的主要内容：一是信用政策的制定，包括信用标准、信用条件和收账政策；二是应收账款的监控管理，包括应收账款客户追踪分析、账龄分析及账户余额模式分析。

巩固与提升

一、单项选择题

1. 企业评价客户等级，决定给予或拒绝客户信用的依据是（　　）。

A．信用标准　　　B．收账政策　　　　C．信用条件　　　　D．信用政策

2. 下列各项中不属于企业应收账款成本内容的是（　　）。

A．机会成本　　　B．管理成本　　　　C．短缺成本　　　　D．坏账成本

3. 某企业销售商品，年赊销额为500万元，信用条件为"2/10, 1/20, n/40"，预计将会有60%的客户享受2%的现金折扣，30%的客户享受1%的现金折扣，其余的客户均在信用期内付款，则企业应收账款平均收账天数为（　　）。

A．14天　　　　B．15天　　　　C．16天　　　　D．无法计算

4. 某企业预计下年度销售净额为1 800万元，应收账款周转天数为90天，变动成本率为

60%，资本成本率为10%，则应收账款的机会成本是（　　　）万元。

  A．27   B．45   C．108   D．180

  5．下列各项中，属于应收账款机会成本的是（　　　）。

  A．应收账款占用资金的应计利息   B．客户资信调查费用

  C．坏账损失   D．收账费用

二、多项选择题

  1．为了确保公司能一致性地运用信用和保证公平性，公司必须保持恰当的信用政策，信用政策必须明确地规定（　　　）。

  A．信用标准 B．信用条件   C．现金折扣   D．收账政策

  2．企业如果延长信用期限，可能导致的结果有（　　　）。

  A．扩大当期销售   B．延长平均收账期

  C．增加坏账损失   D．增加收账费用

  3．在应收账款信用政策中，企业采用现金折扣条件的目的有（　　　）。

  A．吸引客户为享受优惠而提前付款   B．减轻企业税负

  C．缩短企业平均收款期   D．提高销售量

  4．与应收账款机会成本有关的因素有（　　　）。

  A．应收账款平均余额   B．变动成本率

  C．管理成本   D．资本成本率

三、判断题

  1．应收账款的逾期时间越短，收回的可能性越大，即发生坏账损失的可能性相对越小。
                      （　　　）

  2．应收账款发生后，赊销企业只需按期收账即可，无须对该项应收账款的运行过程进行追踪分析。   （　　　）

  3．企业采用严格的信用标准，虽然会增加应收账款的机会成本，但是能提高商品销售额，从而给企业带来更多的收益。   （　　　）

  4．利用5C评估法评估客户信誉时，其中的能力是指申请人或公司申请人管理者的诚实和正直表现能力。   （　　　）

四、课后任务

  查找某公司的资料，查看其近5年的资产负债表及相关信息，了解其应收账款的变化情况，制作该公司的账龄分析表，并试着分析其应收账款变化的原因。

任务三　存货管理

  核心知识：存货的功能与持有成本。

  核心技能：确定存货经济订货批量、存货的日常管理。

相关知识

一、存货的功能

存货是指企业在生产经营过程中为生产或销售而储备的物资，包括原材料、在产品、半成品、产成品等。存货的功能是指存货在生产经营过程中所起的作用，具体表现在以下方面。

1. 保证正常生产经营活动

生产过程中所需要的原材料，是生产中必需的物质资料。为了保证生产顺利进行，必须适当地储备一些生产所需的存货，防止停工待料事件的发生。

2. 有利于销售

当企业市场需求增加时，若产品储备不足就有可能失去销售良机，因此保留一定量的存货是有利于市场销售的。

3. 降低取得成本

很多企业为扩大销售规模，为购货方提供较优厚的商业折扣。企业采取批量订购的方式集中进货，可获得较高的商业折扣。此外，增加每次购货数量，减少购货次数，可以降低订货成本。

二、存货的持有成本

企业的存货持有成本主要包括以下几个方面。

1. 取得成本

取得成本是指为取得某种存货发生的成本，包括订货成本和购置成本。

订货成本又称进货费用，是指企业为组织进货而发生的成本，如专设采购机构的人员工资、差旅费、办公费、电话费、运输费、搬运费等。订货成本中有一部分与订货次数有关，如差旅费、运输费、搬运费等，这类变动订货成本属于决策相关成本；订货成本中的另一部分与订货次数无关，如专设采购机构的人员工资，这类固定订货成本则属于决策无关成本。

$$订货成本=固定订货成本+变动订货成本 \qquad （式4-3-1）$$

购置成本即进价，是指存货本身的价值，等于采购单价与采购数量的乘积。在一定时期进货总量既定的条件下，无论企业采购次数如何变动，存货的购置成本通常是保持相对稳定的（假设单价不变且无采购数量折扣），因此属于决策无关成本。

$$购置成本=采购单价×采购数量 \qquad （式4-3-2）$$

2. 储存成本

储存成本，即企业为持有存货而发生的成本，包括存货在储备过程中发生的仓库保管费、仓库管理人员工资、保险费、霉变损失、存货资金占用费等。储存成本可分为固定储存成本和变动储存成本。固定储存成本与存货储存数额的多少无关，如仓库保管费、仓库管理人员工资等，这类成本属于决策无关成本；变动储存成本则与存货储存数额正相关，如保险费、霉变损失、存货资金占用费等，这类成本属于决策相关成本。

$$储存成本=固定储存成本+变动储存成本 \qquad （式4-3-3）$$

3. 缺货成本

缺货成本，是指因存货不足而给企业造成的停产损失、延误发货的信誉损失及丧失销售机会的损失等。缺货成本能否作为决策相关成本，应视企业是否允许出现存货短缺的情形而定。若企业允许出现缺货情形，则缺货成本便与存货数量负相关，即属于决策相关成本；反之，若企业不允许出现缺货情形，则缺货成本为零，也就无须加以考虑，即属于决策无关成本。

提示

掌握存货的数量与存货持有成本之间的关系。

任务实训

一、确定存货经济订货批量

存货是联系产品的生产和销售的重要环节，存货控制或管理效率的高低，直接影响企业收益、风险、流动性的综合水平。存货管理的目标就是在发挥存货功能的基础上，降低存货成本，实现二者的最佳结合。

根据存货管理目标，确定合理的存货水平，使企业在保证生产经营的前提下，降低存货成本，提高资金流动性。订货批量是指企业每次订货的存货数量，它关系到企业存货的持有水平。经济订货批量是指能够使存货成本达到最低的订货批量。经济订货基本模型如图4-3-1所示。

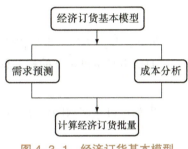

图 4-3-1　经济订货基本模型

1. 需求预测

经济订货基本模型是建立在需求预测基础上的。需求预测包括：①存货总需求量是常数；②订货提前期是常数；③存货一次性入库；④不允许缺货，即没有缺货成本；⑤单位存货采购成本为常数，无批量折扣；⑥存货储存成本与存货数量成线性关系；⑦货物是一种独立需求的物品，不受其他货物的影响。

2. 成本分析

在经济订货基本模型中，每当存货数量降至零时，下一批订货随即全部入库，故不考虑缺货成本；同时存货单价不变，即订货批量无论多与少，没有现金折扣，所以，购置成本也可不予考虑。此时，与订货批量相关的成本只有变动订货成本和变动储存成本。这种情况下，经济订货批量就是变动订货成本和变动储存成本之和最低时的订货批量，如图4-3-2所示。

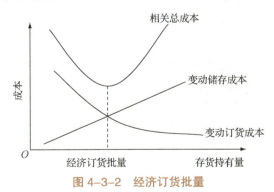

图 4-3-2　经济订货批量

3. 公式计算

如果Q代表每次订货批量，D代表一定时期对存货的总需求，K代表每次变动订货成本，K_c

代表单位存货年变动储存成本，P代表存货单价，则存货的相关总成本TC的计算公式为

$$相关总成本=变动订货成本+变动储存成本 \qquad （式4-3-4）$$

$$TC = \frac{D}{Q} \times K + \frac{Q}{2} \times K_c \qquad （式4-3-5）$$

确定经济订货批量的具体步骤如下。

（1）确定一定时期对存货的总需求D。

（2）确定每次变动订货成本K。

（3）确定单位存货年变动储存成本K_c。

（4）确定经济订货批量。

使相关总成本最小的订货批量即为经济订货批量（Q^*），计算公式为

$$Q^* = \sqrt{\frac{2DK}{K_c}} \qquad （式4-3-6）$$

另外，与经济订货批量相关的其他指标如下。

① 经济订货批量下的相关总成本的计算公式为

$$TC = \sqrt{2DKK_c} \qquad （式4-3-7）$$

② 最佳订货次数的计算公式为

$$N = \frac{D}{Q^*} \qquad （式4-3-8）$$

③ 最佳订货间隔期的计算公式为

$$T = \frac{360}{N} \qquad （式4-3-9）$$

④ 经济订货批量平均占用资金的计算公式为

$$U = \frac{Q^*}{2} \times P \qquad （式4-3-10）$$

【任务4-3-1】某企业每年需耗用A材料45 000件，单位材料年变动储存成本为20元，平均每次变动订货成本为180元，A材料全年平均单价为240元。假定不存在数量折扣，不会出现陆续到货和缺货的现象。

要求：

（1）计算A材料的经济订货批量。

（2）计算A材料经济订货批量的相关总成本。

（3）计算A材料年度最佳订货次数。

（4）计算A材料经济订货批量平均占用资金。

【解析】（1）$Q^* = \sqrt{\dfrac{2 \times 45\,000 \times 180}{20}} = 900$（件）。

（2）$TC^* = \sqrt{2 \times 45\,000 \times 180 \times 20} = 18\,000$（元）。

（3）$N = \dfrac{45\,000}{900} = 50$（次）。

（4）$U = \dfrac{900}{2} \times 240 = 108\,000$（元）。

技能拓展 Excel在存货管理中的应用

沿用【任务4-3-1】中的有关数据。首先根据已知条件在表格中输入基本数据，然后根据有关计算公式定义分析区，得出计算结果，如图4-3-3所示。各单元格计算公式的设置如图4-3-4所示。

Excel在存货管理中的应用

	经济订货批量决策模型	
	A	B
1	经济订货批量决策模型	
2	全年需要量(件)	45000
3	平均每次变动订货成本（元）	180
4	单位材料年变动储存成本（元）	20
5	材料单价（元）	240
6	经济订货批量决策分析区	
7	经济订货批量（件）	900
8	经济订货批量的相关总成本（元）	18000
9	最佳订货次数（次）	50
10	经济订货批量平均占用资金（元）	108000

图4-3-3 经济订货批量决策模型

6	经济订货批量决策分析区
7	经济订货批量（件） = SQRT(2*B2*B3/B4)
8	经济订货批量的相关总成本（元） = SQRT(2*B2*B3*B4)
9	最佳订货次数（次） = B2/B7
10	经济订货批量平均占用资金（元） = B5*B7/2

图4-3-4 经济订货批量决策模型
（计算公式设置）

随堂练习

美好公司是某品牌套装门亚洲地区的分销商，套装门在首尔生产后运至北京。预计年度需求量为10 000套。套装门购进单价为395元（含运费）。假设一年有250个工作日，与订购和储存这些套装门相关的资料如下。

（1）去年进货次数共22次，总处理成本为13 400元，其中固定成本为10 760元，预计未来成本性态不变。

（2）每次进货都要经双方海关检查，其费用为每次280元。

（3）套装门从首尔运至北京后，接收部门要进行检查。为此雇用一名检验人员，每小时工资为25元，每次检验工作需要8小时。

（4）公司租借仓库来储存套装门，估计固定成本为每年2 500元，另外每套门的储存成本为26.5元/年。

（5）在储存过程中会出现破损，估计破损成本为平均每套门28.5元。

（6）占用资金利息等其他储存成本为每套门20元/年。

要求：

（1）确定每次变动订货成本。

（2）确定单位存货的年变动储存成本。

（3）计算经济订货批量。

（4）计算经济订货批量的相关总成本。

经济订货基本模型的扩展

放宽经济订货基本模型的相关假设，就可以扩展经济订货模型，以扩大其适用范围。

1. 再订货点

一般情况下，企业的存货不能做到随用随时补充，因此需要在没有用完时提前订货。再订货点就是在提前订货的情况下，为确保存货用完时订货刚好到达，企业再次发出订货单时应保持的存货库存量。

2. 保险储备

前面讨论的经济订货批量是以供需稳定为前提的。但实际情况并非完全如此，企业对存货的需求量可能发生变化，交货时间也可能会延误。在交货期内，如果发生需求量增大或交货时间延误，就会发生缺货。为防止由此造成的损失，企业应有一定的保险储备。为防止存货中断，再订货点应等于预计交货期内的需求与保险储备之和。即

再订货点=预计交货期内的需求+保险储备
预计交货期内的需求=交货时间×日平均需求量

企业应保持多少保险储备才合适？这取决于存货中断的概率和存货中断的损失。较高的保险储备可降低缺货损失，但也增加了存货的储存成本。因此，最佳的保险储备应该是使缺货损失和保险储备的储存成本之和达到最低。

【任务4-3-2】某企业每年（一年按360天计算）需要耗用甲材料50 000千克，该材料的单位采购成本为8元，单位存货年变动储存成本为3元，平均每次变动订货成本为120元。

要求：

（1）计算经济订货批量。

（2）假设材料的在途时间为4天，保险储备为150千克，计算再订货点。

【解析】根据资料计算各项指标如下。

（1）$Q = \sqrt{\dfrac{2 \times 50\,000 \times 120}{3}} = 2\,000$（千克）。

（2）日平均需求量=50 000÷360=138.89（千克）。

再订货点=4×138.89+150=705.56（千克）。

二、进行存货的日常管理

企业应加强存货的日常管理，根据生产经营活动的实际要求，对各种存货的使用和周转状况进行组织、调节和监督，将存货数量保持在一个合理的水平上。存货的日常管理内容如图4-3-5所示。

1. ABC分类管理法

ABC分类管理法是将存货按品种和占用资金的多少分为重要的A类、一般重要的B类和不重要的C类3个等级，针对不同等级分别进行管理和控制的方法。

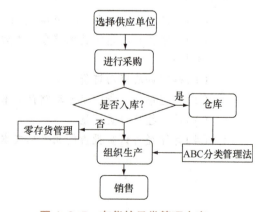

图4-3-5 存货的日常管理内容

对存货进行分类时，有两个标准，一是金额标准，二是品种标准，其中应以金额标准为主。具体标准如下：A类存货品种少，占用资金多，应实行重点管理，定时定量供应，严格控制其数量；C类存货品种多，占用资金少，可视情况采取简便方法管理，按总金额控制固定订货量；B类存货是指介于A类存货和C类存货之间的存货，按类别实行一般管理，进行定期订货批量供应。ABC分类管理法如表4-3-1所示。

表 4-3-1　ABC 分类管理法

类别	品种占全部品种比例	消耗金额占总消耗金额比例	管理方法
A	10%～15%	50%～70%	按品种重点管理
B	20%～25%	15%～20%	按类别一般管理
C	60%～70%	10%～35%	按总金额灵活管理

2. 零存货管理

零存货管理，就是最大限度地减少企业存货数量，从而最大限度地节约资本，提高流动资产周转率。零存货管理由日本丰田汽车公司提出并用于实践，是指制造企业事先与供应商和客户协调好，只有当制造企业在生产过程中需要原料或货物时，供应商才会将原料或货物送来，产品一生产出来就销售给客户。这样，制造企业的存货可以大大减少。显然，零存货管理需要稳定而标准的生产程序以及供应商的诚信，否则，任何一环出现差错都将导致整条生产线停工。

 任务小结

阅读案例

钢铁制品公司
存货管理策略

存货管理的目的是在充分发挥存货功能的基础上，合理控制存货水平，提高资金流动性，降低存货成本。存货管理主要包括两个方面：一是确定经济订货批量；二是存货的日常管理，其方法主要有ABC分类管理法和零存货管理。

 巩固与提升

一、单项选择题

1. 长江公司产品生产每年需要某原材料150 000千克，每次变动订货成本为93元。单位变动储存成本为1.5元，则长江公司该原材料的经济订货批量为（　　）千克。

　　A. 4 313　　　　　　　　　　　B. 8 600

　　C. 5 314　　　　　　　　　　　D. 7 000

2. 在供货企业不提供数量折扣且全年对存货需求确定的情况下，影响经济订货批量的因素是（　　）。

　　A. 采购成本　　　　　　　　　　B. 储存存货的仓库折旧费

　　C. 采购人员的基本工资　　　　　D. 采购人员的差旅费

3. 下列项目中不属于变动储存成本的是（　　）。

　　A. 仓库折旧　　　　　　　　　　B. 存货资金的应计利息

　　C. 存货的破损变质损失　　　　　D. 存货的保险费用

4. 利用ABC分类管理法进行存货管理时，应该重点控制的存货类别是（　　）。
   A. 品种较多的存货　　　　　　　　　B. 数量较多的存货
   C. 库存时间较长的存货　　　　　　　D. 单位价值较高的存货
5. 根据经济订货基本模型，下列各项中，可能导致经济订货批量提高的是（　　）。
   A. 每期对存货的总需求降低　　　　　B. 每次订货费用降低
   C. 每期单位存货储存费降低　　　　　D. 存货的采购单价降低

二、多项选择题

1. 下列属于存货功能的有（　　）。
   A. 有利于企业的销售　　　　　　　　B. 防止生产中断
   C. 降低取得成本　　　　　　　　　　D. 提高企业的变现能力
2. 在ABC分类管理法中，对存货进行划分的标准有（　　）。
   A. 存货的金额　　　　　　　　　　　B. 存货的类别
   C. 存货的规模　　　　　　　　　　　D. 存货的品种数量
3. 在确定经济订货批量时，下列表述中正确的有（　　）。
   A. 伴随每次订货批量的变动，订货成本和储存成本呈反方向变动
   B. 储存成本的高低与每次订货批量成正比
   C. 订货成本的高低与每次订货批量成反比
   D. 年变动储存成本与年变动订货成本相等时的订货批量为经济订货批量
4. 缺货成本是指由于存货供应中断而造成的损失，它包括（　　）。
   A. 商誉（信誉）损失　　　　　　　　B. 延期交货的罚金
   C. 紧急采购发生的超额费用　　　　　D. 停工待料损失
5. 存货的取得成本包括（　　）。
   A. 订货成本　　　B. 储存成本　　　　C. 购置成本　　　　D. 缺货成本

三、判断题

1. 在年需求量确定的情况下，经济订货批量越大，进货间隔期越长。（　　）
2. 存货管理的目标是在保证生产和销售需要的前提下，最大限度地降低存货成本。（　　）
3. 在利用ABC分类管理法管理存货时，应重点管理品种数量较少但金额较大的存货。
（　　）

四、课后任务

查找资料，通过实际案例来说明ABC分类管理法及零存货管理是如何应用的，并分析这两种方法的特征，比较两种方法的优劣。

任务四　流动负债管理

核心知识：短期借款、短期融资券和商业信用的信用条件。
核心技能：进行放弃现金折扣的信用决策。

 **相关知识**

流动负债主要有3种来源，即短期借款、短期融资券和商业信用，这3种来源具有不同的获取速度、灵活性、成本和风险。

一、短期借款

短期借款是指企业向银行或其他非银行金融机构借入的期限在1年以内的借款。

我国目前的短期借款按照目的和用途可划分为若干种，主要有生产周转借款、临时借款、结算借款等。按照国际通行做法，短期借款还可按偿还方式的不同，分为一次性偿还借款和分期偿还借款；按利息支付方法的不同，分为收款法借款、贴现法借款和加息法借款；按有无担保，分为抵押借款和信用借款等。企业在申请短期借款时，应根据各种借款的条件和自身需要加以选择。

企业向银行等金融机构借款时，通常会附带一定的信用条件，主要包括偿还方式、借款利息及其支付方法、信贷限额、周转信贷协定、补偿性余额等几个方面。

 提示

短期借款的信用条件就是借款合同的内容。

1. 偿还方式

短期借款的偿还主要有到期一次性偿还和在贷款期内定期（每月、季）等额偿还两种方式。一般来说，企业不希望采用后一种偿还方式，因为这会提高借款的实际利率；而银行不希望采用前一种偿还方式，因为这会加重企业的财务负担，增加拒付风险，同时降低借款的实际利率。

2. 借款利息及其支付方法

一般来说，借款企业可以采用3种方法向银行支付借款利息，包括收款法、贴现法及加息法。

短期借款的利息不仅取决于借款利率，利息支付方法也会对利息产生重大影响，如图 4-4-1 所示。

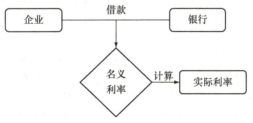

图 4-4-1 短期借款的利息

（1）收款法。收款法又称利随本清法，是指企业在借款到期时向银行支付利息的方法。银行向企业发放的贷款大多采用这种方法收息。采用收款法时，短期借款的实际利率就是名义利率。

（2）贴现法。贴现法是指银行向企业发放贷款时，先从本金中扣除利息部分，而到期时借款企业则要偿还贷款全部本金的一种计息方法。采用这种方法，企业可利用的贷款额只有本金减去利息部分后的差额，因此贷款的实际利率高于名义利率。贴现法贷款的实际利率的计算公式如下。

$$贴现法贷款实际利率=\frac{利息}{贷款额-利息}\times100\%$$ （式4-4-1）

例如，某企业从银行取得借款200万元，期限为1年，名义利率为10%，利息为20万元。按照贴现法付息，企业实际可动用的贷款为180（即200-20）万元，则该项贷款的实际利率=20÷（200-20）×100%=11.11%。

（3）加息法。加息法是银行发放分期等额偿还贷款时采用的利息收取方法。在分期等额偿还贷款的情况下，银行要将根据名义利率计算的利息加到贷款本金上，计算出贷款的本息和，要求企业在贷款期内分期偿还本息之和的金额。由于贷款分期均衡偿还，借款企业实际上只平均使用了贷款本金的一半，却支付全额利息。这样，企业所负担的实际利率比名义利率高了大约1倍。其计算公式如下。

$$加息法贷款实际利率=\frac{贷款额\times利率}{贷款额÷2}\times100\%$$ （式4-4-2）

例如，某企业获取年利率（名义利率）为12%的贷款20万元，分12个月等额偿还本息，该项贷款的实际利率=20×12%÷（20÷2）×100%=24%。

3. 信贷限额

信贷限额是指银行对借款人规定的无担保贷款的最高限额。信贷限额的有效期限通常为1年，但根据情况也可延期1年。一般来说，企业在批准的信贷限额内，可随时使用银行贷款。但是，银行并不承担提供全部信贷限额的义务。如果企业信誉恶化，即使银行曾同意按信贷限额提供贷款，企业也可能得不到借款。这时，银行不会承担法律责任。

4. 周转信贷协定

周转信贷协定是指银行承诺提供不超过某一最高限额的贷款协定。在协定的有效期内，只要企业的借款总额未超过最高限额，银行就必须满足企业任何时候提出的借款要求。企业享用周转信贷协定，通常要就周转信贷限额的未使用部分付给银行一笔承诺费。

例如，某企业与银行商定的周转信贷限额为5 000万元，年度内实际使用了2 800万元，承诺率为0.5%，企业应向银行支付的承诺费=（5 000-2 800）×0.5%=11（万元）。

周转信贷协定的有效期通常超过1年，但实际上贷款每几个月发放一次，所以周转信贷协定具有短期借款和长期借款的双重特点。

5. 补偿性余额

补偿性余额是指银行要求借款企业在银行中保持按贷款限额或实际借用额一定百分比（一般为10%～20%）的最低存款余额。从银行的角度说，补偿性余额可降低贷款风险，补偿其遭受的贷款损失。对借款企业来说，补偿性余额则提高了借款的实际利率。

例如，某企业从银行取得100万元的借款，期限1年，年利率10%，银行要求企业保留20%的补偿性余额，则该项借款的实际利率=100×10%÷（100-100×20%）×100%=12.5%。

银行有时还要求企业为取得贷款而做出其他承诺，如及时提供财务报表、保持适当的财务水平（如特定的流动比率）等。如果企业违背其做出的承诺，银行可要求企业立即偿还全部贷款。

二、短期融资券

1．短期融资券及其分类

短期融资券是由企业依法发行的无担保短期本票。在我国，短期融资券是指企业依照《短期融资券管理办法》规定的条件和程序在银行间债券市场发行和交易并约定在一定期限内还本付息的有价证券。中国人民银行依法对短期融资券的发行、交易、登记、托管、结算、兑付进行监督管理。短期融资券按不同的标准可进行不同的分类。

（1）按发行人分类，短期融资券分为金融企业的融资券和非金融企业的融资券。在我国，目前发行和交易的是非金融企业的融资券。

（2）按发行方式分类，短期融资券分为经纪人承销的融资券和直接销售的融资券。非金融企业发行融资券一般采用间接承销方式，金融企业发行融资券一般采用直接发行方式。

2．短期融资券的发行条件

（1）发行人为非金融企业，发行企业均应经过在中国注册且具备债券评级能力的评级机构的信用评级，并将评级结果向银行间债券市场公示。

（2）发行和交易的对象是银行间债券市场的机构投资者，不向社会公众发行和交易。

（3）短期融资券的发行由符合条件的金融机构承销，企业不得自行销售短期融资券，发行短期融资券募集的资金用于本企业的生产经营。

（4）对企业发行的短期融资券实行余额管理，待偿还的短期融资券余额不超过企业净资产的40%。

（5）短期融资券采用实名记账方式在中央国债登记结算有限责任公司（简称中央结算公司）登记托管，中央结算公司负责提供有关服务。

（6）短期融资券在债权债务登记日的下一个工作日，即可在全国银行间债券市场的机构投资人之间流通转让。

3．短期融资券的发行程序

（1）企业做出发行短期融资券的决策。

（2）办理发行短期融资券的信用评级。

（3）向有关审批机关（中国人民银行）提出发行申请。

（4）审批机关对企业提出的申请进行审查和批准。

（5）正式发行短期融资券，取得资金。

4．发行短期融资券筹资的优缺点

发行短期融资券筹资的优点表现为以下方面。

（1）短期融资券的筹资成本较低。对发行企业债券筹资而言，发行短期融资券的成本较低。

（2）短期融资券的筹资数额比较大。对长期借款筹资而言，短期融资券一次性的筹资数额较大。

发行短期融资券筹资也存在一些缺点。发行短期融资券的条件比较严格，必须是具备一定信用等级的实力强的企业，才能通过发行短期融资券筹资。

三、商业信用

商业信用是指商品交易中以延期付款或预收款项进行购销活动而形成的企业之间的自然借贷关系。商业信用是企业之间的直接信用行为，也是企业短期资金的重要来源。商业信用产生于企业生产经营的商品、劳务交易之中，是一种自动性筹资。

1. 商业信用的形式

商业信用的主要形式有应付账款、应付票据、预收款项等。

（1）应付账款。应付账款是企业典型、常用的一种商业信用形式，是指在采购商品物资时先收到商品物资，货款延期到双方约定的时间支付。卖方为了尽快收回货款，往往在交易时规定信用条件，即规定信用期限、现金折扣率及折扣期限，一般可表示为"2/10，n/30"等形式。通常，应付账款信用可按信用条件分为折扣信用、免费信用和展期信用。折扣信用是企业在卖方规定的折扣期限内付款，可以享受折扣。例如上述信用条件，若企业在10天之内付款，可得到2%的折扣。免费信用是企业在折扣期外、信用期限内付款而获得的信用。例如上述信用条件，企业在10～30天付款则为免费信用。展期信用是企业在规定的信用期满后推迟付款强制取得的信用，该方式常常会损害企业的商业信誉，给日后交易带来不利影响。通常，放弃现金折扣的成本是很高的。

（2）应付票据。应付票据是指企业在采购商品物资时以商业汇票作为结算手段而推迟付款获得的一种商业信用形式。

对购货企业来说，应付票据是一种短期筹资方式。这种筹资方式是企业在商品交易中因采用商业汇票结算方式而产生的，具有方便、灵活的特点。与应付账款相比，商业汇票相当于付款人给收款人出具的一个书面承诺，因此，其信用会更好，如果付款人在商业汇票到期时未能支付票款，则会对其信誉产生严重的损害。

（3）预收款项。预收款项是指卖方按合同或协议的规定，在交付商品之前向买方预收部分或全部货款的信用形式。

此外，企业在生产经营活动中往往还形成一些应付费用，如应付职工薪酬、应交税费、应付利息等。这些费用项目通常发生在企业受益之后，支付期晚于发生期，因此它们属于自然筹资的范围。

2. 商业信用筹资的优缺点

商业信用筹资的优点主要表现为以下几点。

（1）筹资方便。商业信用的使用权由买方自行掌握。买方什么时候需要、需要多少等，在限定的额度内由其自行决定。

（2）限制条件少。商业信用比其他筹资方式的条件宽松，无须担保或抵押，选择余地大。

（3）筹资成本低。大多数商业信用都是由卖方免费提供的，因此与其他筹资方式相比，其成本较低。

企业利用商业信用筹资也存在一些缺点，主要是商业信用筹资的期限通常较短，企业应当在销售方给予的信用期限内支付货款，否则就会给企业带来信誉上的损失。

 任务实训

企业采取赊销方式采购商品，供应商会提供一个信用期限。企业可以提前付款，享受现金折扣；也可以在信用期限的最后一天付款。现金折扣信用决策如图4-4-2所示。

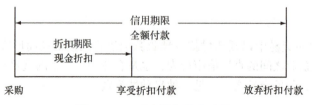

图 4-4-2　现金折扣信用决策

现金折扣信用决策的具体内容和步骤如下。

一、计算放弃现金折扣的信用成本率

放弃现金折扣的信用成本率的计算公式为

$$放弃现金折扣的信用成本率 = \frac{现金折扣率}{1-现金折扣率} \times \frac{360}{信用期限-折扣期限} \qquad (式4\text{-}4\text{-}3)$$

【任务4-4-1】某企业按"2/10，n/30"的条件购进了一批商品，假定商品价款为1 000万元。若企业享有现金折扣，即在10天内付款，可获得最长为10天的折扣信用，其信用额度为980万元，折扣额为20万元。若企业放弃现金折扣，则须在信用期限内付款。

要求：计算放弃现金折扣的信用成本率。

【解析】放弃现金折扣的信用成本率 $= \dfrac{2\% \times 360}{(1-2\%) \times (30-10)} \times 100\% = 36.73\%$。

公式表明，放弃现金折扣的信用成本率与现金折扣率、折扣期限和信用期限相关，与货款额和折扣额无关。

二、进行放弃现金折扣的信用决策

企业放弃应付账款现金折扣的原因，可能是企业暂时缺乏资金，也可能是为了将应付账款用于临时性短期投资，以获得更高的投资收益。如果企业将应付账款用于短期投资，其投资收益率高于放弃现金折扣的信用成本率，则应当放弃现金折扣。

💡 提示

现金折扣条件下应付账款的支付与企业的资金有密切关系，可以把它分为企业无资金付款和企业有资金付款两种类型。

在企业无资金付款的情况下，放弃现金折扣的信用成本率高于短期借款资本成本率，在折扣期限内付款；反之，在信用期限内付款。

在企业有资金付款的情况下，放弃现金折扣的信用成本率低于短期投资收益率，在信用期限内付款；反之，在折扣期限内付款。

【任务4-4-2】沿用【任务4-4-1】的资料，如企业有资金付款，短期投资收益率为30%，请确定对该企业最有利的付款日期。

【解析】由于放弃现金折扣的信用成本率36.73%高于短期投资收益率30%，则选择享受现金折扣，在第10天付款。

📝 随堂练习

A公司向B公司购买原材料，B公司开出的付款条件为"1/10，n/30"。A公司的财务经理王某查阅公司记录发现，会计人员对此项交易的处理方式是：一般在收到货物后第15天支付款项，当王某询问公司会计人员为什么不争取现金折扣时，负责该项交易的会计人员不假思索地回答道，这一交易的资本成本率仅为1%，而银行贷款年利率却为7%。

要求：请针对这一案例对如下问题进行分析和回答。

（1）会计人员的错误在哪里？他在观念上混淆了什么？放弃现金折扣的实际成本是多少？

（2）如果A公司无法获得银行贷款，而被迫使用商业信用资金（即用推迟付款的商业信用筹资方式），为降低年利息，应向财务经理王某提出何种建议？

 任务小结

某移动通信公司的话费优惠活动

流动负债主要有3种来源，即短期借款、短期融资券和商业信用，各种来源具有不同的获取速度、灵活性、成本和风险。

 巩固与提升

一、单项选择题

1. 下列各项中，属于商业信用筹资方式的是（　　）。

    A．发行短期融资券　　B．应付账款筹资　　C．短期借款　　D．融资租赁

2. 某企业与银行商定的周转信贷限额为200万元，借款期限为1年，承诺费率为0.5%，企业借款150万元，平均使用8个月，那么，借款企业应向银行支付承诺费（　　）元。

    A．10 000　　B．6 000　　C．5 000　　D．8 000

3. 某企业需要借入资金60万元，由于贷款银行要求将贷款金额的20%作为补偿性余额，因此企业需要向银行申请的贷款数额为（　　）万元。

    A．75　　B．72　　C．60　　D．50

4. 某公司按照"2/20，$n/60$"的条件从另一公司购入价值1 000万元的货物，由于资金调度的限制，该公司放弃了获取2%现金折扣的机会，公司为此承担的信用成本率为（　　）。

    A．2.00%　　B．12.00%　　C．12.24%　　D．18.37%

5. 企业采用收款法从银行借款100万元，期限为1年，年利率（名义利率）为10%，则该项贷款的实际年利率为（　　）。

    A．9%　　B．10%　　C．11%　　D．12%

二、多项选择题

1. 下列属于流动负债的有（　　）。

    A．应收票据贴现　　B．商业信用　　C．短期融资券　　D．短期借款

2. 下列属于短期借款的利息支付方法的有（　　）。

    A．收款法　　B．贴现法　　C．加息法　　D．分期还款法

3. 在短期借款的利息计算和偿还方法中，企业的实际利率高于名义利率的有（　　）。

    A．收款法付息　　　　　　　　B．贴现法付息

    C．贷款期内定期等额偿还贷款　　D．到期一次偿还贷款

4. 在我国，以下属于发行短期融资券需满足的条件的有（　　　　）。

    A. 向社会公众发行并交易

    B. 实行余额管理，发行企业待偿还短期融资券余额不超过企业净资产的30%

    C. 发行人为非金融企业

    D. 短期融资券的发行由符合条件的金融机构承销，企业不得自行销售短期融资券

三、判断题

1. 如果企业采用贴现法支付利息，则借款的实际利率等于名义利率。　　（　　　）

2. 周转信贷协定是银行承诺提供不超过某一最高限额的贷款协定。　　（　　　）

3. 短期融资券是由企业发行的有担保短期本票。　　（　　　）

四、课后任务

分小组讨论，每组设计一份向银行借入1年以内、借款金额为100万元的借款合同，年利率自行确定，然后选择借款实际利率最低的借款合同。

 项目技能训练

1. 某公司现金收支平稳，预计全年（按360天计算）现金需要量为200 000元，现金与有价证券的转换成本为每次100元，有价证券年均报酬率为10%。

要求：

（1）运用存货模式计算最佳现金持有量。

（2）计算最佳现金持有量下的最低现金管理相关总成本、全年现金转换成本和全年现金持有机会成本。

（3）计算最佳现金持有量下的全年有价证券交易次数和有价证券交易间隔期。

2. 某公司预测的年度赊销收入为5 000万元，信用条件为"$n/30$"，变动成本率为70%，资本成本率为12%。该公司为扩大销售，拟定了A、B两个信用条件方案。

A方案：将信用条件放宽到"$n/45$"，预计坏账损失率为4%，收账费用为80万元。

B方案：将信用条件改为"$1/15$，$n/45$"，估计约有50%的客户会享受现金折扣，坏账损失率为3%，收账费用为60万元。

以上两个方案均使销售收入增长10%。

要求：确定该企业应选择哪种信用条件方案。

3. 某企业每年耗用某种材料7 200千克，该材料单价为20元，单位储存成本为2元，一次订货成本为50元。

要求：按照经济订货基本模型计算经济订货批量、相关总成本、最佳订货次数、最佳订货周期以及经济订货批量平均占用资金。

4. 某企业拟购买一台设备，该设备价格为100万元，供应商规定的付款条件为"$1/20$，$n/60$"，每年按360天计算。

要求：假设企业资金不足，可向银行借入短期借款，银行短期借款年利率为6%，计算放弃现金折扣的信用成本率，并确定对该企业最有利的付款日期。

5. 李同学刚考上外地的一所大学，家里人在开学初会将该学期的生活费转到他的银行卡

上，如果需要用，就自行提取。没有特殊情况，家里不再另外给生活费。这学期一开学，李同学拿到4 000元（4个月，每个月1 000元）生活费后，决定将这笔钱拿去投资基金。通过了解发现，他所选的基金投资回报率为7.5%，投资后如需现金，将基金出售需支付2元的手续费。

要求：

（1）计算李同学每次持有多少现金比较划算。

（2）读者根据个人的实际情况计算现金持有量。

项目五　收益分配管理

▲ 项目导读

2025年4月28日，格力电器发布2024年年度报告和利润分配预案的公告。公告显示，2024年格力电器实施了两次现金分红，累计现金分红总额为167.55亿元，其中：①2024年中期利润分配拟向全体股东每10股派发现金红利10元，共计派发现金红利55.85亿元；②2024年年度利润分配预案拟向全体股东每10股派发现金红利20元，共计派发现金红利111.7亿元。2024年度累计现金分红总额占2024年度归属于上市公司股东净利润的比例为52.06%，这延续了格力电器的高分红传统，并履行了与珠海明骏（高瓴资本主导设立）签署股权转让协议时"尽力促使上市公司每年净利润分红率不低于50%"的承诺。部分投资者认为高分红可能限制研发或扩张投入，但公司2024年研发费用较2023年并没有减少，且依然有充足的现金类资产储备。格力电器2024年利润分配预案符合公司正常经营和长远发展需要，并综合考虑了公司股东利益，具备合法合规性与合理性。

【案例启示】股利分配政策需结合企业的财务收益等多种因素综合分析。

企业现金分红需要兼顾股东回报与企业长远发展。将资金用于企业生产经营，提升企业价值，从长远看，对股东和企业都有利。

▲ 项目导图

收益是指会计期间内经济利益的增加，主要由企业收入和利润构成。收益分配管理包括收入管理和利润管理。

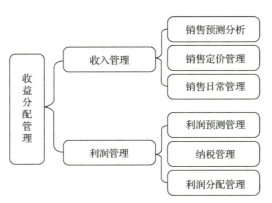

学习目标

知识目标：

1．了解收入管理和利润管理的内容；

2．理解利润预测管理、纳税管理及利润分配管理相关内容。

技能目标：

1．能进行产品定价决策；

2．能进行销售预测与分析；

3．能进行利润预测管理。

素养目标：

1．遵纪守法，塑造诚信、公正的职业品格；

2．培养学生利用专业理论知识辩证地看待事物的不同方面的能力。

 情境讨论

某集团公司在2024年实现营业收入554.05亿元，比2023年增长7.63%。截至2024年12月31日，该公司按中国企业会计准则编制的报表显示其净利润为19.24亿元，提取10%的法定盈余公积1.924亿元，则可分配利润17.316亿元。考虑到2024年利润分配政策等各种因素以及该公司2025年的生产经营现状，董事会提出建议，公司2024年年度利润分配方案为向全体股东派发本年度期末股利每10股0.90元（含税），共计6.48亿元。本年度不实施资本公积转增股本。以上议案提请股东大会审议。该公司利润分配流程如下。

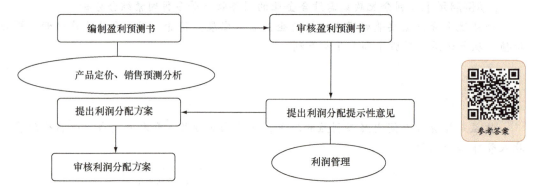

问题：收益分配管理的特点及主要手段有哪些？如果你是该公司财务总监，你会如何制定公司的利润分配方案？

任务一　收入管理

核心知识：收入管理的内容。

核心技能：做出产品定价决策、销售预测与分析。

相关知识

收入是指企业在日常活动中形成的，会导致所有者权益增加的，与所有者投入资本无关的经济利益的总流入，一般包括销售商品收入、提供劳务收入和让渡资产使用权收入等。

企业销售收入是企业的主要财务指标，是企业资金运动的起点和终点，具有重要的经济意义。企业通过经营活动取得收入后，要按照补偿成本、缴纳企业所得税、提取公积金、向投资者分配利润的顺序进行分配。对企业来说，收入的取得和分配不仅是资产保值、保证简单再生产的手段，也是资产增值、实现扩大再生产的工具。因此，收入管理是现代企业财务管理的重要内容。销售收入的制约因素主要有产品的销售数量和销售价格，销售预测分析、销售定价管理和销售日常管理构成收入管理的主要内容。

一、销售预测分析

销售预测分析实际上是对市场动态与销售情况的预测分析。企业财务部门和销售部门应深入调查研究，把握市场动态和变化趋势，采用科学的方法对销售情况和相应的收入进行合理的预测，从而更好地帮助管理层进行决策。常见的销售预测分析方法主要有两类：一类是定性分析法，另一类是定量分析法。

1. 销售预测的定性分析法

定性分析法，即非数量分析法，是指由专业人员根据实际经验，对预测对象的未来情况及发展趋势做出预测的方法。它一般适用于预测对象的历史资料不完备或无法进行定量分析的情况，主要包括营销员判断法和专家判断法。

（1）营销员判断法。营销员判断法，又称意见汇集法，是由企业中熟悉市场情况及相关变化信息的营销员对市场进行预测，再将各种判断意见加以综合分析、整理，并得出预测结论的方法。

（2）专家判断法。专家判断法，是由专家根据自己的经验和判断能力对特定产品的未来销售量进行判断和预测的方法，主要有以下3种形式。

① 个别专家意见汇集法，即分别向每位专家征求对本企业产品未来销售情况的意见，然后对这些意见加以综合分析，确定预测值的方法。

② 专家小组法，即将专家分成小组，运用专家们的集体智慧进行判断预测的方法。此方法的缺陷是预测小组中专家意见可能受权威专家的影响。

③ 德尔菲法，又称函询调查法，它采用函询的方式，征求各位专家的意见，各位专家根据自己的观点和方法进行预测，然后由企业把各位专家的意见汇集在一起，通过不记名方式反馈给各位专家，请他们参考别人的意见修正自己原来的判断，如此反复数次，最终确定预测结果。

2. 销售预测的定量分析法

定量分析法，也称数量分析法，是指在预测对象有关资料完备的基础上，运用一定的数学方法，建立预测模型，做出预测的方法。它一般包括趋势预测分析法和因果预测分析法两大类。

二、销售定价管理

销售定价管理是指在调查分析的基础上，选择合适的产品定价方法，为销售的产品制定最恰当的售价，并根据具体情况运用不同的价格策略，以实现经济效益最大化的过程。

常见的产品定价方法主要是以成本为基础进行定价，主要有完全成本加成定价法和变动成本定价法。

完全成本加成定价法是在全部成本费用的基础上，加上合理的目标利润来定价，是产品的基本定价方法。

变动成本定价法，也称边际贡献法，是指企业在特殊情况下，对增加生产的那部分产品，确定产品价格时只考虑变动成本，而不考虑固定成本的定价方法。下列情形可视为特殊情况。

（1）企业尚有剩余生产能力未被充分利用。此时，企业的销售价格可以不必补偿总成本，只需要补偿单位变动成本。

（2）市场需求发生特殊变化。如果市场上某种商品的需求突然减少，迫使企业不得不降价出售商品时，只要商品价格高于单位变动成本就可以接受。

（3）遇到强劲的竞争对手。为了获得对竞争对手的竞争优势，降低价格是提高销售量、扩大市场份额的有效措施，此时的价格只要高于单位变动成本就可以接受。

三、销售日常管理

企业应加强销售的日常管理，节约成本，建立奖励制度，从而保证企业增加销售收入并尽快收回货款。

1. 销售合同的签订与履行

（1）审查对方的资信状况。在签订销售合同前，企业应审查对方的历史记录，并对其资信状况做出合理的评估，以保证企业能够尽快收回销售款项。

（2）控制信用规模和信用期限。为提高销量，企业可以采用赊销、分期付款、商业汇票结算等方式，但是，商业信用会在一定程度上占用企业的资金，影响企业再生产的顺利进行。因此，企业应严格控制信用规模和信用期限。

（3）监督结算方式的选择。企业经济业务的结算方式有很多，主要有现金结算和票据结算。其中，现金结算是安全性最高的，但是除了商业零售企业，大部分企业都不会采用这种方式。票据结算主要通过银行本票、银行汇票和商业汇票等票据进行结算，银行本票和银行汇票在银行见票时，被无条件履行支付义务，而商业汇票则存在一定的风险。

（4）监督解除合同的善后处理。如果因各种原因导致已经签订的销售合同被解除，企业应认真分析销售方和采购方的责任，如果是由对方造成的，则应积极索赔。

2. 销售市场的拓展

（1）进行市场细分，选定商品目标市场。企业应根据客户的差别需求、购买能力、消费偏好等因素，将市场划分为不同类别的市场，以提高企业的产品竞争力。

（2）正确进行广告宣传。进行广告宣传是企业利用各种媒体向社会公众宣传企业产品的营销手段。适当的广告宣传可以提高企业知名度，开拓潜在市场。但是，进行广告宣传需要支付广告费，企业必须认真选择广告投放的媒体、时间以及广告宣传内容。

（3）做好售后服务。完善的售后服务虽然会增加企业的成本，但是其能够消除客户的后顾之忧，还可以吸引新客户，不断提高企业的市场占有率，增加销售收入。

任务实训

一、做出产品定价决策

在市场经济中，价格机制是市场机制的核心和主要表现形式。企业的一切生产经营活动，都会直接或间接受到价格的影响。企业管理者必须做出合理的定价决策，才能保证企业的长远利益和最佳经济效益的实现。产品定价流程如图5-1-1所示。

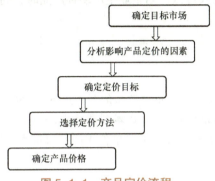

图 5-1-1　产品定价流程

1. 完全成本加成定价法

完全成本加成定价法的计算思路如下。

（1）计算出单位产品的制造成本和单位产品应负担的期间费用，然后在此基础上根据利润水平向上调整一定比例来确定产品售价。其计算公式如下。

单位产品价格=单位产品制造成本+单位产品负担的期间费用+单位产品目标利润

$$=\frac{单位产品制造成本}{1-（期间费用率+销售收入利润率）}$$ （式 5-1-1）

式5-1-1中，单位产品应负担的期间费用=产品售价×期间费用率，单位产品目标利润=产品售价×销售收入利润率。

【任务5-1-1】单位甲产品的制造成本为260元，按预定产销量计算的单位产品应负担的期间费用为10元，预定的销售收入利润率为10%。试计算单位甲产品的出厂价格。

【解析】假设单位甲产品的出厂价格为P，则 $P=\dfrac{260}{1-（10/P×100\%+10\%）}$=300（元）。

（2）根据成本利润率来计算。在不考虑税金的情况下，单位产品价格的计算公式如下。

单位产品价格=单位成本×（1+成本利润率） （式5-1-2）

其中，成本利润率=$\dfrac{预计利润总额}{预计成本总额}$。

 提示

单位成本是指单位完全成本，可以用单位产品制造成本加上单位产品应负担的期间费用来确定。

【任务5-1-2】某企业生产甲产品，预计单位产品的制造成本为100元，计划销售10 000件，计划期内费用总额为900 000元，成本利润率必须达到20%。试计算单位甲产品的价格。

【解析】根据上述资料，运用完全成本加成定价法测算的单位甲产品的价格如下。

$$单位甲产品的价格 = \left(100 + \frac{900\ 000}{10\ 000}\right) \times (1 + 20\%) = 228（元）。$$

完全成本加成定价法的优点是可以保证全部生产耗费得到补偿；缺点是它很难适应市场需求的变化，往往导致定价过高或过低，当企业生产多种产品时，间接费用难以准确分摊，从而导致定价不准确。

随堂练习

某企业生产A产品，假设预计单位产品的制造成本为150元，计划销售70 000件，计划期的期间费用总额为3 500 000元，目标成本利润率为25%。

要求：运用完全成本加成定价法测算单位A产品的销售价格。

2．变动成本定价法

变动成本定价法中，变动成本是企业产品的最低价格，目标售价是最高价格，由于目标售价=变动成本+固定成本+利润，因此固定成本和利润形成产品价格的弹性范围。变动成本定价法如图 5-1-2所示。

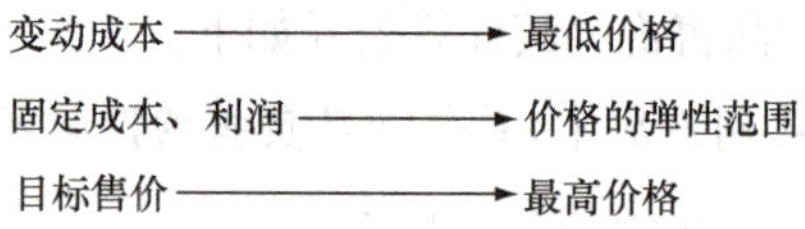

变动成本 ——————→ 最低价格

固定成本、利润 ——————→ 价格的弹性范围

目标售价 ——————→ 最高价格

图 5-1-2 变动成本定价法

在企业存在剩余生产能力的情况下，固定成本是决策无关成本，目标售价=单位变动成本+单位产品目标利润。

在不考虑税金的情况下，单位产品价格的计算公式如下。

$$单位产品价格 = 单位变动成本 + 单位产品目标利润（边际贡献）\qquad （式5-1-3）$$

只要价格高于单位变动成本，边际贡献大于0时的价格都是可以接受的。

【任务5-1-3】某企业生产甲产品的年产量为10 000件，产品单价为80元，单位产品变动成本为50元，单位产品固定成本为10元。该企业目前尚有30%的生产能力闲置。某客户下订单，需要企业生产3 000件甲产品，每件价格为55元。企业是否应该接受这个客户的订单呢？

【解析】接受订单增加的边际贡献为（55-50）×3 000=15 000（元）。

因此，接受该订单会使企业增加利润或减少亏损15 000元，企业应该接受这个客户的订单。

提示

变动成本是指完全变动成本，包括变动制造成本和变动期间费用。

某企业生产甲产品，能生产15 000件，计划生产10 000件，预计单位产品的变动成本为220元，计划期的固定成本费用总额为900 000元，成本利润率必须达到20%。假定本年度接到一额外订单，订购1 000件甲产品，单价为300元。

要求：计算该企业计划内产品单位价格是多少，判断该企业是否应接受该额外订单？

二、销售预测与分析

销售预测是指企业运用一定的方法，通过历史资料对企业的生产经营条件和市场变化情况进行分析研究，总结发展趋势，对企业未来一定期间的销售量或销售收入进行预计和测算。销售预测的定量分析法如图5-1-3所示。

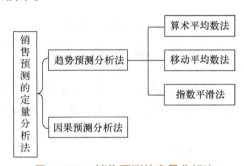

图 5-1-3 销售预测的定量分析法

1. 趋势预测分析法

趋势预测分析法是指根据历史资料，以一定时期预测对象的时间序列的平均数作为某个未来时期预测值的一种预测方法，具体包括算术平均数法、移动平均数法、指数平滑法等。

（1）算术平均数法。算术平均数法是指直接以一定时期的预测对象的时间序列的算术平均数作为未来预测值的一种预测方法。算术平均数的取值方法有两种：一是简单算术平均数法，二是加权算术平均数法。简单算术平均数法的计算简单明了，但准确性较低，适用于各期收入较稳定、波动不大的情况。加权算术平均数法根据与预测期的时间间隔，对各期的数据给予不同的权数，其结果是否准确，主要取决于权数的设定是否科学合理。

【任务5-1-4】某企业2016—2023年的产品销售量如表5-1-1所示。

表 5-1-1 2016—2023 年产品销售量

年度	2016	2017	2018	2019	2020	2021	2022	2023
销售量/吨	3 200	3 300	3 100	3 200	3 350	3 340	3 355	3 360
权数	0.04	0.06	0.08	0.12	0.14	0.16	0.18	0.22

要求：根据以上资料解决下列问题。

（1）用简单算术平均数法预测企业2024年的销售量。

（2）用加权算术平均数法预测企业2024年的销售量。

【解析】（1）根据简单算术平均数法计算的企业2024年的预测销售量

=（3 200+3 300+3 100+3 200+3 350+3 340+3 355+3 360）÷8=3 275.63（吨）。

（2）根据加权算术平均数法计算的企业2024年的预测销售量

=3 200×0.04+3 300×0.06+3 100×0.08+3 200×0.12+3 350×0.14+3 340×0.16+3 355×0.18+3 360×0.22

=3 304.5（吨）。

（2）移动平均法。移动平均法是指从n期的时间数列销售量中选取m期（m数值固定，且m＜n/2）数据作为样本值，求其m期的算术平均数，并不断向后移动计算观测其平均值，以最后一个m期的平均数作为未来第n＋1期销售预测值的一种方法。这种方法假设预测值主要受最近m期销售量的影响。其计算公式为：

$$Y_{n+1} = \frac{X_{n-(m-1)} + X_{n-(m-2)} + \cdots + X_{n-1} + X_n}{m} \tag{式5-1-4}$$

为了使预测值更能反映销售量变化的趋势，可以对上述结果按趋势值进行修正，其计算公式为：

$$\overline{Y}_{n+1} = Y_{n+1} + (Y_{n+1} - Y_n) \tag{式5-1-5}$$

由于移动平均法只选用了n期数据中的最后m期作为计算依据，故而代表性较差。此法适用于销售量略有波动的产品预测。

【任务5-1-5】沿用【任务5-1-4】中的资料，假定公司前期预测2023年的销售量为3 475吨。

要求：分别用移动平均法和修正的移动平均法预测公司2024年的销售量（假设样本期为3期）。

【解析】①根据移动平均法的计算公式，

公司2024年的预测销售量=$\frac{3\ 340+3\ 355+3\ 360}{3}$=3 351.67(吨)。

②根据修正的移动平均法计算公式，公司2024年的预测销售量=3 351.67 + (3 351.67−3 475)=3 228.34 (吨)。

随堂练习

某企业2023年12个月的A产品销售额如表5-1-2所示，以3个月为一个间隔期。

表 5-1-2　A产品销售额　　　　　　单位：万元

月份	1	2	3	4	5	6	7	8	9	10	11	12
销售额	40	42	45	46	48	56	51	55	59	61	64	57

要求：采用移动平均数法计算2024年1月的预计销售额。

（3）指数平滑法。指数平滑法是指根据前期销售量（额）的实际数和预测数，以指数平滑系数α（0<α<1）为权数，进行加权平均来预测下一期销售量（额）的方法。其计算公式如下。

预测期销售量（额）=α×上期实际销售量（额）+（1−α）×上期预测销售量（额）（式5-1-6）

指数平滑法实际上是一种分别以α和（1−α）为权数的特殊加权算术平均数法，一般α取值为0.3～0.7。采用这种方法可适当减小偶然因素引起的波动，使预测更加精确。该方法适用面较广，但指数平滑系数的选择存在一定的随意性。

【任务5-1-6】 某企业本年6月的实际销售额为65万元，假设6月初预测的销售额为64万元，指数平滑系数是0.7。

要求： 按指数平滑法预测本年7月的销售额。

【解析】 根据指数平滑法计算的企业本年7月的预测销售额=0.7×65+（1-0.7）×64=64.7（万元）。

2. 因果预测分析法

因果预测分析法是指确定影响产品销售量或销售额（因变量）的相关因素（自变量）以及它们之间的函数关系，并利用这种函数关系进行产品销售量（额）预测的方法。因果预测分析法最常用的是回归直线分析法。

回归直线分析法，也称一元回归分析法，它假定影响预测对象销售量或销售额的因素只有一个，根据直线方程$y=a+bx$，按照最小二乘法原理，确定一条误差最小的、能正确反映自变量x和因变量y之间关系的直线，其常数项a和系数b的计算公式为

$$b = \frac{n\sum xy - \sum x \sum y}{n\sum x^2 - \left(\sum x\right)^2}$$

（式5-1-7）

$$a = \frac{\sum y - b\sum x}{n}$$

（式5-1-8）

求出a、b的值后，代入$y=a+bx$，结合自变量x的取值，即可求得预测对象y（预测销售量或销售额）。

【任务5-1-7】 假定某公司产品销售量只受广告费支出的影响，该公司2017—2024年的销售量和广告费支出如表5-1-3所示，2025年度预计广告费支出为155万元。

要求： 按回归直线分析法预测公司2025年的产品销售量。

表 5-1-3　2017—2024 年销售量与广告费支出

年度	2017	2018	2019	2020	2021	2022	2023	2024
销售量/吨	3 250	3 300	3 150	3 350	3 450	3 500	3 400	3 600
广告费支出/万元	100	105	90	125	135	140	140	150

【解析】 根据上述资料，用回归直线分析法预测公司2025年的产品销售量，如表5-1-4所示。

表 5-1-4　用回归直线分析法计算产品销售量

年度	广告费支出 x/万元	销售量 y/吨	xy	x^2	y^2
2017	100	3 250	325 000	10 000	10 562 500
2018	105	3 300	346 500	11 025	10 890 000
2019	90	3 150	283 500	8 100	9 922 500
2020	125	3 350	418 750	15 625	11 222 500
2021	135	3 450	465 750	18 225	11 902 500
2022	140	3 500	490 000	19 600	12 250 000

续表

年度	广告费支出 x/ 万元	销售量 y/ 吨	xy	x^2	y^2
2023	140	3 400	476 000	19 600	11 560 000
2024	150	3 600	540 000	22 500	12 960 000
$n = 8$	$\sum x = 985$	$\sum y = 27\,000$	$\sum xy = 3\,345\,500$	$\sum x^2 = 124\,675$	$\sum y^2 = 91\,270\,000$

根据公式，得出

$$b = \frac{n\sum xy - \sum x \sum y}{n\sum x^2 - \left(\sum x\right)^2} = \frac{8 \times 3\,345\,500 - 985 \times 27\,000}{8 \times 124\,675 - 985^2} = 6.22,$$

$$a = \frac{\sum y - b\sum x}{n} = \frac{27\,000 - 6.22 \times 985}{8} = 2\,609.16。$$

将 a、b 的值代入公式 $y = a + bx$，得出结果，即 2025年的产品预测销售量为 $y = a + bx = 2\,609.16 + 6.22x$。

根据2025年预计广告费支出为155万元，即 $x = 155$，得 $y = 2\,609.16 + 6.22 \times 155 = 3\,573.26$（吨）。

技能拓展　　　　Excel在销售预测中的应用

沿用【任务5-1-7】中的有关数据。首先根据已知条件在表格中输入基本数据，然后根据有关计算公式定义分析区，得出计算结果，如图5-1-4所示。各单元格计算公式的设置如图5-1-5所示。

Excel 在销售预测中的应用

图 5-1-4　回归直线分析法销售量预测模型

图 5-1-5　回归直线分析法销售量预测模型（计算公式设置）

📝 随堂练习

某企业主要生产汽车轮胎，假设该企业各年度广告费实际支出和轮胎实际销售量如表 5-1-5 所示。

表 5-1-5　某企业 2018—2023 年广告费支出和轮胎销售量

年度	2018	2019	2020	2021	2022	2023
广告费支出 / 万元	10	12	15	18	20	23
轮胎销售量 / 万只	68	78	85	106	122	140

假定 2024 年广告费支出的预测数为 22 万元，该企业生产的轮胎的市场占有率约为 30%。

要求：预测该厂 2024 年的轮胎销售量。

📖 大数据应用　　利用回归模型预测公司产品价格

生物统计学家高尔顿研究父母身高和子女身高时发现：即使父母的身高都"极端"高，其子女不见得会比父母高，甚至会有"衰退"（也称作回归）至平均身高的倾向。高尔顿当时拟合了父母平均身高 x（单位：米）和子女平均身高 y 的经验方程：$y = 0.865\,7 + 0.516x$。

回归分析就是从已有数据和结果中获取规律，对其他数据进行预测。线性回归是利用回归分析，来确定两种或两种以上变量间相互依赖的定量关系的一种数据分析方法，运用十分广泛。

价格是竞争的重要手段，也是影响交易成败的重要因素，还是难以确定的因素，所以有必要分析影响价格的因素，进而确定价格。某钢材公司基于国内市场价格、下游钢材产量、下游钢材价格三个因素来确定该公司下期钢材销售价格，利用线性回归找出国内市场价格、下游钢材产量、下游钢材价格与钢材销售价格之间的关系，建立价格预测模型。

线性回归（上）

线性回归（下）

线性回归预测下期产品销售价格

📝 任务小结

收入是指企业在日常活动中形成的、会导致所有者权益增加的、与所有者投入资本无关的经济利益的总流入。企业销售收入是企业的主要财务指标，是企业资金运动的起点和终点，具有重要的经济意义。销售收入的制约因素主要有产品的销售数量和销售价格。因此，销售预测分析、销售定价管理和销售日常管理构成收入管理的主要内容。

阅读案例
某鞋厂的定价策略

 巩固与提升

一、单项选择题

1. 下列销售预测方法中，属于因果预测分析法的是（　　）。
　A. 指数平滑法　　　　　　　　　B. 移动平均数法
　C. 专家小组法　　　　　　　　　D. 回归直线分析法

2. 下列方法中，属于专家意见可能受权威专家影响的专家判断法是（　　）。
　A. 营销员判断法　　　　　　　　B. 个别专家意见汇集法
　C. 专家小组法　　　　　　　　　D. 德尔菲法

3. 甲企业2024年实际销售量为2 500吨，原预测销售量为2 375吨，指数平滑系数α=0.6，则运用指数平滑法预测企业2025年的销售量为（　　）吨。
　A. 2 375　　　　B. 2 425　　　　C. 2 450　　　　D. 2 500

4. 因果预测分析法是指确定影响产品销售量或销售额（因变量）的相关因素（自变量）以及它们之间的函数关系，并利用这种函数关系进行产品销售预测的方法，因果预测分析法最常用的是（　　）。
　A. 加权平均数法　　　　　　　　B. 移动平均数法
　C. 指数平滑法　　　　　　　　　D. 回归直线分析法

5. 某企业生产A产品，预计单位产品的制造成本为150元，计划销售70 000件，计划期的期间费用总额为3 500 000元，目标成本利润率为20%，则运用完全成本加成定价法测算的单位A产品的价格应为（　　）元。
　A. 250　　　　B. 240　　　　C. 200　　　　D. 180

6. 在生产能力有剩余的情况下，下列各项成本中，适合作为额外订单的产品定价基础的是（　　）。
　A. 全部成本　　B. 制造成本　　C. 固定成本　　D. 变动成本

7. 某企业生产A产品，本期计划销售量为5 000件，目标利润总额为100 000元，全部成本总额为256 250元，根据上述资料，运用完全成本加成定价法测算的单位A产品的价格应为（　　）元。
　A. 71.25　　　　B. 75　　　　C. 80.25　　　　D. 51.25

8. 影响商品价格的最主要的因素是（　　）。
　A. 产品成本　　B. 销售税金　　C. 销售利润　　D. 财务费用

二、多项选择题

1. 下列销售预测方法中，属于定性分析法的有（　　）。
　A. 德尔菲法　　　　　　　　　　B. 营销员判断法
　C. 因果预测分析法　　　　　　　D. 专家小组法

2. 销售预测的定量分析法是指在预测对象有关资料完备的基础上，运用一定的数学方法，建立预测模型，做出预测的方法。它一般包括（　　）。
　A. 趋势预测分析法　　　　　　　B. 德尔菲法
　C. 因果预测分析法　　　　　　　D. 营销员判断法

3. 下列各项中，属于专家判断法的有（　　　）。
   A. 个别专家意见汇集法　　　　B. 专家小组法
   C. 指数平滑法　　　　　　　　D. 德尔菲法

三、判断题

1. 收入是企业利润的源泉。　　　　　　　　　　　　　　　　　　　　　（　　　）
2. 利用过去 n 期历史数据预测未来销量时，移动平均数法预测未来销量比算术平均数法预测未来销量的代表性好。　　　　　　　　　　　　　　　　　　　　　　　　　　　　　　（　　　）
3. 变动成本定价法的实质是看边际贡献能否补偿企业的全部成本。　　　　　（　　　）
4. 完全成本加成定价法可以保证全部生产耗费得到补偿，但它很难适应市场需求的变化，往往导致定价过高或过低。　　　　　　　　　　　　　　　　　　　　　　　　　　　（　　　）

四、课后任务

请在网上搜集资料，列举因定价策略恰当而获得成功以及因定价策略不当而导致失败的案例。

任务二　利润管理

核心知识：利润预测管理、纳税管理及利润分配管理。
核心技能：利润预测与分析。

 相关知识

企业通过投资活动和营运活动取得收入，弥补相应的成本费用后，形成利润总额，企业在实现盈利的情况下，扣除应纳所得税后形成净利润，然后进入利润分配环节。利润管理包括利润预测管理、纳税管理及利润分配管理。

一、利润预测管理

利润预测是指企业在收入预测的基础上，通过分析和研究销售量、商品或服务成本、营业费用以及其他对利润产生影响的因素，对其在未来某一时期可能实现的利润的预计和测算。

二、纳税管理

企业所承担的税负实际上是利益在国家与企业之间的分配，分配结果直接关系到企业未来的发展和股东的利益空间，纳税是企业收入分配过程中的重要环节。纳税管理是对纳税全过程的管理。纳税管理的主要内容是纳税筹划，即在合理合法的前提下，对企业经济交易或事项进行事先规划以减少应纳税额或延迟纳税，实现企业的财务目标。由于企业的筹资、投资、营运和利润分配等日常活动以及企业重组都会产生纳税义务，因此这5个环节的纳税管理构成纳税管理的主要内容。其中，利润分配纳税管理主要包括两个部分：企业所得税纳税管理和股利分配纳税管理。

1. **企业所得税纳税管理**
为了保证股东分配的利润水平，在合法合理的情况下，企业应该通过纳税筹划尽可能降低其企业所得税纳税额或者递延缴纳企业所得税。而企业所得税的纳税筹划，贯穿于筹资、投资、营运和利润分配各个环节。利润分配环节的企业所得税纳税管理主要体现为亏损弥补的纳税筹划。

2. 股利分配纳税管理

股利分配纳税管理要求企业站在股东的立场上，选择使股东税务负担较轻的股利分配方式。对自然人股东和法人股东而言，股息红利收益与资本利得收益所适用的税率均不相同，企业在做股利分配决策时应该根据自身的股权结构进行综合考虑。

三、利润分配管理

1. 利润分配原则

（1）遵守国家法律，履行企业的社会责任。利润分配涉及多方面的利益关系，必须贯彻合法性原则。在利润分配过程中，遵守国家财经法规主要表现在两个方面：一是企业在实行利润分配之前，应按国家税法规定缴纳企业所得税；二是企业税后利润的分配必须遵守国家的相关法规和企业的财务制度等规定。

（2）处理好分配与积累的关系，增强企业后劲。企业所取得的税后利润，在按国家的有关规定进行抵补、计提后，剩余利润是否全部分配给投资者，应视企业的具体情况而定。如果企业没有充足的留存收益作为企业经营和扩大再生产的资本积累，即使满足了投资者的近期利益需求，也会导致企业发展能力不足，最终损害投资者的长远利益。

（3）体现投资与收益对等，贯彻公开、公平、公正原则。企业进行利润分配时，应当按所有投资者在企业中的持股比例进行分配，实现利润分配的公开、公平、公正。

2. 利润分配的程序

根据《中华人民共和国公司法》规定，企业进行利润分配涉及的项目包括弥补以前年度亏损、提取盈余公积（包括法定盈余公积和任意盈余公积）和向投资者分配利润或股利3部分，税后利润分配的顺序如下。

（1）弥补以前年度亏损。公司发生的年度亏损，在公司已有的法定公积金不足以弥补以前年度亏损的，应当先用当年利润弥补亏损。亏损仍不能弥补的，再用任意公积金，仍不能弥补的，可以使用资本公积金，仍有亏损的，可以减少注册资本。弥补亏损。

（2）提取法定公积金。公司分配当年税后利润时，应当提取利润的10%列入公司法定公积金。公司的法定公积金不足以弥补以前年度亏损的，应当先用当年利润弥补亏损。从弥补后有结余税后利润中提取法定公积金。公司法定公积金累计额为公司注册资本的50%以上的，可以不再提取。公司的公积金用于弥补公司的亏损，扩大公司生产经营或者转为增加公司注册资本。法定公积金转为增加注册资本时，所留存的该项公积金不得少于转增前公司注册资本的25%。

（3）提取任意公积金。公司从税后利润中提取法定公积金后，经股东会决议，还可以从税后利润中提取任意公积金。

（4）向投资者分配利润或股利。公司弥补亏损和提取公积金后所余税后利润，有限责任公司按照股东实缴的出资比例分配利润，全体股东约定不按照出资比例分配利润的除外。股份有限公司按照股东所持有的股份比例分配利润，公司章程另有规定的除外。

3. 股利支付的程序

公司股利的发放必须遵守相关的要求，按照日程安排来进行。一般情况下，先由董事会提出分配预案，然后提交股东大会决议通过才能进行分配。股东大会决议通过分配预案后，要向股东宣布发放股利的方案，并确定股权登记日、除息日和股利发放日。

（1）股利宣告日。股利宣告日即股东大会决议通过并由董事会将股利支付情况予以公告的日期。公告中将宣布每股应支付的股利、股权登记日、除息日及股利发放日。

（2）股权登记日。股权登记日即有权领取本期股利的股东资格登记截止日期。凡是在此指定日期收盘之前取得公司股票，成为公司在册股东的投资者都可以作为股东享受公司分派的股利，而在这一天之后取得股票的股东则无权领取本次分派的股利。

（3）除息日。除息日即领取股利的权利与股票分离的日期。在除息日之前购买的股票才能领取本次股利，而在除息日当天或之后购买的股票，则不能领取本次股利。由于失去了付息的权利，除息日的股票价格一般会下跌。

（4）股利发放。股利发放日即公司按照公布的分红方案向登记在册的股东实际支付股利的日期。

例如，某上市公司于2024年4月10日公布2023年度的最后分红方案，其公告如下："2024年4月9日在北京召开的股东大会，通过了董事会关于每股分派0.15元的2023年股利分配方案。股权登记日为4月25日，除息日为4月26日，股东可在5月10日至25日通过深圳证券交易所按交易方式领取股利。特此公告。"

该公司的股利支付程序如图5-2-1所示。

图 5-2-1 股利支付程序

4．股利支付的方式

股利支付主要有以下4种方式。

（1）现金股利。现金股利是以现金支付的股利，它是股利支付的常见方式。公司选择发放现金股利除了要有足够的留存收益，还要有足够的现金，而现金充足与否往往会成为公司发放现金股利的主要制约因素。

（2）财产股利。财产股利是以现金以外的其他资产支付的股利，主要是以公司所拥有的其他公司的有价证券，如债券、股票等，作为股利支付给股东。

（3）负债股利。负债股利是以负债方式支付的股利，通常以公司的应付票据支付股利，有时也以发放公司债券的方式支付股利。

财产股利和负债股利实际上是现金股利的替代，这两种股利支付方式在我国公司实务中很少使用。

（4）股票股利。股票股利是公司以增发股票的方式所支付的股利，我国实务中通常也称其为"红股"。股票股利对公司来说，并没有现金流出公司，也不会导致公司的财产减少，只是将公司的留存收益转化为股本和资本公积，但它会增加流通在外的股票数量，同时降低股票的每股价值。它不改变公司股东权益总额，但会改变股东权益的构成。

5．股利分配政策

股利分配政策（利润分配政策）由公司在不违反国家有关法律法规的前提下，根据本公司的具体情况制定。股利分配政策既要保持相对稳定，又要符合公司的财务目标和发展目标。在实际工作中，通常有以下几种股利分配政策可供选择。

（1）剩余股利政策。剩余股利政策就是在公司有良好的投资机会时，根据一定的目标资本结构，测算出投资所需的权益资本，先从盈余中留用，然后将剩余的盈余作为股利予以分配。

某公司2024年净利润为2 500 000元。公司最佳资金结构为权益资金占70%、债务资金占30%。2025年该公司计划扩大投资，其资本支出额为2 200 000元。公司拟采用剩余股利政策。则该公司在剩余股利政策下的股利发放额和股利发放率如下。

需要的权益资金额=2 200 000×70%=1 540 000（元）。

股利发放额=2 500 000-1 540 000=960 000（元）。

股利发放率=960 000÷2 500 000×100%=38.4%。

剩余股利政策的优点是能够保持最佳资本结构，使综合资本成本最低，实现公司价值的长期最大化。

剩余股利政策的缺点主要表现在以下两个方面。一是完全执行剩余股利政策，将使股利发放额每年随投资机会和盈利水平的波动而波动。在盈利水平不变的情况下，股利发放额将与投资机会呈反方向变动。投资机会越多，发放的股利越少；反之，投资机会越少，发放的股利越多。在投资机会维持不变的情况下，股利发放额将因公司每年盈利的波动而同方向波动。二是剩余股利政策不利于投资者安排收入和支出，也不利于公司树立良好的形象。

（2）固定或稳定增长的股利政策。这种股利政策是将每年发放的股利稳定在一个固定的水平上并在较长的时期内保持不变，只有当公司认为未来盈余将会显著地、不可逆转地增长时，才会提高年度的股利发放额。

本政策的优点：第一，稳定的股利向市场传递公司正常发展的信息，有利于树立公司良好的形象，增强投资者对公司的信心，稳定股票价格；第二，有利于投资者安排股利收入和支出。

本政策也存在缺点，主要是股利与盈利能力相脱节，没有考虑公司流动性与内部积累资金的要求，尤其是在盈利较少的年份，若仍要维持较高的股利发放额，容易造成资金短缺，使公司财务状况恶化。

（3）固定股利支付率政策。固定股利支付率政策是公司确定一个股利占盈余的比率，长期按此比率支付股利。本政策的优点是使股利与公司盈余紧密地配合，体现出"多盈多分，少盈少分，无盈不分"的原则。本政策的缺点是各年的股利变动较大，极易给投资者造成公司发展不稳定的感觉，对稳定股票价格不利。

（4）低正常股利加额外股利政策。低正常股利加额外股利政策是指公司一般情况下每年只支付一次固定的、数额较低的股利，在盈余较多的年份，再根据实际情况向股东发放额外股利，但额外股利并不固定，不代表公司永久地提高规定的股利支付率。

低正常股利加额外股利政策的优点：具有较大的灵活性，当公司盈余较少或投资需用较多资金时，可维持设定的较低但正常的股利，股东不会有股利跌落感；而当盈余有较大幅度增加时，则可适度增发股利，把因经济繁荣而产生的部分利益分配给股东，使他们增强对公司的信心，有利于稳定股票价格。

低正常股利加额外股利政策的缺点是如果让股东将额外支付的股利视为正常股利的组成部分，就会失去其原有的意义，而且还会产生负面影响。

任务实训

利润预测与分析的常用方法是本量利分析法。本量利分析法是指根据商品销售数量、成本和利润之间的关系进行综合分析，从而预测利润的方法。本量利分析法的主要内容如图5-2-2所示。

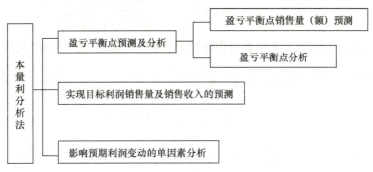

图 5-2-2 本量利分析法的主要内容

本量利分析法的基本数学模型如下。

$$利润=单价×销售量-单位变动成本×销售量-固定成本 \qquad （式5-2-1）$$

本量利分析法的具体内容和步骤如下。

一、盈亏平衡点预测及分析

1. 盈亏平衡点销售量（额）预测

（1）单一产品盈亏平衡点的确定。盈亏平衡点也称保本点，它是盈利和亏损的分界点。在盈亏平衡点上销售利润等于零，即销售净收入总额和成本总额相等，其计算公式如下。

$$盈亏平衡点销售量=\frac{固定成本总额}{单价-单位变动成本}=\frac{固定成本总额}{单位边际贡献} \qquad （式5-2-2）$$

$$盈亏平衡点销售额=\frac{固定成本总额}{1-变动成本率}=\frac{固定成本总额}{边际贡献率} \qquad （式5-2-3）$$

【任务5-2-1】假设某企业只生产A产品，销售单价为25元，单位变动成本为15元，全年固定成本总额为4 000元，在产销平衡的情况下，全年正常产销量为2 000件，则企业盈亏平衡点销售量和盈亏平衡点销售额各为多少？

【解析】盈亏平衡点销售量=4 000÷（25-15）=400（件）。

盈亏平衡点销售额=4 000÷（1-15÷25）=10 000（元）。

随堂练习

某企业生产甲产品，全年固定成本总额为36 000元，单位变动成本为35元，每件产品售价为50元。

要求：计算企业盈亏平衡点销售量和盈亏平衡点销售额各为多少。

（2）多产品盈亏平衡点的确定。在现代经济社会中，大多数企业生产并销售多种产品，因此，首先要求出各种产品的综合边际贡献率，计算公式如下。

$$综合边际贡献率=\sum(各种产品边际贡献率×各种产品销售收入占销售收入总额的比重)（式5-2-4）$$

然后计算出企业综合盈亏平衡点的销售额，计算公式如下。

$$综合盈亏平衡点销售额=\frac{固定成本总额}{综合边际贡献率}\qquad（式5-2-5）$$

最后计算出各产品的盈亏平衡点销售额和盈亏平衡点销售量，计算公式为

$$某种产品盈亏平衡点销售额=综合盈亏平衡点销售额×\frac{该产品销售额}{全部产品销售额}\qquad（式5-2-6）$$

$$某种产品盈亏平衡点销售量=\frac{该产品盈亏平衡点销售额}{该产品单价}\qquad（式5-2-7）$$

【任务5-2-2】某企业生产和销售甲、乙两种产品，产品的单位售价分别为2元和10元，边际贡献率分别是20%和10%，全年固定成本总额为45 000元。假设全年甲、乙两种产品分别销售了50 000件和30 000件，试计算下列指标：①综合盈亏平衡点销售额；②甲、乙两种产品的盈亏平衡点销售量；③预计利润。

【解析】甲产品的销售比重$=\dfrac{2×50\,000}{2×50\,000+10×30\,000}×100\%=25\%$。

乙产品的销售比重=1-25%=75%。

综合边际贡献率=20%×25%+10%×75%=12.5%。

①综合盈亏平衡点销售额=45 000÷12.5%=360 000（元）。

②甲产品盈亏平衡点销售量=360 000×25%÷2=45 000（件）。

乙产品盈亏平衡点销售量=360 000×75%÷10=27 000（件）。

③预计利润=（2×50 000+10×30 000）×12.5%-45 000=5 000（元）。

技能拓展　　　　**Excel在本量利分析法中的应用**

沿用【任务5-2-2】中的有关数据。在Excel中建立分析模型，如图5-2-3所示。各单元格计算公式的设置如图5-2-4所示。

Excel在本量利分析法中的应用

	A	B	C	D	E
1		盈亏平衡分析模型			单位：元
2	项目	销售量	单价	边际贡献率	固定成本
3	甲产品	50000	2	20.00%	
4	乙产品	30000	10	10.00%	
5	合计				45000
6					
7	项目	销售收入	销售比重	保本额	保本量（件）
8	甲产品	100000	25.00%	90000	45000
9	乙产品	300000	75.00%	270000	27000
10	综合边际贡献率		12.50%		
11	综合保本额		360000		
12	预计利润		5000		

图5-2-3　盈亏平衡分析模型

	A	B	C	D	E
1	盈亏平衡分析模型			单位：元	
7	项目	销售收入	销售比重	保本额	保本量（件）
8	甲产品	=B3*C3	=B8/(B8+B9)	=B11*C8	=D8/C3
9	乙产品	=B4*C4	=B9/(B8+B9)	=B11*C9	=D9/C4
10	综合边际贡献率	=D3*C8+D4*C9			
11	综合保本额	=E5/B10			
12	预计利润	=(B8+B9)*B10-E5			

▶ ▶| 盈亏平衡分析模型 ∕ Sheet2 ∕ Sheet3 ∕

图 5-2-4　盈亏平衡分析模型（计算公式设置）

📝 随堂练习

某公司产销甲、乙、丙 3 种产品，产品计划期有关资料如表 5-2-1 所示。

表 5-2-1　产品计划期有关资料

摘要	甲产品	乙产品	丙产品
销售量/件	1 000	1 500	2 000
销售单价/元	35	10	25
单位变动成本/元	28	6	16
固定成本总额/元	15 500		

要求：根据上述资料，分别计算综合边际贡献率、综合盈亏平衡点销售额，以及甲、乙、丙产品的盈亏平衡点销售量。

2. 盈亏平衡点分析

盈亏平衡点分析是通过计算盈亏平衡点作业率与安全边际率进行的。盈亏平衡点作业率也称为保本作业率，是指盈亏平衡点销售量（额）占企业正常销售量（额）的比重。正常销售量（额），是指市场正常和正常开工情况下企业产品的销售数量（额）。盈亏平衡点作业率的计算公式如下。

$$盈亏平衡点作业率 = \frac{盈亏平衡点销售量（额）}{正常销售量（额）} \times 100\%$$ 　　　　（式5-2-8）

该比率表明企业的生产经营能力达到怎样的利用程度时才可保本。

安全边际是指企业预算（实际）销售量（额）超过盈亏平衡点的部分。它表明销售量（额）下降多少仍不至于亏损。

安全边际通常用绝对数和相对数两种形式来表现，其绝对数既可用销售量表示，也可用销售额表示，计算公式如下。

$$安全边际量（额）= 正常销售量（额）- 盈亏平衡点销售量（额）$$ 　　（式5-2-9）

用相对数衡量经营安全程度的指标是安全边际率，计算公式如下。

$$安全边际率 = \frac{安全边际量（额）}{正常销售量（额）} \times 100\%$$ 　　　　（式5-2-10）

安全边际量（额）和安全边际率可以反映企业经营的安全程度。安全边际量（额）或安全边际率越大，说明企业发生亏损的可能性就越小，企业的经营就越安全。

【任务5-2-3】某企业正常销售额为200 000元，盈亏平衡点销售额为120 000元，则企业盈亏平衡点作业率、安全边际额和安全边际率各为多少？

【解析】盈亏平衡点作业率=120 000÷200 000×100%=60%。

安全边际额=200 000-120 000=80 000（元）。

安全边际率=80 000÷200 000×100%=40%。

根据上述公式及例题可以得出，盈亏平衡点作业率+安全边际率=1。

📝 **随堂练习**

某企业预计销售产品1 000件，销售单价为60元，安全边际率为20%。

要求：计算安全边际量、安全边际额、盈亏平衡点销售量和盈亏平衡点作业率。

二、实现目标利润销售量及销售收入的预测

在实现目标利润的前提下，其销售量及销售收入的计算公式如下。

$$实现目标利润的销售量 = \frac{固定成本总额+目标利润}{单价-单位变动成本} \qquad （式5-2-11）$$

$$实现目标利润的销售额 = \frac{固定成本总额+目标利润}{1-变动成本率} \qquad （式5-2-12）$$

【任务5-2-4】沿用【任务5-2-1】的资料。当企业希望本年度获得36 000元的目标利润时，该产品的目标销售量和销售额分别是多少？

【解析】实现目标利润的销售量=（4 000+36 000）÷（25-15）=4 000（件）。

实现目标利润的销售额=（4 000+36 000）÷（1-15/25）=100 000（元）。

📝 **随堂练习**

某企业生产甲产品，固定成本总额为36 000元，单位变动成本为35元，每件产品售价为50元，目标利润为84 000元。

要求：计算该产品的目标销售量和销售额。

三、影响预期利润变动的单因素分析

本量利分析的最终目的是对企业的预期利润进行分析。通常情况下，影响企业产品预期利润的主要因素有销售单价、单位变动成本、销量和固定成本等。

1. 销售单价变动对预期利润的影响分析

【任务5-2-5】沿用【任务5-2-1】的资料，若销售单价提高到30元，其他因素不变，则预期利润增加额=（30-25）×2 000=10 000（元）；若销售单价下降到20元，其他因素不变，则预期利润减少额=（25-20）×2 000=10 000（元）。

2. 单位变动成本变动对预期利润的影响分析

【任务5-2-6】沿用【任务5-2-1】的资料，若单位变动成本上升到18元，其他因素不变，则预期利润减少额=（18-15）×2 000=6 000（元）；若单位变动成本下降到12元，其他因素不变，则预期利润增加额=（15-12）×2 000=6 000（元）。

3. 销量变动对预期利润的影响分析

【任务5-2-7】沿用【任务5-2-1】的资料，若销量增加到2 400件，其他因素不变，则预期利润增加额=（25-15）×（2 400-2 000）=4 000（元）；若销量减少到1 600件，其他因素不变，则预期利润减少额=（25-15）×（2 000-1 600）=4 000（元）。

4. 固定成本变动对预期利润的影响分析

【任务5-2-8】沿用【任务5-2-1】的资料，若固定成本增加到4 800元，其他因素不变，则预期利润减少额=4 800-4 000=800（元）；若固定成本下降到3 200元，其他因素不变，则预期利润增加额=4 000-3 200=800（元）。

 **随堂练习**

某企业上年度A产品的销售量为800件，销售单价为100元，单位变动成本为80元，固定成本总额为10 000元，该企业上年度的利润总额为6 000元。经市场调查与预测，计划年度生产并销售A产品的数量将由原来的800件增加到1 200件，假设其他因素不变。

要求：分析销量的增加会对计划利润产生怎样的影响。

 任务小结

本量利分析法是指根据商品销售数量、成本和利润之间的关系进行综合分析，从而预测利润的方法。利润分配政策是企业对利润分配有关事项所制定的方针和政策。股利分配政策主要有剩余股利政策、固定或稳定增长的股利政策、固定股利支付率政策、低正常股利加额外股利政策。

阅读案例

四川长虹利润分配政策分析

巩固与提升

一、单项选择题

1. 下列各项政策中，最能体现"多盈多分，少盈少分，无盈不分"股利分配原则的是（　　）。
   A. 剩余股利政策　　　　　　　　　　B. 低正常股利加额外股利政策
   C. 固定股利支付率政策　　　　　　　D. 固定或稳定增长的股利政策

2. 下列各项股利支付方式中，不会改变企业资本结构的是（　　）。
   A. 股票股利　　B. 财产股利　　　　C. 负债股利　　　　D. 现金股利

3. 不影响股东权益总额的股利支付方式是（　　）。
   A. 现金股利　　B. 股票股利　　　　C. 负债股利　　　　D. 财产股利

4. 确定股东有权领取本期股利的截止日期是（　　）。
   A. 除息日　　　B. 股权登记日　　　C. 股利宣告日　　　D. 股利发放日

5. 若安全边际率为20%，正常的销售量为1 000件，则盈亏平衡点销售量为（　　）件。

    A. 200　　　　　　B. 800　　　　　　C. 600　　　　　　D. 400

6. 根据本量利分析法，只会提高安全边际而不会降低盈亏平衡点的措施是（　　）。

    A. 提高单价　　　B. 增加产销量　　　C. 降低单位成本　　　D. 压缩固定成本

7. 某企业生产甲、乙、丙3种产品，已知3种产品的单价分别为25元、18元和16元，单位变动成本分别为15元、10元和8元，销售量分别为1 000件、5 000件和300件，固定成本总额为20 000元，则综合边际贡献率为（　　）。

    A. 43.74%　　　　B. 40%　　　　　C. 44.44%　　　　D. 50%

8. 本量利分析法中的本量利是指成本、销量和（　　）。

    A. 收入　　　　　B. 利润　　　　　C. 收益　　　　　D. 销售额

9. 某企业目标资金结构为自有资金与借入资金之比为6∶4，该企业下一年度计划投资1 200万元，今年年末实现的净利润为2 000万元。按照剩余股利政策，该企业可用于分配股利的金额是（　　）万元。

    A. 500　　　　　　B. 720　　　　　C. 1 200　　　　　D. 1 280

10. 盈亏平衡点作业率与安全边际率之间的关系是（　　）。

    A. 两者相等　　　　　　　　　　　B. 前者一般大于后者

    C. 后者一般大于前者　　　　　　　D. 两者之和等于1

二、多项选择题

1. 下列各项中，属于剩余股利政策优点的有（　　）。

    A. 保持目标资本结构　　　　　　　B. 降低再投资资本成本

    C. 使股利与企业盈余紧密配合　　　D. 实现企业价值的长期最大化

2. 下列各项股利分配政策中，股利水平与当期盈利直接关联的有（　　）。

    A. 固定股利政策　　　　　　　　　B. 稳定增长股利政策

    C. 固定股利支付率政策　　　　　　D. 低正常股利加额外股利政策

3. 下列关于股票股利的表述，正确的有（　　）。

    A. 不会导致公司现金流出　　　　　B. 会增加公司流通在外的股票数量

    C. 会改变公司股东权益的内部结构　D. 会对公司股东权益总额产生影响

4. 下列各项指标中，与盈亏平衡点呈同向变动的有（　　）。

    A. 单位售价　　　　　　　　　　　B. 预计销量

    C. 固定成本总额　　　　　　　　　D. 单位变动成本

5. 某企业只生产一种产品，单价为12元，单位变动成本为8元，固定成本为2 000元，销售量为1 000件，欲实现目标利润2 730元，若其他因素不变，企业可采取的措施有（　　）。

    A. 将固定成本降低至1 000元以下　B. 将单价提高至13元以上

    C. 将销售量增加至1 200件以上　　D. 将单位变动成本降低至7元以下

三、判断题

1. 当公司处于经营稳定或成长期，对未来的盈利和支付能力可做出准确判断并有足够把握时，可以考虑采用稳定增长的股利政策，增强投资者的信心。（　　）

2. 在股利支付程序中，除息日是指领取股利的权利与股票分离的日期，在除息日购买股票

的股东有权参与当次股利的分配。　　　　　　　　　　　　　　　　　　　（　　）

3．在其他因素不变的情况下，固定成本的降低额即目标利润的增加额。　　（　　）

4．在其他条件不变的情况下，单位变动成本上升，盈亏平衡点销售量将下降。　（　　）

5．只要公司拥有足够的现金，就可以发放现金股利。　　　　　　　　　　（　　）

四、课后任务

在网上查找某上市公司的资料，了解其近5年的股利分配情况，利用所学知识判断该公司采用了哪种股利分配政策，并分析其采用的股利分配政策是否合理。

 项目技能训练

1．某企业生产的产品总成本为18万元，产量为1 000件，成本利润率为10%，试采用完全成本加成定价法确定该产品的单位价格。

2．某公司2016—2024年的产品销售量资料如下表所示。

2016—2024 年的产品销售量资料

年度	2016	2017	2018	2019	2020	2021	2022	2023	2024
销售量 / 吨	1 950	1 980	1 890	2 010	2 070	2 100	2 040	2 260	2 110
权数	0.03	0.05	0.07	0.08	0.1	0.13	0.15	0.18	0.21

要求：

（1）根据以上相关资料，用简单算术平均数法预测公司2025年的销售量。

（2）根据上述相关资料，用加权算术平均数法预测公司2025年的销售量。

（3）根据上述相关资料，用移动平均数法预测公司2025年的销售量（假设间隔期为3年）。

（4）若指数平滑系数α=0.6，2024年年初预测2024年销售量为2 120吨，利用指数平滑法预测公司2025年的销售量。

3．某企业生产A产品，单价为10元，单位变动成本为6元，固定成本为40 000元，2025年预期生产量为12 500件。

要求：

（1）计算盈亏平衡点的销售量和销售额。

（2）计算安全边际量、安全边际额、安全边际率、盈亏平衡点作业率。

4．某企业生产和销售A、B两种产品，A产品的单位售价为20元，B产品的单位售价为10元，A产品的边际贡献率为40%，B产品的边际贡献率为30%，全年固定成本为72 000元。预计全年A、B两种产品的销量分别为30 000件和40 000件。

要求：

（1）计算综合盈亏平衡点销售额，A、B产品的盈亏平衡点销售量，安全边际额和预计利润。

（2）如果增加广告费35 000元，可使A产品销售量增至40 000件，而B产品的销售量会减少到32 000件。试计算此时的综合盈亏平衡点销售额，并说明采取此措施是否合理。

5．某公司2023年提取盈余公积金后的税后净利润为1 500万元。第二年投资计划需资金1 200万元，该公司目标资金结构为自有资金占60%、借入资金占40%。另外，该公司流通在外普通股总额为1 000万股。试计算该公司采用剩余股利政策后当年可发放的股利额及每股股利。

6. 恒洁服务有限公司是一家小型的专门为公司及写字楼提供保洁服务的公司。为方便保洁人员上门服务，该公司租用一辆中型面包车作为代步工具，每月租金为1 000元。公司每月在日常经营中需要发生以下成本。

（1）房租1 600元。

（2）面包车的租金1 000元。

（3）晚报的广告费200元。

（4）各项办公费用总计约1 100元。

（5）公司共有4名员工，每人底薪500元，合计2 000元。

（6）每次保洁业务需要两名员工上门服务，每人支付25元提成工资，合计50元，清洁剂、一次性百洁布等物料用品成本10元。

要求：

（1）公司每月大约可以接到160个订单，每月的总成本为多少？如果向每位客户收费150元，那么公司每月的利润为多少？

（2）如果另有10位客户跟公司商议，收费降到130元，请问可行吗？

项目六 全面预算管理

▲ 项目导读

　　长安汽车是中国汽车四大集团阵营企业之一，经过多年的实践，探索出一套"创造价值、支持价值、保持价值"的特色化财务管理体系。为了向世界一流企业迈进，长安汽车的财务管理水平与时俱进，开始了国际化发展进程。其财务管理体系包括预算管理、营运分析、成本控制、资本及资金运作、财务信息化、财务内部控制六大模块。预算管理方面，以"战略—目标—利润"为导向，通过完善"四大体系"（预算组织责任体系、预算目标体系、工具方法体系、制度流程体系），不断探索预算管理新模式，持续提升预算管理水平，充分发挥全面预算管理对战略目标落实的牵引作用，实现"四大预算"（财务预算、投资预算、人力资源预算、业务预算）的同步与融合。

　　【案例启示】全面预算管理是实现战略目标的重要手段。

　　先进的财务管理体系需要在战略的指引下不断探索、与时俱进，开展全面预算管理需要具备全局观和精益求精的工匠精神，以及反复沟通协调以求战略目标有效落实的敬业精神。

▲ 项目导图

　　各种预算是一个有机联系的整体。一般将由业务预算、专门决策预算和财务预算组成的预算体系，称为全面预算体系。

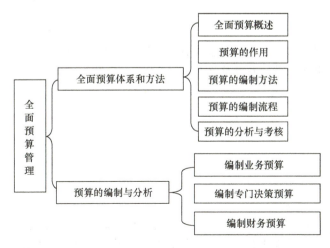

学习目标

知识目标：

1．了解全面预算体系的内容；

2．掌握预算的编制方法；

3．掌握预算的编制流程；

4．了解预算的分析与考核。

技能目标：

1．能编制业务预算；

2．能编制专门决策预算；

3．能编制财务预算。

素养目标：

1．树立大局意识和全局观念，提高职业素养和道德修养；

2．培养社会责任感，增强勤俭节约意识。

情境讨论

程某是一家中小企业的经营者，其在创业过程中及时抓住了市场机遇，使企业在很短的时间内得以迅速成长壮大。但是，随着企业规模不断扩大，程某在财务管理上经常显得捉襟见肘。例如，明明账上有利润，却在接一个重要订单时，突然发现资金周转不过来；又如，在进行某项业务时，总认为会有一定的利润，但结果往往与预想不符。

参考答案

问题：为什么会出现这种现象？产生问题的症结在哪里？

任务一　全面预算体系和方法

核心知识：全面预算体系、预算的编制方法、预算的编制流程。

核心技能：编制弹性预算、预算的调整。

相关知识

一、全面预算概述

1．预算的概念与分类

预算是指企业在预测、决策的基础上，以数量和金额的形式反映企业未来一定时期内经营、投资、财务等活动的具体计划，是为实现企业目标而对各种资源和企业活动的详细安排。预算是数量化的，具有可执行性，因为其作为一种数量的详细计划，是对未来活动细致、周密的安排，是未来经营活动的依据，因此数量化和可执行性是预算主要的特征。

全面预算，是从企业全局出发，对企业一定时期内的销售、生产、采购、成本费用以及财务状况等方面的预计情况进行汇总、协调后统一编制的预算。

站在不同的角度、用不同的标准可对全面预算做下列分类。

（1）按预算的时间划分，预算可分为短期预算和长期预算。通常将预算期在1年以内（含1年）的预算称为短期预算（如直接材料预算、现金预算），预算期在1年以上的预算称为长期预算（如长期销售预算、长期资本筹措预算、研究与开发预算）。预算的编制时间可以视预算的内容和实际需要而定，可以是1周、1个月、1个季度、1年或若干年等。在预算的编制过程中，应结合各项预算的特点，将长期预算和短期预算结合使用。本项目主要介绍短期预算的编制。

（2）按预算的内容划分，预算可分为业务预算（即经营预算）、专门决策预算和财务预算。业务预算是指与企业日常经营活动直接相关的经营业务的各种预算，主要包括销售预算、生产预算、直接材料预算、直接人工预算、制造费用预算、产品成本预算、期末存货预算、销售及管理费用预算等。专门决策预算是指企业不经常发生的、一次性的重要决策预算，如资本支出预算。财务预算是指企业在计划期内反映有关预计现金收支、财务状况和经营成果的预算，主要包括现金预算、预计资产负债表、预计利润表和预计现金流量表。财务预算作为全面预算体系的最后环节，是从价值方面全面反映企业业务预算与专门决策预算的结果，也称为总预算，其他预算则相应地称为辅助预算或分预算。显然，财务预算在全面预算中占有举足轻重的地位。

2. 全面预算体系

全面预算是一个数字前后衔接、相互勾稽的有机整体。一般将由业务预算、专门决策预算和财务预算组成的预算体系，称为全面预算体系，其结构如图6-1-1所示。

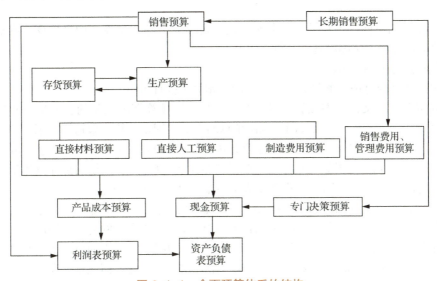

图6-1-1　全面预算体系的结构

提示

销售预算是整个预算体系的起点。

二、预算的作用

（1）各部门工作奋斗的目标。预算是目标的具体化，它不仅能够帮助人们更好地明确整个企业的奋斗目标，而且能够使人们清楚地了解自己部门的任务。编制预算的目的是贯彻目标管理的原则，指导和控制业务的执行。总之，预算能够使管理人员未雨绸缪，养成在具体行动之前预先计划的良好习惯。

（2）各部门工作协调的工具。财务预算不仅把整个企业各方面的工作严密地组织起来，而且把企业内部有关协作单位的配合关系也纳入统一的计划之中，使企业内部上下左右协调起来，环环相扣，达到平衡，这样更能发挥预算的控制作用。例如，在"以销定产"的经营方针下，生产预算应当以销售预算为前提；而现金预算必须以供、产、销过程中的现金流量为依据。

（3）各部门工作控制的标准。预算工作不能只限于编制，还应该包括预算的执行。在生产经营过程中，将实际情况与预算进行比较而揭示出来的差异，一方面可以用来考核各部门或有关人员的工作成绩，另一方面可以用来检查预算编制的质量。有些脱离预算的差异，并不表示实际工作的好坏，而是预算本身脱离了实际。掌握这些情况，有利于改进下期预算的编制工作。

（4）各部门工作考核的依据。财务预算的完成程度可以与各部门的业绩挂钩，成为业绩考核的依据。

三、预算的编制方法

企业可以根据不同的预算项目，分别采用固定预算、弹性预算、增量预算、零基预算、定期预算和滚动预算等方法编制各种预算。

1. 固定预算与弹性预算的编制方法

预算根据其是否可按业务量调整，分为固定预算和弹性预算。

（1）固定预算（又称静态预算）编制方法，是指以预算期内正常的、可实现的某一固定业务量，如生产量、销售量水平为基础来编制预算的方法。固定预算一般适用于固定费用或者数额比较稳定的预算项目。例如，某企业预计业务量为销售100 000件产品，按此业务量给销售部门的预算费用为5 000元，如果该销售部门实际销售量达到120 000件，超出预计业务量，固定预算下的预算费用仍为5 000元。固定预算存在适应性差和可比性差的缺点。

（2）弹性预算（又称动态预算）编制方法，是指在按照成本（费用）性态分类的基础上，根据量、本、利之间的依存关系，考虑到计划期间业务量可能发生的变动，编制出一套适应多种业务量的成本费用预算，以便分别反映在不同业务量的情况下应支出的成本费用水平的方法。编制弹性预算所依据的业务量有实物数量（如生产量、销售量、材料消耗量）和工时（如直接人工工时、机器工时、修理工时）等。例如，以手工操作为主的车间宜采用人工工时，以机械化操作为主的车间则宜采用机器工时。

与固定预算相比，弹性预算的优点：一是预算范围广，二是可比性强。理论上，该方法适用于编制全面预算中所有与业务量有关的预算，但实务中，其主要用于编制弹性成本费用预算和弹性利润预算。

提示

编制弹性预算总的范围一般在预计预算的 70%～120%，业务量的间隔通常以 5%～10% 为宜。

2. 增量预算与零基预算的编制方法

预算根据其编制基础，分为增量预算和零基预算。

（1）增量预算编制方法，是指以基期成本费用水平为基础，结合预算期业务量水平及有关降低成本的措施，通过调整有关费用项目而编制预算的方法。增量预算以过去的费用发生水平为基础，一般不需要在预算内容上做较大的调整，它的编制遵循如下假定。

① 企业现有业务活动是必需且合理的，不需要进行调整。

② 企业现有各项业务的开支水平是合理的，在预算期内予以保持。

③ 以现有业务活动和各项活动的开支水平，确定预算期各项活动的预算数。

增量预算的优点表现在工作量较小，简便易行；缺点表现在可能导致无效费用开支项目无法得到有效控制，由于不加以分析地保留或接受原有的成本费用项目，可能使原来不合理的费用继续开支而得不到控制，形成不必要开支合理化，造成资源上的浪费。

（2）零基预算编制方法，是指以零为基础编制计划和预算的方法。采用这种方法编制费用预算时，不考虑以往会计期间所发生的费用项目或费用数额，而是一切以零为出发点，从实际需要逐项审议预算期内各项费用的内容及开支标准是否合理，在综合平衡的基础上编制费用预算。

零基预算克服了增量预算的缺点，但由于一切费用支出均以零为起点进行分析、研究，因此编制预算的工作量较大。建议企业每隔若干年编制一次零基预算，之后的几年内做适当调整，这样既能减少预算编制的工作量，又能提高资金的使用效率，节约费用开支。

3. 定期预算与滚动预算的编制方法

预算根据其编制期间，分为定期预算和滚动预算。

（1）定期预算编制方法，是指在编制预算时以不变的会计期间（如日历年度）作为预算期的方法。

定期预算的优点是能够使预算期间与会计年度相配合，便于考核和评价预算的执行结果；缺点是远期指导性差、灵活性差和连续性差。

（2）滚动预算（又称连续预算）编制方法，是指在编制预算时，将预算期与会计期间脱离开，随着预算的执行不断地补充后续的预算，逐期向后滚动，使预算期始终保持为一个固定长度（一般为12个月）的方法。

滚动预算的基本做法是使预算期始终保持为12个月，凡预算执行了1个月或1个季度，立即在预算期末增列1个月或1个季度的预算，逐期往后滚动，故滚动预算又称为连续预算或永续预算。这种预算能使企业各级管理人员始终保持对未来12个月的考虑和规划，从而保证企业的经营管理工作能够稳定有序地进行。采用滚动预算编制方法编制预算，按照滚动的时间单位不同可分为逐月滚动、逐季滚动和混合滚动。

滚动预算的优点：预算与生产过程一致，使其保持连续；能促使企业管理人员对未来经营活动做出全面、长远的规划，从而保证企业经营管理工作有条不紊地进行。

逐月滚动的滚动预算如图6-1-2所示。

知识拓展

混合滚动预算

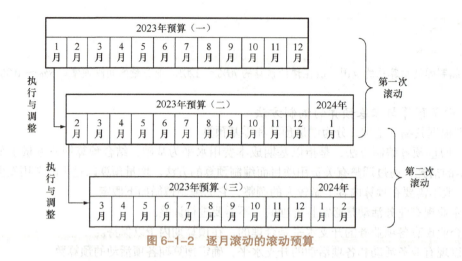

图 6-1-2　逐月滚动的滚动预算

四、预算的编制流程

企业编制预算，一般应按照"上下结合、分级编制、逐级汇总"的程序进行，分为下达目标、编制上报、审查平衡、审议批准和下达执行5个环节。

1. 下达目标

企业董事会或经理办公会根据企业发展战略和预算期经济形势做出初步预测，在决策的基础上，提出下一年度企业预算目标，包括销售或营业目标、成本费用目标、利润目标和现金流量目标，并确定预算编制的政策，由预算委员会下达各预算执行单位。

2. 编制上报

各预算执行单位按照企业预算委员会下达的预算目标和政策，结合自身特点及预测的执行条件，提出详细的本单位预算方案，上报企业财务管理部门。

3. 审查平衡

企业财务管理部门对各预算执行单位上报的财务预算方案进行审查、汇总，提出综合平衡的建议。在审查、平衡过程中，预算委员会应当进行充分协调，就发现的问题提出初步调整意见，并将其反馈给有关预算执行单位予以修正。

4. 审议批准

企业财务管理部门在有关预算执行单位修正调整的基础上，编制出企业预算方案，报预算委员会讨论。对于不符合企业发展战略或者预算目标的事项，企业预算委员会应当责成有关预算执行单位进一步修订、调整。在修订、调整的基础上，企业财务管理部门正式编制企业年度预算方案，提交董事会或经理办公会审议批准。

5. 下达执行

企业财务管理部门将董事会或经理办公会审议批准的年度总预算（一般在次年3月底之前），分解成一系列的指标体系，由预算委员会逐级下达各预算执行单位执行。

五、预算的分析与考核

企业应当建立预算分析制度，由预算委员会定期召开预算执行分析会议，全面掌握预算的执行情况，研究、解决预算执行中存在的问题，纠正预算的执行偏差。

预算年度到期，预算委员会应当向董事会或者经理办公会报告预算执行情况，并依据预算完成情况和预算审计情况对预算执行单位进行考核。

　　企业预算执行考核是企业绩效评价的主要内容，应当结合年度内部经济责任制进行考核，考核结果应与预算执行单位负责人的奖惩挂钩，并作为企业内部人力资源管理的参考。

 任务实训

一、编制弹性预算

　　弹性预算与固定预算相比，具有较强的可比性，尤其适用于编制费用预算。弹性预算的编制流程如图6-1-3所示。

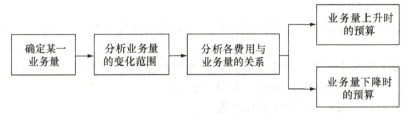

图 6-1-3　弹性预算的编制流程

弹性预算的编制可以采用公式法，也可以采用列表法。

1. 公式法

　　公式法是假设成本和业务量之间存在线性关系，得出成本总额、固定成本总额、业务量和单位变动成本之间的变动关系，可以用如下公式表示。

$$y = a + bx \qquad （式6-1-1）$$

　　式6-1-1中，y是成本总额，a表示固定成本总额，b是单位变动成本，x是业务量，某项目成本总额y是该项目固定成本总额和变动成本总额之和。这种方法要求按上述成本与业务量之间成线性关系的假定，将企业各项目成本总额分解为变动成本和固定成本两部分。

　　【任务6-1-1】某企业的制造费用项目单位变动费用和固定费用如表6-1-1所示。

表 6-1-1　某企业制造费用项目单位变动费用和固定费用

费用明细项目	单位变动费用 /（元 / 工时）	费用明细项目	固定费用/元
变动制造费用：		固定制造费用：	
间接人工费用	0.5	维修费用	12 000
间接材料费用	0.6	折旧费用	30 000
维修费用	0.4	管理费用	20 000
水电费用	0.3	保险费用	5 000
机物料费用	0.2	财产税	10 000
小计	2.0	小计	77 000

　　要求：运用公式法编制制造费用弹性预算。

　　（1）预算工时为49 000小时的制造费用。

　　（2）预算工时为50 000小时的制造费用。

（3）预算工时为51 000小时的制造费用。

【解析】（1）预算工时为49 000小时的制造费用=77 000+（0.5+0.6+0.4+0.3+0.2）×49 000=175 000（元）。

（2）预算工时为50 000小时的制造费用=77 000+（0.5+0.6+0.4+0.3+0.2）×50 000=177 000（元）。

（3）预算工时为51 000小时的制造费用=77 000+（0.5+0.6+0.4+0.3+0.2）×51 000=179 000（元）。

公式法的优点是在一定范围内，预算可以随业务量的变动而变动，可比性和适应性强，编制预算的工作量相对较小；缺点是按公式进行费用分解比较麻烦，需要对每个费用任务逐一进行费用分解，工作量很大。

2. 列表法

列表法是指通过列表的方式，将与各种业务量对应的预算数据列示出来的一种弹性预算编制方法。

【任务6-1-2】沿用【任务6-1-1】的资料，预算期企业可能的直接人工工时分别为49 000工时、49 500工时、50 000工时、50 500工时和51 000工时。

要求：运用列表法编制制造费用弹性预算。

【解析】运用列表法编制的制造费用弹性预算如表6-1-2所示。

表6-1-2 某企业制造费用弹性预算（列表法）　　　　金额单位：元

费用明细项目	单位变动费用/（元/工时）	预计业务量				
		49 000工时	49 500工时	50 000工时	50 500工时	51 000工时
变动制造费用：						
间接人工费用	0.5	24 500	24 750	25 000	25 250	25 500
间接材料费用	0.6	29 400	29 700	30 000	30 300	30 600
维修费用	0.4	19 600	19 800	20 000	20 200	20 400
水电费用	0.3	14 700	14 850	15 000	15 150	15 300
机物料费用	0.2	9 800	9 900	10 000	10 100	10 200
小计	2.0	98 000	99 000	100 000	101 000	102 000
固定制造费用：						
维修费用	—	12 000	12 000	12 000	12 000	12 000
折旧费用	—	30 000	30 000	30 000	30 000	30 000
管理费用	—	20 000	20 000	20 000	20 000	20 000
保险费用	—	10 000	10 000	10 000	10 000	10 000
财产税	—	5 000	5 000	5 000	5 000	5 000
小计	—	77 000	77 000	77 000	77 000	77 000
制造费用合计		175 000	176 000	177 000	178 000	179 000

列表法的主要优点是可以直接从数据表中查到各种预计业务量下的费用预算，不用再另行计算，因此直接、简便；缺点是编制工作量较大，由于预算数不能随未来预计期业务量的变动而变动，因此弹性不足。

随堂练习

某企业的一车间，年生产甲产品30 000件，每件产品工时定额为2小时，2024年有关制造费用如表6-1-3所示。

表6-1-3　2024年有关制造费用　　　　　　　　单位：元

项目	每小时变动费用	全年固定成本	全年实际费用（30 000件）
间接材料	0.5	11 000	41 000
间接人工	0.3	3 000	21 000
电力	0.18	2 000	12 800
维修	0.12	4 000	11 200
折旧	—	9 000	9 000
其他	—	5 000	5 000
合计	1.1	34 000	100 000

如果年产量达到正常生产能力的120%，则固定成本中的间接材料费用将增加1%，维修费用增加5%，折旧费用增加10%。

要求：根据资料，按正常生产能力的90%、100%、110%和120%分别编制制造费用弹性预算。

二、预算的调整

企业正式下达执行的预算，一般不予调整。预算执行单位在执行过程中，由于市场环境、经营条件、政策法规等发生重大变化，致使预算的编制基础不成立，或者预算执行结果产生重大偏差，可以调整预算。预算的调整流程如图6-1-4所示。

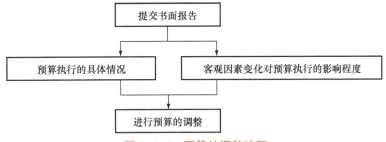

图6-1-4　预算的调整流程

企业调整预算，应当由预算执行单位逐级向企业预算委员会提交书面报告，阐述预算执行的具体情况、客观因素变化情况及其对预算执行造成的影响程度，提出预算指标的调整幅度。

预算的调整主要包括现有预算项目的调整和新增预算项目。常见的预算调整表格如表6-1-4所示。

表 6-1-4　常见的预算调整表格

部门：　　　　　　　　　　　　　　　　　　　　　　　　　　　　　单位：万元

项目	原预算金额	调整金额	调整后金额	调整原因
现有预算项目				
1				
2				
……				
新增预算项目				
1				
2				
……				

负责人：　　　　　　　　　　　　　　　　　　　　　　　　　　　时间：

 任务小结

全面预算是从企业全局出发，对企业一定时期内的销售、生产、采购、成本费用以及财务状况等方面的预计情况进行汇总、协调后统一编制的预算。全面预算是一个数字前后衔接、相互勾稽的有机整体。企业可以根据不同的预算项目，分别采用固定预算、弹性预算、增量预算、零基预算、定期预算和滚动预算等方法编制各种预算。

滚动预算的编制

 巩固与提升

一、单项选择题

1. 下列各项中，可能会使预算期间与会计期间相分离的预算方法是（　　）。
   A．增量预算编制方法　　　　　　　　B．弹性预算编制方法
   C．滚动预算编制方法　　　　　　　　D．零基预算编制方法

2. 下列各项中，对企业预算管理工作负总责的组织是（　　）。
   A．财务部　　　　　　　　　　　　　B．董事会
   C．监事会　　　　　　　　　　　　　D．股东会

3. 下列预算方法中，不受现有费用项目和现行预算束缚的是（　　）。
   A．弹性预算编制方法　　　　　　　　B．增量预算编制方法
   C．零基预算编制方法　　　　　　　　D．滚动预算编制方法

4. 运用弹性预算编制方法编制费用预算包括以下步骤：①分析业务量的变化范围；②确定各项费用与业务量的关系；③确定某一业务量；④计算各项预算费用。这4个步骤的正确顺序是（　　）。

A. ①②③④   B. ③②①④

C. ①③②④   D. ③①②④

5. 随着预算的执行不断补充预算，但始终保持一个固定预算期长度的预算编制方法是（　　　）。

A. 滚动预算编制方法   B. 定期预算编制方法

C. 零基预算编制方法   D. 弹性预算编制方法

6. 下列各项中，不属于增量预算基本假定的是（　　　）。

A. 以现有业务活动和各项活动的开支水平，确定预算期各项活动的预算数

B. 预算费用标准必须进行调整

C. 现有的各项开支都是合理的

D. 现有的业务活动是合理的

7. 在编制预算时，预算期必须与会计年度口径一致的预算是（　　　）。

A. 定期预算   B. 零基预算

C. 滚动预算   D. 弹性预算

8. 运用公式 $y=a+bx$ 编制弹性预算，下列选项中通常不宜作为字母 x 所代表的业务量的是（　　　）。

A. 生产量   B. 销售量

C. 库存量   D. 材料消耗量

9. 编制现金预算，通常就可以不再编制的是（　　　）。

A. 销售预算   B. 预计资产负债表

C. 预计现金流量表   D. 预计利润表

10. 整个预算体系的起点是（　　　）。

A. 销售预算   B. 材料采购预算

C. 生产预算   D. 现金预算

二、多项选择题

1. 企业预算主要的两大特征是（　　　）。

A. 数量化   B. 表格化

C. 可伸缩性   D. 可执行性

2. 下列关于财务预算的表述，正确的有（　　　）。

A. 财务预算多为长期预算

B. 财务预算又称为总预算

C. 财务预算是全面预算体系的最后环节

D. 财务预算主要包括现金预算和预计财务报表

3. 下列各项中，属于业务预算的有（　　　）。

A. 销售预算   B. 管理费用预算

C. 资本支出预算   D. 生产预算

4. 预算的作用有（　　　）。

A. 通过引导和控制经济活动，使企业经营达到预期目标

B. 可以作为业绩考核的依据

  C. 可以显示实际的执行情况

  D. 可以实现企业内部各个部门之间的协调

5. 预算的编制程序有（ ）。

  A. 下达目标   B. 编制上报

  C. 审查平衡   D. 审议批准及下达执行

三、判断题

1. 零基预算是为克服固定预算的缺点而设计的一种先进的预算。   （ ）

2. 企业正式下达执行的预算，执行部门一般不能调整。只有当市场环境、政策法规等发生重大变化，导致预算执行结果产生重大偏差时，可经逐级审批后调整。 （ ）

3. 固定预算的编制完全依赖于一种业务量。   （ ）

4. 财务预算是关于企业在未来一定时期内财务状况和经营成果以及现金收支等价值指标的各种预算的总称。   （ ）

5. 编制预算的方法按其业务量调整，可分为固定预算编制方法和弹性预算编制方法两大类。   （ ）

四、课后任务

  在网上查找某上市公司的资料，了解其全面预算的编制情况，并试着分析其全面预算编制过程中采用的编制方法有哪些，评价其全面预算编制情况。

任务二 预算的编制与分析

  核心知识：预算的编制程序。

  核心技能：编制业务预算、编制专门决策预算、编制财务预算。

 ## 相关知识

  企业应建立和完善预算编制的工作制度，明确预算编制依据、编制内容、编制程序和编制方法，确保预算编制依据合理、内容全面、程序规范、方法科学，确保形成各层级广泛接受的、符合业务假设的、可实现的预算控制目标。预算的编制应以销售预算为起点，根据各种预算之间的勾稽关系，按顺序从前往后逐步进行，直至编制出预计财务报表。

 ## 任务实训

一、编制业务预算

  预算的编制方法有很多，其中，固定预算编制方法为常用方法。固定预算编制方法下业务预算的基本编制流程如图6-2-1所示。

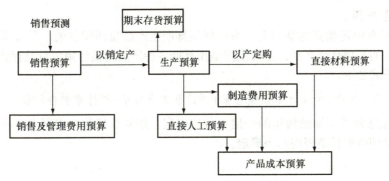

图 6-2-1　业务预算的基本编制流程

编制业务预算的具体内容和步骤如下。

1. 编制销售预算

销售预算是在销售预测的基础上，根据企业年度目标利润确定的预计销售量、销售单价和销售收入等参数编制的，用于规划预算期销售活动的一种业务预算。由于企业其他预算的编制必须以销售预算为基础，因此，销售预算是编制全面预算的起点。

销售预算通常还包括预计现金收入的计算，其目的是为编制现金预算提供必要的资料。本期现金收入包括两部分，即本期销售中收到的现金及上期销售在本期收到的应收账款。

【任务6-2-1】M公司2024年（计划年度）只生产和销售甲产品，按购销双方约定，每季的产品销售货款有60%于当期收到现金，有40%属于赊销，于下一个季度收到现金。上一年（基期）年末的应收账款为31 000元。

要求： 编制M公司计划年度的销售预算。

【解析】M公司计划年度的销售预算如表6-2-1所示。

表 6-2-1　销售预算

项目	第一季度	第二季度	第三季度	第四季度	全年
预计销售量 / 件	800	1 000	1 200	1 000	4 000
预计销售价格 /（元/件）	65	65	65	65	65
预计销售收入 / 元	52 000	65 000	78 000	65 000	260 000
期初应收账款 / 元	31 000				31 000
第一季度销售收入 / 元	31 200	20 800			52 000
第二季度销售收入 / 元		39 000	26 000		65 000
第三季度销售收入 / 元			46 800	31 200	78 000
第四季度销售收入 / 元				39 000	39 000
现金收入合计 / 元	62 200	59 800	72 800	70 200	265 000
期末应收账款 / 元				26 000	26 000

注：阴影单元格中的数据为已知数据，下同。

2. 编制生产预算

生产预算是在销售预算的基础上，为计划预算期生产数量而编制的一种业务预算。编制生产预算的主要目的是预计生产量，主要依据是预算期各种产品的预计销售量及存货期初、期末资料。具体计算公式如下。

$$预计生产量=预计本期销售量+预计期末存货量-预计期初存货量 \qquad （式6-2-1）$$

期末存货量通常按下期销售量的一定百分比确定，期初存货量可根据上年年末账面记录确定，期末存货量则根据长期销售趋势确定。

 提示

生产预算是业务预算中唯一仅以数量形式反映预算期内有关产品生产数量和品种结构的一种预算。

【任务6-2-2】假设M公司2024年年初甲产品有80件，年末甲产品留存120件。期末存货为下期销售量的10%。

要求：根据【任务6-2-1】编制的业务预算资料，编制M公司计划年度的生产预算。

【解析】M公司计划年度的生产预算如表6-2-2所示。

图6-2-2 生产预算 单位：件

项目	第一季度	第二季度	第三季度	第四季度	全年
预计销售量	800	1 000	1 200	1 000	4 000
加：预计期末存货	100	120	100	120	120
预计需要量	900	1 120	1 300	1 120	4 120
减：期初存货	80	100	120	100	80
预计生产量	820	1 020	1 180	1 020	4 040

生产预算的要点是确定预算期的产品生产量和期末存货量，前者为编制直接材料预算、直接人工预算、制造费用预算等提供依据，后者是编制期末存货预算及预计资产负债表的基础。

3. 编制直接材料预算

直接材料预算是以生产预算为基础而编制的一种业务预算。在编制直接材料预算时，应以生产预算提出的预计生产量和企业消耗定额资料所确定的单位产品材料消耗定额来确定预算期材料消耗量，并结合当前情况和长期销售预测估计得到的期初、期末的结存量来确定采购数量。通常情况下，期末材料结存量可根据下期生产需要的一定百分比确定。然后，按照预计的材料单价计算出所需要的采购资金数，同时在考虑应付前期购料款的偿还和本期购料款的支付等情况后，预计预算期间材料采购现金的支出额。具体计算公式如下。

$$某种材料生产需要量=产品预计生产量×该材料单位产品定额耗用量 \qquad （式6-2-2）$$

某种材料采购量=该种材料生产需要量+该种材料期末结存量-该种材料期初结存量（式6-2-3）

直接材料的预算通常还包括预计现金支出的计算，其目的是为编制现金预算提供必要的资料。本期现金支出包括两部分，即应付前期购料款的偿还数和本期购料款的支付数。

提示

材料采购现金支出＝当期现购支出＋支付前期赊购　　　　（式6-2-4）

　　【任务6-2-3】 假设M公司生产甲产品需要消耗A、B两种主要材料。计划年度期初A、B材料存料量各为720千克和480千克，期末存料量为下期生产需用量的30%。A、B材料的年末存料量分别为1 080千克和720千克。每季度的购料款有50%于当季支付，剩余50%于下一季度支付，应付账款年初余额为11 000元。

　　要求： 根据前面已编制的各种业务预算资料，编制M公司计划年度的直接材料预算。

　　【解析】 M公司计划年度的直接材料预算如表6-2-3所示。

表 6-2-3　直接材料预算

项目		第一季度	第二季度	第三季度	第四季度	全年
预计生产量 / 件		820	1 020	1 180	1 020	4 040
材料单耗 /（千克 / 件）	A 材料	3	3	3	3	3
	B 材料	2	2	2	2	2
预计生产需要量 / 千克	A 材料	2 460	3 060	3 540	3 060	12 120
	B 材料	1 640	2 040	2 360	2 040	8 080
加：期末存料量 / 千克	A 材料	918	1 062	918	1 080	1 080
	B 材料	612	708	612	720	720
预计需要量合计 / 千克	A 材料	3 378	4 122	4 458	4 140	13 200
	B 材料	2 252	2 748	2 972	2 760	8 800
减：期初存料量 / 千克	A 材料	720	918	1 062	918	720
	B 材料	480	612	708	612	480
预计采购量 / 千克	A 材料	2 658	3 204	3 396	3 222	12 480
	B 材料	1 772	2 136	2 264	2 148	8 320
材料单价 /（元 / 千克）	A 材料	4	4	4	4	4
	B 材料	3	3	3	3	3
预计采购金额 / 元	A 材料	10 632	12 816	13 584	12 888	49 920
	B 材料	5 316	6 408	6 792	6 444	24 960
	合计	15 948	19 224	20 376	19 332	74 880
期初应付账款 / 元		11 000				11 000
第一季度采购金额 / 元		7 974	7 974			15 948
第二季度采购金额 / 元			9 612	9 612		19 224
第三季度采购金额 / 元				10 188	10 188	20 376

续表

项目	第一季度	第二季度	第三季度	第四季度	全年
第四季度采购金额 / 元				9 666	9 666
现金支出合计 / 元	18 974	17 586	19 800	19 854	76 214
期末应付账款 / 元				9 666	9 666

4. 编制直接人工预算

直接人工预算也是以生产预算为基础而编制的一种业务预算。根据生产预算中提出的预计生产量，以及企业标准成本资料中的定额工时、工时工资率，即可预计直接工资支出。通常情况下，生产中直接人工的工种不同，单位工时的工资率亦不相同，因此，应先按工种分别计算，然后进行汇总。实行月工资制度的企业，则根据直接人工的在册数、出勤率及平均日工资额等数据进行预计。具体计算公式如下。

$$某种产品直接人工总工时=预计生产量×单位产品定额工时 \qquad （式6-2-5）$$
$$预计直接人工总成本=单位工时工资率×该种产品直接人工总工时 \qquad （式6-2-6）$$

产品预计生产量来自生产预算。产品定额工时是由产品生产工艺和技术水平决定的，由产品技术和生产部门提供定额标准；单位工时工资率来自企业人事部门制定的工资标准和工资定额。

> 💡 **提示**
>
> 由于工资一般要以现金支付，因此直接人工预算中预计直接人工成本总额就是现金预算中的直接人工工资支付额。

【任务6-2-4】假设M公司甲产品单位产品耗用工时为3小时，单位工时工资率为4元。

要求：根据前面已编制的各种业务预算资料，编制M公司计划年度的直接人工预算。

【解析】M公司计划年度直接人工预算如表6-2-4所示。在Excel中各单元格计算公式的设置如表6-2-4所示。

表 6-2-4　直接人工预算

项目	第一季度	第二季度	第三季度	第四季度	全年
预计生产量 / 件	820	1 020	1 180	1 020	4 040
单位产品工时定额 /（小时 / 件）	3	3	3	3	3
直接人工工时总额 / 小时	2 460	3 060	3 540	3 060	12 120
单位工时工资率 /（元 / 小时）	4	4	4	4	4
直接人工工资总额 / 元	9 840	12 240	14 160	12 240	48 480

5. 编制制造费用预算

制造费用预算是以编制的生产预算为基础，依据除直接材料、直接人工外应计入产品成本的全部费用而编制的一种业务预算。制造费用预算根据成本性态划分为变动制造费用预算和固定制造费用预算两部分。其中，变动制造费用预算部分，应区分不同项目费用，逐一根据单位变动制造费用分配率和业务量（一般是直接人工总工时或机器工时等）确定各项目的变动制造费用预算总额。具体计算公式如下。

$$某项目变动制造费用分配率 = \frac{该项目变动制造费用预算总额}{业务量预算总额} \qquad （式6-2-7）$$

固定制造费用预算部分，通常与预算期内的生产量无关，应区分不同项目费用，逐一确定预算期各项目的固定费用预算（可以采用零基预算编制方法逐项预计）。

为了方便以后现金预算的编制，需要预计制造费用现金的支出额。由于固定资产折旧费用不需要支付现金，所以在制造费用支出总额中应予以扣除。

 提示

制造费用中的非付现费用，如折旧费用，在计算现金支出时应予以扣除。

【任务6-2-5】假设制造费用根据成本性态划分为变动制造费用和固定制造费用两部分。

要求：根据前面已编制的各种业务预算资料，编制M公司的制造费用预算和预计现金支出预算。

【解析】M公司计划年度的制造费用预算和预计现金支出预算分别如表6-2-5和表6-2-6所示。

表6-2-5 制造费用预算   金额单位：元

变动制造费用项目	金额	固定制造费用项目	金额
间接人工	6 060	维护费用	4 000
间接材料	4 848	折旧费用	33 200
维护费用	2 424	管理费用	35 000
水电费用	3 636	保险费用	6 000
其他	1 212	财产税	2 600
小计	18 180	小计	80 800
直接人工工时总数 / 小时	12 120	减：折旧费用	33 200
分配率 /（元 / 小时）	1.5	现金支出合计	47 600

表6-2-6 预计现金支出预算

项目	第一季度	第二季度	第三季度	第四季度	全年
直接人工工时 / 小时	2 460	3 060	3 540	3 060	12 120
变动制造费用 / 元	3 690	4 590	5 310	4 590	18 180
固定制造费用 / 元	11 900	11 900	11 900	11 900	47 600
现金支出合计 / 元	15 590	16 490	17 210	16 490	65 780

6. 编制产品成本预算

产品成本预算是上述各项预算的汇总，在该预算中列示出预算年度单位产品成本、总成本，以及预算期内销售成本和期末存货成本。单位产品成本的有关数据来自直接材料预算、直接人工预算和制造费用预算；预计生产量、期末存货量来自生产预算，预计销售量来自销售预算；生产成本、存货成本和销售成本等数据，根据单位成本和有关数量计算得出。

【任务6-2-6】假设M公司采用制造成本法计算成本，生产成本包括变动生产成本和固定生产成本。

要求：根据前面已编制的各种业务预算资料，编制M公司的产品成本预算和期末存货预算。

【解析】M公司计划年度的产品成本预算如表6-2-7所示，期末存货预算如表6-2-8所示。

表 6-2-7　产品成本预算

成本项目		单位用量	单价	单位成本	总成本
直接材料	A 材料	3 千克	4 元 / 千克	12 元	48 480 元
	B 材料	2 千克	3 元 / 千克	6 元	24 240 元
	小计			18 元	72 720 元
直接人工		3 小时	4 元 / 小时	12 元	48 480 元
变动制造费用		3 小时	1.5 元 / 小时	4.5 元	18 180 元
固定制造费用				20 元	80 800 元
合计				54.5 元	220 180 元
加：产成品期初余额					4 400 元
减：产成品期末余额					6 540 元
预计产品销售成本				54.51 元	218 040 元

表 6-2-8　期末存货预算

项目	数量	单价	金额
材料存货			
A 材料	1 080 千克	4 元 / 千克	4 320 元
B 材料	720 千克	3 元 / 千克	2 160 元
小计			6 480 元
产成品存货			
甲产品	120 件	54.5 元 / 件	6 540 元
存货合计			13 020 元

7. 编制销售及管理费用预算

销售及管理费用预算，是以价值形式反映整个预算期内为销售产品和维持一般行政管理工作而发生的各项费用支出的一种业务预算。该预算与制造费用预算相似，需要划分固定费用和变动费用，其编制方法也与制造费用预算相同。销售及管理费用预算也应附列计划期间预计销售及管理费用的现金支出预算，以便编制现金预算。

销售及管理费用预算的要点是确定各个变动费用及固定费用项目的预算金额，并确定预计的现金支出。

提示

销售及管理费用预算要剔除非付现成本，确定现金支出。

【任务6-2-7】假设M公司的销售部门和行政管理部门根据计划期间的具体情况，合并编制销售及管理费用预算。

要求：根据前面已编制的各种业务预算资料，编制M公司的销售及管理费用预算。

【解析】M公司计划年度的销售及管理费用预算如表6-2-9所示，现金支出预算如表6-2-10所示。

表6-2-9 销售及管理费用预算 单位：元

费用明细项目		预算金额
变动费用	销售佣金	2 042
	办公费用	218
	运输费用	1 151
	其他	……
	变动费用小计	8 480
	产品销售成本	218 040
	分配率	0.038 891 946
固定费用	广告费用	2 000
	管理人员工资	1 100
	保险费用	800
	折旧费用	2 000
	财产税	400
	其他	……
	固定费用小计	6 800
	减：折旧费用	2 000
	固定费用现金支出小计	4 800
合计		15 280

表6-2-10 现金支出预算 单位：元

项目	第一季度	第二季度	第三季度	第四季度	全年
预计产品销售成本	43 608	54 510	65 412	54 510	218 040
变动性销售管理费用	1 696	2 120	2 544	2 120	8 480
固定性销售管理费用	1 200	1 200	1 200	1 200	4 800
现金支出合计	2 896	3 320	3 744	3 320	13 280

技能拓展　　　　　　　　　Excel在业务预算中的应用

（1）沿用【任务6-2-1】中有关数据，在Excel中编制M公司的销售预算时各单元格计算公式的设置如图6-2-2所示。

	A	B	C	D	E	F
1	销售预算					单位：元
2	季度	1	2	3	4	全年
3	预计销售量（件）	800	1000	1200	1000	=SUM(B3:E3)
4	预计销售价格（元/件）	65	65	65	65	65
5	预计销售收入	=B3*B4	=C3*C4	=D3*D4	=E3*E4	=F3*F4
6	期初应收账款	=F5				81000
7	第1季度销售收入	=B5*0.6	=B5*0.4			=SUM(B7:E7)
8	第2季度销售收入		=C5*0.6	=C5*0.4		=SUM(B8:E8)
9	第3季度销售收入			=D5*0.6	=D5*0.4	=SUM(B9:E9)
10	第4季度销售收入				=E5*0.6	=SUM(B10:E10)
11	现金收入合计	=SUM(B6:B10)	=SUM(C6:C10)	=SUM(D6:D10)	=SUM(E6:E10)	=SUM(F6:F10)
12	期末应收账款	=E5-E10				=E12
13						

｜◄ ► ►｜ 销售预算 / 生产预算 / 直接材料预算 / 直接人工预算 / 制造费用预算 / 产品成本预算 / 销售

Excel在销售预算中的应用

图6-2-2　销售预算（计算公式设置）

注：现金收入合计使用求和函数SUM( )计算，具体方法是在单元格B11中输入"=SUM（B6:B10）"，按"Enter"键，然后一直向右填充到单元格F11，计算出各季度及全年的现金收入合计。

（2）沿用【任务6-2-2】中有关数据，在Excel中编制M公司的生产预算时各单元格计算公式的设置如图6-2-3所示。

	A	B	C	D	E	F
1	生产预算					单位：件
2	季度	1	2	3	4	全年
3	预计销售量	=销售预算!B3	=销售预算!C3	=销售预算!D3	=销售预算!E3	=销售预算!F3
4	加：预计期末存货量	=C3*0.1	=D3*0.1	=E3*0.1	=F4	120
5	预计需要量	=B3+B4	=C3+C4	=D3+D4	=E3+E4	=F3+F4
6	减：预计期初存货量	=F6	=B4	=C4	=D4	80
7	预计生产量	=B5-B6	=C5-C6	=D5-D6	=E5-E6	=F5-F6

｜◄ ► ►｜ 销售预算 / 生产预算 / 直接材料预算 / 直接人工预算 / 制造费用预算 / 产品成本预算 / 销售及管

Exce在生产预算中的应用

图6-2-3　生产预算（计算公式设置）

（3）沿用【任务6-2-3】中有关数据，在Excel中编制M公司的直接材料预算时各单元格计算公式的设置如图6-2-4所示。

	A	B	C	D	E	F
1	直接材料预算					单位：元
2	季度	1	2	3	4	全年
3	预计生产量（件）	=生产预算!B7	=生产预算!C7	=生产预算!D7	=生产预算!E7	=生产预算!F7
4	材料单耗（千克/件）					
5	A材料	3	3	3	3	3
6	B材料	2	2	2	2	2
7	预计生产需要量（千克）					
8	A材料	=B3*B5	=C3*C5	=D3*D5	=E3*E5	=F3*F5
9	B材料	=B3*B6	=C3*C6	=D3*D6	=E3*E6	=F3*F6
10	加：期末存料量（千克）					
11	A材料	=C8*0.3	=D8*0.3	=E8*0.3	=F11	1080
12	B材料	=C9*0.3	=D9*0.3	=E9*0.3	=F12	720
13	预计生产需要量合计（千克）					
14	A材料	=B8+B11	=C8+C11	=D8+D11	=E8+E11	=F8+F11
15	B材料	=B9+B12	=C9+C12	=D9+D12	=E9+E12	=F9+F12
16	减：期初存料量（千克）					
17	A材料	=F17	=B11	=C11	=D11	720
18	B材料	=F18	=B12	=C12	=D12	480
19	预计采购量（千克）					
20	A材料	=B14-B17	=C14-C17	=D14-D17	=E14-E17	=F14-F17
21	B材料	=B15-B18	=C15-C18	=D15-D18	=E15-E18	=F15-F18
22	材料单价（元/千克）					
23	A材料	4	4	4	4	4
24	B材料	3	3	3	3	3
25	预计采购金额					
26	A材料	=B20*B23	=C20*C23	=D20*D23	=E20*E23	=F20*F23
27	B材料	=B21*B24	=C21*C24	=D21*D24	=E21*E24	=F21*F24
28	合计	=B26+B27	=C26+C27	=D26+D27	=E26+E27	=F26+F27
29	期初应付账款	=F29				11000
30	第1季度采购金额	=B28*0.5	=B28*0.5			=SUM(B30:E30)
31	第2季度采购金额		=C28*0.5	=C28*0.5		=SUM(B31:E31)
32	第3季度采购金额			=D28*0.5	=D28*0.5	=SUM(B32:E32)
33	第4季度采购金额				=E28*0.5	=SUM(B33:E33)
34	现金支出合计	=SUM(B29:B33)	=SUM(C29:C33)	=SUM(D29:D33)	=SUM(E29:E33)	=SUM(F29:F33)
35	期末应付账款				=E28-E33	=E35
36						

｜◄ ► ►｜ 销售预算 / 生产预算 / 直接材料预算 / 直接人工预算 / 制造费用预算 / 产品成本预算 / 销售及管理

Excel在直接材料预算中的应用

图6-2-4　直接材料预算（计算公式设置）

（4）沿用【任务6-2-4】中有关数据，在Excel中编制M公司的直接人工预算时各单元格计算公式的设置如图6-2-5所示。

	A	B	C	D	E	F
1				直接人工预算		单位：元
2	季度	1	2	3	4	全年
3	预计生产量（件）	=生产预算!B7	=生产预算!C7	=生产预算!D7	=生产预算!E7	=生产预算!F7
4	单位产品工时定额（小时/件）	3	3	3	3	3
5	直接人工工时总数（小时）	=B3*B4	=C3*C4	=D3*D4	=E3*E4	=F3*F4
6	单位工时工资率	4	4	4	4	4
7	直接人工工资总额	=B5*B6	=C5*C6	=D5*D6	=E5*E6	=F5*F6
8						

◄ ►|\销售预算/生产预算/直接材料预算/直接人工预算/制造费用\◄|

Excel在直接人工预算中的应用

图6-2-5　直接人工预算（计算公式设置）

（5）沿用【任务6-2-5】中有关数据，在Excel中编制M公司的制造费用预算和预计现金支出预算时各单元格计算公式的设置分别如图6-2-6和图6-2-7所示。

	A	B	C	D
1	变动制造费用项目	金　额（元）	固定制造费用项目	金　额（元）
2	间接人工费用	6060	维护费用	4000
3	间接材料费用	4848	折旧费用	33200
4	维护费用	2424	管理费用	35000
5	水电费用	3636	保险费用	6000
6	其他	1212	财产税	2600
7	小计	=SUM(B2:B6)	小计	=SUM(D2:D6)
8	直接人工工时总数（小时）	=直接人工预算!F5	减：折旧费用	=D3
9	分配率	=B7/B8	现金支出合计	=D7-D8
10				

◄ ► |\直接材料预算/直接人工预算/制造费用预算/产品成本预算/销售及管理费用预算/专|◄|

Excel在制造费用预算中的应用

图6-2-6　制造费用预算（计算公式设置）

	A	B	C	D	E	F
11				预计现金支出预算		单位：元
12	季度	1季度	2季度	3季度	4季度	全年
13	直接人工工时（小时）	=直接人工预算!B5	=直接人工预算!C5	=直接人工预算!D5	=直接人工预算!E5	=直接人工预算!F5
14	变动制造费用	=B13*$B$9	=C13*$B$9	=D13*$B$9	=E13*$B$9	=F13*$B$9
15	固定制造费用	=$F$15/4	=$F$15/4	=$F$15/4	=$F$15/4	=D9
16	现金支出合计	=SUM(B14:B15)	=SUM(C14:C15)	=SUM(D14:D15)	=SUM(E14:E15)	=SUM(F14:F15)

◄ ► |\直接材料预算/直接人工预算/制造费用预算/产品成本预算/销售及管理费用预算/专门决策预|◄|

图6-2-7　预计现金支出预算（计算公式设置）

注：绝对引用是指将公式复制到新的单元格后，公式中引用的单元格地址保持固定不变。绝对引用的表示方法是在相对引用的单元格的列标和行号之前分别加上"$"符号，如"$B$9"。

（6）沿用【任务6-2-6】中有关数据，在Excel中编制M公司的产品成本预算和期末存货预算时各单元格计算公式的设置分别如图6-2-8和图6-2-9所示。

	A	B	C	D	E
1			产品成本预算		
2	成本项目	单位用量	单价（元）	单位成本（元）	总成本（元）
3	直接材料				
4	A材料（千克）	=直接材料预算!B5	=直接材料预算!B23	=B4*C4	=D4*生产预算!F7
5	B材料（千克）	=直接材料预算!B6	=直接材料预算!B24	=B5*C5	=D5*生产预算!F7
6	小计				=SUM(E4:E5)
7	直接人工（小时）	=直接人工预算!B4	=直接人工预算!B6	=B7*C7	=D7*生产预算!F7
8	变动制造费用（小时）	=直接人工预算!B4	=制造费用预算!B9	=B8*C8	=D8*生产预算!F7
9	固定制造费用			=E9/生产预算!F7	=制造费用预算!D7
10	合计			=SUM(D4:D9)	=SUM(E6:E9)
11	加：产成品期初余额				4400
12	减：产成品期末余额				=生产预算!F4*D10
13	预计产品销售成本			=E13/销售预算!F3	=E10+E11-E12
14					

◄ ► |\直接材料预算/直接人工预算/制造费用预算/产品成本预算/销售及管理费|◄|

Excel在产品成本预算中的应用

图6-2-8　产品成本预算（计算公式设置）

注：①已销产品成本的计算采用先进先出法；②单位产品销售成本=总成本/销量。

	A	B	C	D
15	期末存货预算			金额单位：元
16	项 目	数量	单价	金额
17	材料存货			
18	A材料（千克）	=直接材料预算!F1	=直接材料预算!F23	=B18*C18
19	B材料（千克）	=直接材料预算!F1	=直接材料预算!F24	=B19*C19
20	小计			=SUM(D18:D19)
21	产成品存货			
22	甲产品（件）	=生产预算!F4	=D10	=B22*C22
23	存货合计			=D20+D22

图 6-2-9　期末存货预算（计算公式设置）

（7）沿用【任务6-2-7】中有关数据，在Excel中编制M公司销售及管理费用预算时各单元格计算公式的设置如图6-2-10所示，现金支出预算各单元格计算公式的设置如图6-2-11所示。

	A	B	C
1	费 用 明 细 项 目		预算金额(元)
2	变动费用	销售佣金	2042
3		办公费用	218
4		运输费用	1151
5		其他	……
6		变动费用小计	8480
7		产品销售成本	=产品成本预算!E13
8		分配率	=C6/C7
9	固定费用	广告费用	2000
10		管理人员工资	1100
11		保险费用	800
12		折旧费用	2000
13		财产税	400
14		其他	……
15		固定费用小计	6800
16		减：折旧费用	=C12
17		固定费用现金支出小计	=C15-C16
18	合计		=C6+C15

Excel在销售及管理费用预算中的应用

图 6-2-10　销售及管理费用预算（计算公式设置）

	A	B	C	D	E	F
20	预计现金支出计算表					单位：元
21	季度	1	2	3	4	合计
22	预计产品销售成本	=销售预算!B3*产品成本预算!$D$13	=销售预算!C3*产品成本预算!$D$13	=销售预算!D3*产品成本预算!$D$13	=销售预算!E3*产品成本预算!$D$13	=销售预算!F3*产品成本预算!$D$13
23	变动性销售管理费用	=B22*C$8	=C22*C$8	=D22*C$8	=E22*C$8	=F22*C$8
24	固定性销售管理费用	=$F24/4	=$F24/4	=$F24/4	=$F24/4	=C17
25	现金支出合计	=SUM(B23:B24)	=SUM(C23:C24)	=SUM(D23:D24)	=SUM(E23:E24)	=SUM(F23:F24)

图 6-2-11　现金支出预算（计算公式设置）

随堂练习

华友公司只生产和销售一种产品，根据市场调查和预测，该公司计划在2025年销售产品15 000件，其中，第一季度和第四季度的销售量均为3 500件，第二季度和第三季度的销售量均为4 000件。销售单价为100元。每季度的销售货款在当季度实现60%，其余在下季度实现。期初应收账款余额为45 000元。

要求：编制表6-2-11所示的销售预算。

表 6-2-11　销售预算

项目	第一季度	第二季度	第三季度	第四季度	全年
预计销售量					
单价					
销售收入					
预计现金收入					
期初应收账款					
第一季度					
第二季度					
第三季度					
第四季度					
现金收入合计					

二、编制专门决策预算

专门决策预算主要是长期投资预算（又称资本支出预算），通常是指与项目投资决策相关的专门预算，它往往涉及长期建设项目的资金投放与筹集，并经常跨越多个年度。编制专门决策预算的依据是项目财务可行性分析资料和企业筹资决策资料，如图6-2-12所示。

图 6-2-12　编制专门决策预算的依据

专门决策预算的要点是准确反映项目资金投资支出与筹资计划。专门决策预算是编制现金预算和预计资产负债表的依据。

【任务6-2-8】假设M公司决定于预计年度增加一条新的生产线，年内安装完毕，并于年末投入使用。

要求：编制M公司的专门决策预算。

【解析】M公司的专门决策预算如表6-2-12所示。

表 6-2-12　专门决策预算表　　　　　　　　　　　　　单位：元

项目	第一季度	第二季度	第三季度	第四季度	全年
投资支出预算	11 000	19 000	9 000	1 000	40 000
投资者利润	2 000	2 000	2 000	2 000	8 000

Excel在专门决策预算中的应用

沿用【任务6-2-8】中有关数据，在Excel中编制M公司专门决策预算时各单元格计算公式的设置如图6-2-13所示。

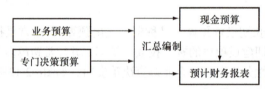

	A	B	C	D	E	F
1	项　　目	1季度	2季度	3季度	4季度	全年
2	投资支出预算	11000	19000	9000	1000	=SUM(B2:E2)
3	投资者利润	2000	2000	2000	2000	=SUM(B3:E3)
4						（单位：元）

产品成本预算／销售及管理费用预算／专门决策预算／现金预算／预计利润

Excel在专门决策预算中的应用

图6-2-13　专门决策预算（计算公式设置）

三、编制财务预算

财务预算主要包括现金预算和预计财务报表。财务预算作为全面预算体系的最后环节，是从价值方面全面反映企业业务预算与专门决策预算的结果，也就是说，业务预算和专门决策预算中的资料可以用货币金额反映在财务预算内。显然，财务预算在全面预算中占有举足轻重的地位。

财务预算的编制程序如图6-2-14所示。

图6-2-14　财务预算的编制程序

1. 编制现金预算

现金预算是以业务预算和专门决策预算为依据编制的、专门反映预算期内预计现金收入与现金支出，以及为满足理想现金余额而进行现金投融资的预算。现金预算由期初现金余额、现金收入、现金支出、现金余缺、现金投放与筹措5部分组成。具体计算公式如下。

$$期初现金余额+现金收入-现金支出=现金余缺 \qquad （式6-2-8）$$

财务管理部门应根据现金余缺与期末现金余额的比较，确定预算期现金投放或筹措。当现金余缺大于期末现金余额时，应将超出期末现金余额的多余现金进行投放；当现金余缺小于期末现金余额时，应筹措现金，以达到要求的期末现金余额。具体计算公式如下。

$$现金余缺+现金筹措（现金不足时）=期末现金余额 \qquad （式6-2-9）$$
$$现金余缺-现金投放（现金多余时）=期末现金余额 \qquad （式6-2-10）$$

【任务6-2-9】根据前面编制的各业务预算和专门决策预算的资料，假设每季度应缴纳企业所得税1 200元。企业年初长期借款为80 000元，年利率为10%，年利息为8 000元，利息每年年末支付。预计企业理想的期末现金余额为4 000元，企业利用短期借款进行调剂，现金不足时向银行申请短期借款（为1 000元的倍数），现金多余时归还银行短期借款（为1 000元的倍数），借款在期初，还款在期末，年利率为5%。

要求： 编制M公司的现金预算。

【解析】M公司的现金预算如表6-2-13所示。

表 6-2-13　现金预算　　　　　　　　　　单位：元

项目	第一季度	第二季度	第三季度	第四季度	全年
期初现金余额	4 000	4 700	4 664	4 200	4 000
加：销售现金收入	62 200	59 800	72 800	70 200	265 000
现金收入合计	66 200	64 500	77 464	74 400	269 000
减：现金支出					
直接材料费用	18 974	17 586	19 800	19 854	76 214
直接人工费用	9 840	12 240	14 160	12 240	48 480
制造费用	15 590	16 490	17 210	16 490	65 780
销售及管理费用合计	2 896	3 320	3 744	3 320	13 280
投资支出预算	11 000	19 000	9 000	1 000	40 000
长期借款利息				8 000	8 000
投资者利润	2 000	2 000	2 000	2 000	8 000
所得税费	1 200	1 200	1 200	1 200	4 800
现金支出合计	61 500	71 836	67 114	64 104	264 554
现金余缺	4 700	−7 336	10 350	10 296	4 446
筹资与运用					
银行短期借款		12 000			12 000
偿还银行借款			−6 000	−6 000	−12 000
支付借款利息			−150	−225	−375
期末现金余额	4 700	4 664	4 200	4 071	4 071

2. 编制预计利润表

预计利润表用来综合反映企业在计划期的预计经营成果，是企业最主要的预计财务报表之一。编制预计利润表的依据是各业务预算、专门决策预算和现金预算。

【任务6-2-10】以前面所编各种预算为资料。

要求：编制M公司的预计利润表。

【解析】M公司的预计利润表如表6-2-14所示。

表 6-2-14　预计利润表　　　　　　　　　　单位：元

项目	金额
销售收入	260 000
减：销售成本	218 040
销售毛利	41 960
减：销售及管理费用	15 280

续表

项目	金额
财务费用	8 375
利润总额	18 305
减：所得税	4 800
净利润	13 505

💡 提示

预计利润表中的所得税不是根据利润总额和所得税税率计算得来的。

3. 编制预计资产负债表

预计资产负债表用来反映企业在计划期末预计的财务状况。它的编制需要以计划期开始日的资产负债表为基础，结合计划期间各项业务预算、专门决策预算、现金预算和预计利润表进行编制。它是编制全面预算的终点。

【任务6-2-11】预计资产负债表的期初数为已知数，以前面的各种预算为资料。

要求：编制M公司的预计资产负债表。

【解析】M公司的预计资产负债表如表6-2-15所示。

表6-2-15 预计资产负债表 单位：元

项目	期初	期末	资料（期末数）
资产			
货币资金	4 000	4 071	现金预算
应收账款	31 000	26 000	销售现金收入预算
存货	8 720	13 020	期末存货预算
流动资产合计	43 720	43 091	
固定资产原价	248 440	288 440	期初数＋"设备购置合计"
减：累计折旧	76 400	111 600	期初数＋本期计提折旧
固定资产净值	172 040	176 840	
无形资产及其他资产			
长期资产合计	172 040	176 840	
资产总计	215 760	219 931	
负债和所有者权益			
应付账款	11 000	9 666	直接材料现金支出预算
应付职工薪酬			
流动负债合计	11 000	9 666	

续表

项目	期初	期末	资料（期末数）
长期借款	80 000	80 000	
非流动负债合计	80 000	80 000	
负债合计	91 000	89 666	
实收资本	120 000	120 000	
资本公积			
盈余公积	3 760	5 110.5	年初数＋本期提取数
未分配利润	1 000	5 154.5	
所有者权益合计	124 760	130 265	
负债和所有者权益总计	215 760	219 931	

技能拓展　　　　**Excel在财务预算中的应用**

（1）沿用【任务6-2-9】中有关数据，在Excel中编制M公司的现金预算时各单元格计算公式的设置如图6-2-15所示。

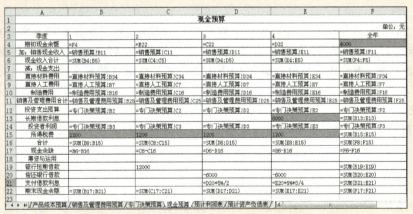

图 6-2-15　现金预算（计算公式设置）

（2）沿用【任务6-2-10】中有关数据，在Excel中编制M公司的预计利润表时各单元格计算公式的设置如图6-2-16所示。

图 6-2-16　预计利润表（计算公式设置）

（3）沿用【任务6-2-11】中有关数据，在Excel中编制M公司的预计资产负债表时各单元格计算公式的设置如图6-2-17所示。

	A	B	C
1	项　目	期 初（元）	期 末（元）
2	资产		
3	货币资金	4000	=现金预算!F22
4	应收账款	31000	=销售预算!E12
5	存货	8720	=产品成本预算!D23
6	流动资产合计	43720	=SUM(C3:C5)
7	固定资产原价	248440	=B7+专门决策预算!F2
8	减：累计折旧	76400	=B8+制造费用预算!D3+销售及管理费用预算!C12
9	固定资产净值	172040	=C7-C8
10	无形资产及其他资产		
11	长期资产合计	172040	=SUM(C9:C10)
12	资产总计	215760	=C6+C11
13	负债及所有者权益		
14	应付账款	11000	=直接材料预算!E35
15	应付职工薪酬		
16	流动负债合计	11000	=SUM(C14:C15)
17	长期负债		
18	长期借款	80000	=B18
19	长期负债合计	80000	=SUM(C18)
20	负债合计	91000	=C16+C19
21	实收资本	120000	=B21
22	资本公积		
23	盈余公积	3760	=B23+预计利润表!B9*10%
24	未分配利润	1000	=B24+预计利润表!B9*90%-专门决策预算!F3
25	所有者权益合计	124760	=SUM(C21:C24)
26	负债及所有者权益总计	215760	=C20+C25

‹ › ›‹ /产品成本预算 /销售及管理费用预算 /专门决策预算 /现金预算 /预计利润表 /预计资产负债表/

图6-2-17　预计资产负债表（计算公式设置）

Excel在预计资产负债表中的应用

随堂练习

丁公司在2024年年末的长期借款余额为12 000万元，短期借款余额为零。该公司的最佳现金持有量为500万元，如果资金不足，可向银行借款。假设：银行要求的借款金额是100万元的倍数，而偿还本金的金额是10万元的倍数；新增借款发生在季度期初，偿还借款本金发生在季度期末，先偿还短期借款；借款利息按季度平均计提，并在季度期末偿还。

要求：

（1）编制丁公司2025年分季度的现金预算，部分信息如表6-2-16所示。

表6-2-16　现金预算的部分信息　　　　　　　　　　　单位：万元

项目	第一季度	第二季度	第三季度	第四季度
现金余缺	-7 500	C	*	-450
长期借款	6 000	0	5 000	0
短期借款	2 600	0	0	E
偿还短期借款	0	1 450	1 150	0
偿还短期借款利息（年利率8%）	52	B	D	*
偿还长期借款利息（年利率12%）	540	540	*	690
期末现金余额	A	503	*	*

注："*"表示省略的数据。

（2）确定表6-2-2中英文字母A、B、C、D代表的数值。

任务小结

全面预算可分为3类：一是业务预算，二是专门决策预算，三是财务预算。财务预算是前两种预算的综合。财务预算具体包括现金预算和预计财务报表。其中，现金预算是以价值形式反映的预算，在企业各预算中尤显重要。在学习预算管理基本理论后，结合一两个企业的实际情况对照编制预算是掌握预算编制的有效途径。

 巩固与提升

一、单项选择题

1. 下列关于生产预算的表述，错误的是（   ）。
   A. 生产预算是一种业务预算　　　　B. 生产预算不涉及实物量预算
   C. 销售预算是生产预算的编制基础　D. 生产预算是直接材料预算的编制基础

2. 下列各项中，不会对预计资产负债表中存货金额产生影响的是（   ）。
   A. 生产预算　　　　　　　　　　　B. 直接材料预算
   C. 销售费用预算　　　　　　　　　D. 单位产品成本预算

3. 同时以实物量指标和价值量指标分别反映企业经营收支和相关现金收支的预算是（   ）。
   A. 现金预算　　B. 预计资产负债表　　C. 销售预算　　　　D. 生产预算

4. 直接材料预算的主要编制基础是（   ）。
   A. 产品成本预算　B. 生产预算　　　　C. 现金预算　　　　D. 销售预算

5. 下列各项中，没有直接在现金预算中反映的是（   ）。
   A. 期初、期末现金余额　　　　　　B. 现金筹措及运用
   C. 预算期产量和销量　　　　　　　D. 预算期现金余额

6. 某企业每季度销售收入中，本季度收到的现金为销售收入的60%，销售收入另外的40%要到下季度才能收回。若预算年度的第四季度销售收入为40 000元，则预计资产负债表中年末"应收账款"项目金额为（   ）元。
   A. 16 000　　　B. 24 000　　　　　C. 40 000　　　　　D. 20 000

7. 某公司预计计划年度期初应付账款余额为200万元，1—3月采购金额分别为500万元、600万元和800万元，每月采购款当月支付70%，次月支付30%，则预计第一季度现金支出额是（   ）。
   A. 2 100万元　　B. 1 900万元　　　C. 1 860万元　　　D. 1 660万元

8. 预计利润表中，利息支出是依据（   ）编制的。
   A. 销售预算　　　B. 生产预算　　　　C. 现金预算　　　　D. 产品成本预算

9. 现金预算中现金收入主要来自（   ）。
   A. 销售预算　　　　　　　　　　　B. 生产预算
   C. 资本支出预算　　　　　　　　　D. 预计利润表

10. 某期现金预算中假定出现了正值的现金余缺，当它超过理想的期末现金余额时，单纯从财务预算调剂现金余缺的角度看，该期不宜采用的措施是（   ）。
    A. 偿还部分借款利息　　　　　　　B. 偿还部分借款本金

C. 抛售短期有价证券　　　　　　　　D. 购入短期有价证券

二、多项选择题

1. 某批发企业销售甲商品，第三季度各月预计的销售量分别为1 000件、1 200件和1 100件，企业计划每月月末产品存货量为下月预计销售量的20%。下列各项预计中，正确的有（　　　）。

A. 8月期初存货为240件　　　　　　　B. 8月生产量为1 180件

C. 8月期末存货为220件　　　　　　　D. 第三季度生产量为3 300件

2. 能在现金预算中反映的内容有（　　　）。

A. 现金筹措情况　　　　　　　　　　B. 损益

C. 现金收入　　　　　　　　　　　　D. 现金支出

3. 产品成本预算的编制基础有（　　　）。

A. 生产预算　　　　　　　　　　　　B. 直接材料预算

C. 直接人工预算　　　　　　　　　　D. 制造费用预算

4. 下列各项预算中，与编制预计利润表直接相关的有（　　　）。

A. 销售预算　　　　　　　　　　　　B. 生产预算

C. 产品成本预算　　　　　　　　　　D. 销售及管理费用预算

5. 下列各项中，能在销售预算中找到的内容有（　　　）。

A. 销售单价　　　　　　　　　　　　B. 生产数量

C. 销售数量　　　　　　　　　　　　D. 回收应收账款

三、判断题

1. 财务预算能够综合反映各项业务预算和各项专门决策预算，因此称为总预算。（　　　）

2. 生产预算是规定预算期内有关产品生产数量、产值和品种结构的一种业务预算。（　　　）

3. 专门决策预算主要反映项目投资与筹资计划，是编制现金预算和预计资产负债表的依据之一。　　　　　　　　　　　　　　　　　　　　　　　　　　　　　（　　　）

4. 预计资产负债表用来反映企业在计划期末预计的财务状况，它的编制需要以计划期开始日的资产负债表为基础。　　　　　　　　　　　　　　　　　　　　　（　　　）

5. 现金预算属于业务预算。　　　　　　　　　　　　　　　　　　　　（　　　）

四、课后任务

在网上查找某上市公司的资料，了解其现金预算的编制情况，并试着分析其在现金预算编制过程中采用的编制方法有哪些，评价其现金预算的编制情况。

 项目技能训练

1. 某企业只生产一种产品，售价为8元/件。2024年12月销售20 000件，2025年1月预计销售30 000件，2025年2月预计销售40 000件。根据经验，商品售出后当月可收回货款的60%，第二个月收回货款的30%，第三个月收回货款的10%。

要求：

（1）计算2025年2月的预计现金收入。

（2）计算2025年2月的应收账款。

2. 某企业生产A产品，2024年4个季度的预计销售量分别为2 000件、1 800件、2 400件和2 200件；年初结存量为400件；预计每个季度的期末结存量为下一季度销售量的20%；预计2025年第一季度的销售量为2 100件。

要求：计算各季度生产量的预算数。

3. E公司只产销甲产品，甲产品只消耗乙材料。该公司于2024年第四季度按定期预算编制方法编制2025年的预算，部分预算资料如下。

乙材料在2025年年初的预计结存量为2 000千克，各季度期末乙材料的预计结存量数据如下表所示。

2025 年各季度期末乙材料预计结存量　　　　　单位：千克

项目	第一季度	第二季度	第三季度	第四季度
乙材料预计结存量	1 000	1 200	1 200	1 300

每季度乙材料的购货款于当季支付其中的40%，剩余60%于下一个季度支付；2025年年初的预计应付账款余额为80 000元。该公司2025年度乙材料的采购预算如下表所示。

2025 年乙材料的采购预算

项目	第一季度	第二季度	第三季度	第四季度	全年
预计甲产品量/件	3 200	3 200	3 600	4 000	14 000
材料定额单耗/（千克/件）	5	*	*	*	*
预计生产需要量/件	*	16 000	*	*	70 000
加：期末结存量/千克	*	*	*	*	*
预计需要量合计/千克	17 000	A	19 200	21 300	B
减：期初结存量/千克	*	1 000	C	*	*
预计材料采购量/千克	D	*	*	20 100	E
材料计划单价/（元/千克）	10	*	*	*	*
预计采购金额/元	150 000	162 000	180 000	201 000	693 000

注："材料定额单耗"是指在现有生产技术条件下，生产单位产品所需要的材料数量；全年乙材料计划单价不变；"*"为省略的数据。

要求：

（1）确定E公司乙材料采购预算中用字母A、B、C、D表示的项目数值（不需要列示计算过程）。

（2）计算E公司第一季度预计采购现金支出和第四季度末预计应付账款。

4. 某企业2024年有关预算资料如下。

（1）预计该企业3—7月的销售收入分别为40 000元、50 000元、60 000元、70 000元、80 000元。每月销售收入中，当月收到现金30%，次月收到现金70%。

（2）各月直接材料采购成本按下一个月销售收入的60%计算。所购材料款于当月支付现金50%，次月支付现金50%。

（3）预计该企业4—6月的制造费用分别为4 000元、4 500元、4 200元，每月制造费用中包括折旧费用1 000元。

（4）预计该企业4月购置固定资产，需要现金15 000元。

（5）企业在3月末有长期借款20 000元，利率为15%。

（6）预计该企业在现金不足时，向银行申请短期借款（为1 000元的倍数）；在现金多余时归还银行短期借款（为1 000元的倍数）。借款在期初，还款在期末，短期借款年利率为12%。

（7）预计该企业期末现金余额的额定范围为6 000～7 000元，长期借款利息每季度末支付一次，短期借款利息还本时支付，其他资料如下表所示。

现金预算　　　　　　　　　　　　　　单位：元

月份	4月	5月	6月
期初现金余额	7 000		
经营性现金收入			
经营性现金支出			
直接材料采购支出			
直接工资支出	2 000	3 500	2 800
制造费用支出			
其他付现费用	800	900	750
预缴所得税			8 000
资本性现金支出			
现金余缺			
支付利息			
取得短期借款			
偿还短期借款			
期末现金余额			

要求：根据以上资料，完成该企业4—6月现金预算的编制工作。

5. 某公司生产丙产品。该公司2024年12月31日资产负债表数据如下表所示。

资产负债表数据　　　　　　　　　　　单位：元

资产	金额	负债和所有者权益	金额
现金	10 000	应付账款	10 000
应收账款	40 000	长期借款（年利率20%）	60 000
存货：材料	7 100	实收资本	150 000
产成品	15 120	未分配利润	12 220
固定资产净值	160 000		
资产总计	232 220	负债和所有者权益总计	232 220

（1）该公司生产丙产品，预算年度各季度销售量分别为3 000件、4 000件、4 000件、3 000件，每件销售单价为60元。根据历史资料，该公司于当季度收回货款的80%，下季度收回货款的20%。年初应收账款余额为40 000元，预计在第一季度收回。

（2）该公司预计预算年度每季度存货量占下一季度销售量的10%，并预计年末存货量为400件，年初存货量为420件。

（3）该公司生产丙产品需耗用A材料2千克，每千克A材料的价格为5元；所购材料账款于当季支付70%，下季度支付30%。预计预算年度A材料每季度末的结存量为下一季度生产需用量的20%，年初、年末的结存量分别为1 420千克和1 380千克。应付账款年初余额为10 000元。

（4）该公司生产每件丙产品需用直接人工2.5小时，每小时工资额为4元。

（5）制造费用预算如下表所示。

制造费用预算　　　　　　　　　　　　　　　　　　　单位：元

制造费用预算	变动制造费用预算		固定制造费用预算	
	间接人工费用	32 500	折旧费用	30 000
	间接材料费用	17 320	保险费用	8 800
	水电费用	28 450	维修费用	20 000
	其他	……	其他	……
合计	83 880		139 800	
直接人工总工时	34 950			

（6）销售及管理费用预算如下表所示。

销售及管理费用预算　　　　　　　　　　　　　　　　单位：元

销售及管理费用预算	变动销售及管理费用预算		固定销售及管理费用预算	
	销售人员工资	22 000	管理人员工资	26 000
	运输费	16 000	保险费	8 000
	办公费	5 000	广告费	18 000
	其他	3 000	其他	6 000
合计	46 000		58 000	
预计现金支出	全年销售及管理费用现金支出总额		104 000	
	每季度销售及管理费用现金支出总额		26 000	

（7）该公司预算年度计划于第一季度和第三季度分别购进价值80 000元、34 000元的设备，全年预计缴纳企业所得税80 000元（按季平均支付），全年支付股利52 000元（按季平均支付）。

（8）该公司年初长期借款为60 000元，年利率为20%，年利息为12 000元，利息每年年末支付。预计理想的期末现金余额为10 000元，该公司利用短期借款进行调剂，现金不足时，向银行申请短期借款（为1 000元的倍数），现金多余时，归还银行短期借款（为1 000元的倍数），借款在期初，还款在期末，月利率为1%。

　　要求：根据上述资料，按照要求在Excel中编制以下预算。①销售预算；②生产预算；③直接材料预算；④直接人工预算；⑤制造费用预算；⑥产品成本预算；⑦现金预算；⑧ 2025年度预计利润表；⑨ 2025年度预计资产负债表。

项目七 财务报告分析与评价

▲ 项目导读

某公司是一家集商业零售、房产销售、物业管理及餐饮服务于一体的大型集团公司。下表是该集团上年年末和本年年末的主要财务指标。

指标	上年年末	本年年末	指标	上年年末	本年年末
流动比率	0.612 1	0.629 5	存货周转期 / 天	66	68
速动比率	0.406 4	0.414 1	营业收入增长率 /%	21.13	25.20
资产负债率 /%	53.44	55.54	净资产收益率 /%	2.77	3.02
已获利息倍数	3.838	5.353	平均收账期 / 天	79	77
产权比率	1.333 1	1.449 5	营业利润率 /%	1.89	16.7
总资产周转率 / 次	0.606	0.344	成本费用利润率 /%	1.89	3.52

【案例启示】通过对该公司本年年末主要财务指标的分析可知，该公司本年偿债能力和营运能力与上年年末相比变化不大；盈利能力有所提高，主要是营业利润率比上年年末有较大提高；发展能力有所提高。

一个科学合理的评价需要从多方面、多角度考虑，全面思考问题，避免片面性，同时还需要有高度的责任心和敬业精神，恰当选择比较标准。

▲ 项目导图

财务报告分析以财务报告和其他相关资料为依据，采用一定的标准，运用科学系统的方法，对企业的财务状况、经营成果、现金流量等重要指标进行分析与评价，为财务报告分析主体的决策提供依据。

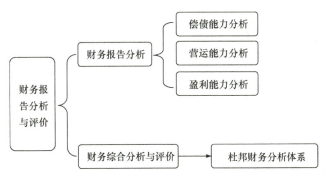

学习目标

知识目标：

1．了解财务报告分析的意义和内容；

2．掌握财务报告分析的基本方法。

技能目标：

1．能进行财务专项能力分析；

2．能进行财务综合分析与评价、撰写财务分析报告。

素养目标：

1．熟悉各财务指标的内在关联，培养数据思维和数据分析能力；

2．具备良好的沟通表达能力、文书写作能力和团队协作能力；

3．培养精益求精、务实高效、客观公正的职业素养。

 情境讨论

L公司小股东张某计划在了解L公司2024年的经营情况和盈利能力后，做出是否继续投资的决策，于是他委托财务人员王某进行财务分析。王某收集了L公司2023年和2024年两年的资产和收益资料，计算出L公司这两年的资产报酬率，其中，2023年为20%，2024年为16%。因此王某认为L公司的盈利能力有所下降，于是，张某向L公司大股东李某提出了撤资的想法。财务分析流程如下。

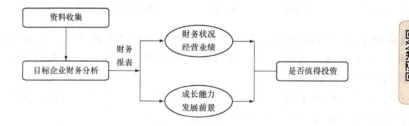

问题：

（1）财务人员王某的分析是否正确？目标企业财务分析中，除了分析企业的财务报表，还需要考虑哪些因素？

（2）如果你是李某，你怎样得到其他股东的信任，并使其打消撤资的念头？

任务一　财务报告分析

核心知识： 财务报告分析的主体与内容、财务报告分析的方法。

核心技能： 财务专项能力分析。

相关知识

一、财务报告分析概述

1．财务报告分析的概念与意义

财务报告是指企业对外提供的反映企业某一特定期间财务状况和某一会计期间经营成果、现金流量的文件。财务报告一般包括会计报表及其附注和其他应当在财务报告中显现的相关信息和资料。

财务报告分析以财务报告和其他相关资料为主要依据，采用一定的标准，运用科学系统的方法，对企业的财务状况、经营成果、现金流量等重要指标进行分析与评价，为财务报告分析主体的决策提供依据。财务报告分析将大量的报表数据转化为对特定决策有用的信息，减少决策的不确定性，因此，财务报告分析的实质是对财务报告所提供的会计信息做进一步加工、利用的过程。财务报告分析是会计信息使用者利用会计信息的重要途径和必要手段。

2. 财务报告分析的主体与内容

财务报告分析的主体是指进行财务报告分析的人，即企业的利益相关者。一般来说，财务报告分析的主体包括企业所有者、企业债权人、企业经营者、政府，以及企业其他利益相关者。不同主体出于不同的利益考虑，对财务信息的分析有不同的要求。

（1）企业所有者。企业所有者作为投资人，必然高度关注其资本的保值和增值状况，因此较重视企业盈利能力指标，主要进行企业盈利能力分析，同时关心企业的发展能力。

（2）企业债权人。企业债权人因不能参与企业剩余收益分配，因此其更重视企业偿债能力指标，主要进行企业偿债能力分析，同时也关注企业的盈利能力。

（3）企业经营者。企业经营者必须对企业经营理财的各个方面，包括偿债能力、营运能力、盈利能力及发展能力的全部信息进行详尽的了解和掌握，主要进行各方面综合能力分析，并关注企业财务风险和经营风险。

（4）政府。政府兼具多重身份，既是宏观经济管理者，又是国有企业的所有者和重要的市场参与者。因此，政府对企业财务分析的关注点因其身份不同而不同，既关心企业的经济效益，同时又关注企业的社会效益。

（5）企业其他利益相关者。企业的供应商和客户关心企业的信用状况，包括财务信用和商业信用。财务信用涉及是否及时清算各种款项，可通过对企业支付能力和偿债能力等的评价获得相关信息；商业信用涉及是否按时、按质完成各种交易行为，可根据利润表中反映的交易完成情况进行判断分析。

不同利益主体进行财务分析有不同的侧重点，但就企业总体来看，财务报告分析主要包括财务专项能力分析和财务综合能力分析，其中，财务专项能力分析可归纳为偿债能力分析、营运能力分析和盈利能力分析等方面。它们相辅相成，共同构成企业财务分析的基本内容。

二、财务报告分析的方法

常用的财务报告分析方法包括比较分析法、比率分析法和因素分析法等。

1. 比较分析法

比较分析法，是指通过对比两期或连续数期财务报告中的相同指标，确定其增减变动的方向、数额和幅度，从而说明企业财务状况或经营成果变动趋势的方法。采用比较分析法，可以分析引起变化的主要原因、变动的性质，并预测企业未来的发展趋势。

应用比较分析法时，比较的结果通常以差异额（变动额、增长额）和差异率（变动率、增长率）的形式呈现。其计算公式如下。

$$差异额=比较指标数量-被比较指标数量 \qquad （式7-1-1）$$

$$差异率=\frac{差异额}{被比较指标数量}\times100\% \qquad （式7-1-2）$$

提示

一般来说，差异额反映变动规模，但不能反映变动程度，而差异率能够进一步反映变动程度。在实际工作中，差异额和差异率一般同时使用。

比较分析法的具体运用在重要财务指标的比较、会计报表的比较和会计报表项目构成的比较3个方面。

（1）重要财务指标的比较。这种方式是指将不同时期财务报告中的相同指标或比率进行纵向比较，直接观察其增减变动情况及变动幅度，考察其发展趋势，预测其发展前景。不同时期重要财务指标的比较主要有以下两种方法。

① 定基动态比率，是以某一时期的数额为固定基期数额计算出来的动态比率。其计算公式如下。

$$定基动态比率 = \frac{分析期数额}{固定基期数额} \times 100\% \qquad （式7\text{-}1\text{-}3）$$

② 环比动态比率，是以每一分析期的数额与上一期数额相比较计算出来的动态比率。其计算公式如下。

$$环比动态比率 = \frac{分析期数额}{上一期数额} \times 100\% \qquad （式7\text{-}1\text{-}4）$$

（2）会计报表的比较。会计报表的比较一般采用水平分析法，这种方法是将连续数期的会计报表的金额并列起来，比较各指标不同期间的增减变动金额和幅度，据以判断企业财务状况和经营成果发展变化的方法，具体包括资产负债表比较、利润表比较和现金流量表比较等。其计算公式如下。

$$变动金额 = 报表某项目分析期金额 - 报表同项目基期金额 \qquad （式7\text{-}1\text{-}5）$$

$$变动率 = \frac{变动金额}{报表某项目基期金额} \times 100\% \qquad （式7\text{-}1\text{-}6）$$

在运用水平分析法时，可以通过编制比较会计报表进行会计报表的比较。编制比较会计报表时，首先要计算出相同项目的增减变动金额及其百分比，然后再分析其增减变动对企业财务状况的影响。

W公司资产负债表水平分析比较如表7-1-1所示。

表 7-1-1　W 公司资产负债表水平分析比较

项目	金额 / 元		增加额 / 元	增长率 /%
	本年	上年		
货币资金	50 000	80 000	−30 000	−37.50
交易性金融资产	30 000	30 000	0	0.00
应收账款	120 000	110 000	10 000	9.09
存货	300 000	330 000	−30 000	−9.09
流动资产合计	500 000	550 000	−50 000	−9.09
固定资产	1 800 000	1 500 000	300 000	20.00

项目	金额 / 元		增加额 / 元	增长率 /%
	本年	上年		
其他非流动资产	700 000	350 000	350 000	100.00
非流动资产合计	2 500 000	1 850 000	650 000	35.14
资产总计	3 000 000	2 400 000	600 000	25.00
流动负债	500 000	160 000	340 000	212.50
非流动负债	510 000	560 000	−50 000	−8.93
负债合计	1 010 000	720 000	290 000	40.28
所有者权益合计	1 990 000	1 680 000	310 000	18.45
负债和所有者权益总计	3 000 000	2 400 000	600 000	25.00

从表7-1-1可以看出，该企业本年资产总额比上年增加60万元，增长率为25.00%，其主要原因是流动负债增加34万元，增长率为212.50%；同时，所有者权益增加31万元。从总体来看，该企业在所有者权益总额增加的前提下，流动资产和非流动负债不是相应增加，而是大幅减少，流动负债和非流动资产增长过快，具体原因应结合其他资料做进一步分析。

（3）会计报表项目构成的比较。会计报表项目构成的比较一般采用垂直分析法，这种方法是在会计报表比较的基础上发展而来的，以会计报表中的某个总体指标作为基数，再计算出各组成项目占该总体指标的百分比，从而比较各个项目百分比的增减变动，以此判断有关财务指标的变化趋势。其计算公式如下。

$$某项目的比重 = \frac{该项目金额}{各项目总金额} \times 100\% \qquad （式7-1-7）$$

这种仅以百分比而不以金额表示的会计报表，称为共同比会计报表，它是垂直分析的一种重要形式。资产负债表的共同比报表通常以资产总额为基数，利润表的共同比报表通常以营业收入总额为基数。

W公司资产负债表垂直分析比较如表7-1-2所示。

表 7-1-2　W 公司资产负债表垂直分析比较

项目	金额 / 元		结构百分比 /%	
	本年	上年	本年	上年
货币资金	50 000	80 000	1.67	3.33
交易性金融资产	30 000	30 000	1.00	1.25
应收账款	120 000	110 000	4.00	4.58
存货	300 000	330 000	10.00	13.75
流动资产合计	500 000	550 000	16.67	22.91
固定资产	1 800 000	1 500 000	60.00	62.50
其他非流动资产	700 000	350 000	23.33	14.58

续表

项目	金额 / 元		结构百分比 /%	
	本年	上年	本年	上年
非流动资产合计	2 500 000	1 850 000	83.33	77.08
资产总计	3 000 000	2 400 000	100.00	100.00
流动负债	500 000	160 000	16.67	6.67
非流动负债	510 000	560 000	17.00	23.33
负债合计	1 010 000	720 000	33.67	30.00
所有者权益合计	1 990 000	1 680 000	66.33	70.00
负债和所有者权益总计	3 000 000	2 400 000	100.00	100.00

从表7-1-2可以看出，该企业本年资产总额中流动资产由上年的22.91%下降到16.67%，而非流动资产则由77.08%上升到83.33%；负债总额中流动负债由上年的6.67%上升到16.67%，而非流动负债由上年的23.33%下降到17.00%；同时，所有者权益由上年的70.00%下降到66.33%。通过对资产负债表的垂直分析比较，也可以看出该企业的负债规模、债权人权益的保障程度和所有者权益的稳健程度的变化情况。

需要注意的是，结构百分比的变动可能是由个别项目金额变动引起的，也可能是由总金额变动或者两者共同变动引起的。例如，一家企业应收账款呈逐年增加趋势，如果此时总资产以更快的速度增加，很显然，垂直分析比较将显示应收账款与总资产的百分比呈逐年下降趋势。具体分析时，我们不仅要关注其所占比重下降这一事实，同时也不能忽视应收账款绝对数逐年增加这一情况。

 提示

水平分析法侧重于同一项目在不同年度的金额增减百分比变化分析，而垂直分析法则侧重于分析某一项目在不同年度比重（重要性程度）的变化，将二者相结合，有利于正确评价、预测企业财务状况与经营成果。

2. 比率分析法

比率分析法是指利用企业同一时期的会计报表中两个或两个以上指标之间的某种关系，计算出一系列财务比率，据以考察、分析和评价企业财务状况和经营成果的分析方法。由于比率分析法使用相对数指标进行比较分析，不受规模限制，因此在实际工作中得到了广泛的应用。比率分析法按指标的对比特性不同，可划分为相关比率、结构比率和效率比率等。

（1）相关比率。相关比率是将两个性质不同但相互联系的财务指标进行对比，求出比率，并据此对财务状况和经营成果进行分析。利用相关比率指标，可以分析、评价相关指标的占用或安排是否合理，生产经营活动是否能够顺利进行，企业的投资效益是否最优。例如，将流动资产与流动负债进行对比，据以评价企业的短期偿债能力。在财务报告分析中，常用的相关比率包括流动比率、速动比率和资产负债率等。

（2）结构比率。结构比率又称构成比率，是指某项财务指标各项组成部分占总体的比重，它反映了部分与总体的关系。其计算公式如下。

$$结构比率 = \frac{某项组成部分数额}{总体数额}$$

（式7-1-8）

通过结构比率的分析，计算个体数量占总体数量的比重，可以分析财务指标构成内容的质量、变动幅度及其合理性、科学性，如固定资产占企业全部资产的比重、流动资产占全部资产的比重、各项负债占全部负债的比重等；还能够掌握企业财务指标的特性及其变化趋势，并能够考察这些总体指标构成项目的比例是否合理、有效。

（3）效率比率。效率比率是反映财务指标中的所费与所得的比率，它反映了投入与产出、耗费与收入的关系。效率比率分析能够反映企业运用单位资源产生收益（利润）的能力，还可以反映企业的经营效率，故称效率比率。

反映效率比率的指标主要有资产报酬率、净资产收益率、销售净利率和成本费用利润率等。

3．因素分析法

因素分析法是指依据分析指标与其影响因素的关系，从数量上确定各因素对分析指标影响方向和影响程度的方法。因素分析法既可以全面分析各因素对某一经济指标的影响，又可以单独分析某个因素对某一经济指标的影响，在财务报表分析中的应用颇为广泛。

因素分析法具体有两种：连环替代法和差额分析法。

（1）连环替代法。连环替代法是将分析指标分解成各个可以计量的因素，并根据各个因素之间的依存关系，顺次用各因素的比较值（通常为实际值）替代基准值（通常为标准值或计划值），据以测定各因素对分析指标的影响。

连环替代法的步骤如下。

① 进行因素分解。因素分解是指确定构成经济指标的因素，这些因素必须在客观上存在因果关系，能够反映形成该项经济指标差异的内在原因，否则就失去了存在的价值。

假设某一个财务指标P可以分解成A、B、C三个因素，有关因素的关系由以下算式构成。

比较指标：$P_1=A_1 \times B_1 \times C_1$。

基准指标：$P_0=A_0 \times B_0 \times C_0$。

比较指标与基准指标的总差异为：$\Delta P=P_1-P_0$。

这一总差异同时受到A、B、C三个因素的影响。

② 确定各因素的排列次序。各因素一般按主要因素在前、次要因素在后，或者数量因素在前、质量因素在后等规则顺次排列。假设A、B、C这三个因素按顺序排列。

③ 顺次替代各因素。在顺次替代时，应注意比较值和基准值的正确选用，其要点有：正在替代的因素，要用比较值替代基准值；已经替代过的因素，要用比较值；尚未替代过的因素，要用基准值。

它们各自的影响程度可分别由以下算式计算求得，各因素连环替代关系为

$$A_0 \rightarrow A_1: P_A = A_1 \times B_0 \times C_0$$
$$B_0 \rightarrow B_1: P_B = A_1 \times B_1 \times C_0$$
$$C_0 \rightarrow C_1: P_C = A_1 \times B_1 \times C_1 = P_1$$

顺次替代的连环性是指在计算每一个因素变动的影响时，都是在前一次计算的基础上进行的，并采用连环比较的方法确定因素变动的影响结果。因为只有保持计算程序上的连环性，才能使各个因素影响之和等于分析指标变动的差异，以全面说明分析指标变动的原因。

④ 计算各因素的影响程度。

$$A: \Delta P_A=P_A-P_0$$
$$B: \Delta P_B=P_B-P_A$$
$$C: \Delta P_C=P_1-P_B$$

⑤将以上3个因素各自的影响数相加应该等于总差异P_1-P_0。

$$\Delta P=P_1-P_0=\Delta P_A+\Delta P_B+\Delta P_C$$

例如，某企业2024年11月某种原材料费用的实际数是720 000元，而其计划数是600 000元。实际比计划增加120 000元，其他有关资料如表7-1-3所示。试分析材料费用超计划的原因。

表7-1-3　某企业2024年11月某种原材料费用的相关数据

指标	单位	计划数	实际数
产品产量	件	12 000	15 000
单位产品材料消耗量	千克/件	10	8
材料单价	元/千克	5	6
材料费用总额	元	600 000	720 000

【解析】由于材料费用总额是由产品产量、单位产品材料消耗量和材料单价3个因素的乘积构成的，因此，将材料费用总额这一总指标分解为3个因素，然后逐个分析它们对材料费用总额的影响程度和影响绝对额。

计划指标：12 000×10×5=600 000（元）。　　　　　　　①

第一次替代：15 000×10×5=750 000（元）。　　　　　②

第二次替代：15 000×8×5=600 000（元）。　　　　　　③

第三次替代：15 000×8×6=720 000（元）。　　　　　　④

材料费用实际超支额=④-①=720 000-600 000=120 000（元）。

其中，由于产品产量增加而增加的材料费用=②-①=750 000-600 000=150 000（元）；

由于单位产品材料消耗量减少而节约的材料费用=③-②=600 000-750 000=-150 000（元）；

由于材料单价提高而增加的材料费用=④-③=720 000-600 000=120 000（元）。

全部因素变动对材料费用的影响额=150 000+（-150 000）+120 000=120 000（元）。

（2）差额分析法。差额分析法是连环替代法的一种简化形式。它利用各个因素比较值与基准值之间的差额，计算各因素对分析指标的影响。差额分析法主要是将连环替代法中的步骤③和步骤④合并计算，计算公式如下。

$$\Delta P_A=(A_1-A_0)\times B_0\times C_0$$

$$\Delta P_B=A_1\times(B_1-B_0)\times C_0$$

$$\Delta P_C=A_1\times B_1\times(C_1-C_0)$$

三个因素各自的影响数相加应该等于总差异，即

$$\Delta P_A+\Delta P_B+\Delta P_C=P_1-P_0=\Delta P$$

仍用表7-1-3中的资料，运用差额分析法，按产品产量、单位产品材料消耗量和材料单价的顺序，分析该企业2024年11月材料费用总额的变动及变动原因。

【解析】材料费用实际超支额=720 000-600 000=120 000（元）。

其中，由于产品产量增加而增加的材料费用=（15 000-12 000）×10×5=150 000（元）；

由于单位产品材料消耗量减少而节约的材料费用=15 000×（8-10）×5=-150 000（元）；

由于材料单价提高而增加的材料费用=15 000×8×（6-5）=120 000（元）。

全部因素变动对材料费用的影响额=150 000+（-150 000）+120 000=120 000（元）。

任务实训

财务报表中有大量的数据，可以组成许多有意义的财务比率（也称财务指标）。财务指标可以总结和评价企业的财务状况与经营成果，揭示企业经营管理各个方面存在的问题。财务专项能力分析主要包括偿债能力分析、营运能力分析和盈利能力分析。财务专项能力分析的流程如图7-1-1所示。

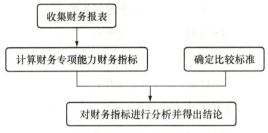

图 7-1-1 财务专项能力分析的流程

甲股份有限公司2023年12月31日的资产负债表和利润表分别如图7-1-2、图7-1-3所示，2021年12月31日的简易资产负债表如表7-1-4所示。

资产	期末余额(万元)	期初余额(万元)	负债和所有者权益	期末余额(万元)	期初余额(万元)
流动资产：			流动负债：		
货币资金	52 693.98	43 450.22	短期借款	0.00	0.00
交易性金融资产	235.13	2 205.35	应付票据	3 809.00	4 955.00
应收票据	0.00	7.25	应付账款	18 821.82	15 621.59
应收账款	3 714.28	3 135.34	合同负债	0.00	0.00
应收款项融资	0.00	0.00	应付职工薪酬	3 481.51	2 359.47
预付款项	0.00	0.00	应交税费	1 734.48	833.09
其他应收款	0.00	0.00	其他应付款	3 019.20	2 390.65
存货	4 607.27	5 266.93	其他流动负债	0.00	0.00
其他流动资产	0.00	0.00	流动负债合计	30 866.01	26 159.80
流动资产合计	61 250.66	54 065.09	非流动负债：		
非流动资产：			长期借款	188.00	160.00
债权投资	0.00	0.00	租赁负债	0.00	0.00
其他债权投资	0.00	0.00	长期应付款	0.00	0.00
长期应收款	0.00	0.00	非流动负债合计	188.00	160.00
长期股权投资	2 140.39	2 135.56	负债合计	31 054.01	26 319.80
其他权益工具投资	0.00	0.00	所有者权益（或股东权益）：		
投资性房地产	0.00	0.00	实收资本（或股本）	26 970.63	26 970.63
固定资产	33 548.24	34 547.17	其他权益工具		
在建工程	74.82	344.46	资本公积	31 747.34	31 826.69
无形资产	3 848.67	3 915.93	其他综合收益	0.00	0.00
长期待摊费用	986.73	1 317.70	盈余公积	8 866.66	8 510.08
其他非流动资产	10.00	10.00	未分配利润	3 220.87	2 708.71
非流动资产合计	40 608.85	42 270.82	所有者权益合计	70 805.50	70 016.11
资产总计	101 859.51	96 335.91	负债和所有者权益总计	101 859.51	96 335.91

图 7-1-2 资产负债表

项目	本期发生额(万元)	上期发生额(万元)
一、营业收入	138 108.82	133 795.05
减：营业成本	110 487.06	108 373.99
税金及附加	1 203.34	1 083.49
销售费用	5 735.21	5 225.38
管理费用	9 645.11	8 381.31
研发费用	0.00	0.00
财务费用	126.98	101.40
加：其他收益		
投资收益	1 237.40	660.82
公允价值变动收益	0.00	0.00
信用减值损失	0.00	0.00
资产减值损失	0.00	0.00
资产处置收益	0.00	0.00
二、营业利润	12 148.52	11 290.30
加：营业外收入	66.48	45.59
减：营业外支出	620.85	383.86
三、利润总额	11 594.15	10 952.03
减：所得税费用	2 898.54	2 738.01
四、净利润	8 695.61	8 214.02

图 7-1-3 利润表

表 7-1-4 简易资产负债表

编制单位：甲股份有限公司　　　　　　　　2021 年 12 月 31 日　　　　　　　　单位：万元

资产	期末余额	负债和所有者权益	期末余额
货币资金	48 653.08	应付票据	3 702.56
交易性金融资产	1 800.65	应付账款	19 623.32
应收票据	0	应付职工薪酬	3 624.12
应收账款	2 874.31	应交税费	1 704.32
存货	5 309.87	流动负债合计	28 654.32
流动资产合计	58 637.91	长期负债	2 306.25
固定资产	32 468.06	非流动负债合计	2 306.25
其他非流动资产	4 250.35	负债合计	30 960.57
非流动资产合计	36 718.41	所有者权益合计	64 395.75
资产总计	95 356.32	负债和所有者权益总计	95 356.32

一、偿债能力分析

偿债能力是指企业偿还各种到期债务（包括本息）的能力，分为短期偿债能力和长期偿债能力。偿债能力分析就是通过对企业资产变现能力及保障程度的分析，观察和判断企业是否具有偿还到期债务的能力及其偿债能力的强弱。

1. 短期偿债能力分析

短期偿债能力是指企业流动资产对流动负债及时足额偿还的保证程度，是企业当前财务能力，特别是流动资产变现能力的重要标志。

企业短期偿债能力的强弱，主要取决于企业营运资金、流动资产变现能力、流动资产结构状况和流动负债等因素。衡量和评价企业短期偿债能力的指标主要有流动比率、速动比率和现金比率等。

（1）流动比率。流动比率是指企业流动资产与流动负债的比率，它表明每一元流动负债有多少流动资产作为保障。流动比率的计算公式如下。

$$流动比率 = \frac{流动资产}{流动负债}$$
（式7-1-9）

一般情况下，流动比率越高，说明企业短期偿债能力越强，债权人的权益越有保障。按照企业的长期经验，一般认为流动资产与流动负债的比例为2∶1较适宜。它表明企业财务状况稳定可靠，除了满足日常生产经营的流动资金需要，还有足够的财力偿付到期短期债务。如果流动资产与流动负债的比例过低，则表示企业资金可能捉襟见肘，难以如期偿还债务。当然，流动比率也不能过高，过高则表明企业流动资产占用较多，会影响资金的使用效率和企业的筹资成本，进而影响盈利能力。应保持多高水平的流动比率，主要根据企业对待风险与收益的态度来确定。另外，流动比率是否合理，不同行业、不同企业以及同一企业不同时期的评价标准是不同的。

【任务7-1-1】根据图7-1-2所示的资产负债表，计算甲公司2023年和2022年年末的流动比率，分析该公司的短期偿债能力。

【解析】2023年流动比率=61 250.66÷30 866.01=1.98。

2022年流动比率=54 065.09÷26 159.80=2.07。

2023年与2022年相比，甲公司流动比率略有下降，一般情况下，表明该公司的短期偿债能力变弱。

（2）速动比率。速动比率是指企业速动资产与流动负债的比率，说明企业在一定时期内每发生一元流动负债就有一定的速动资产作为支付保障。

速动资产是指那些不需变现或变现过程较短，可以用来快速偿还流动负债的流动资产，一般是流动资产减去变现能力较弱且不稳定的存货、预付款项、一年内到期的非流动资产、其他流动资产等后的余额。由于剔除了存货等变现能力较弱且不稳定的资产，所以速动比率与流动比率相比，能够更加准确、可靠地评价企业资产的流动性及其偿还短期负债的能力。

速动比率的相关计算公式如下。

$$速动比率 = \frac{速动资产}{流动负债} \qquad （式7-1-10）$$

速动资产=货币资金+交易性金融资产+应收账款+应收票据

＝流动资产-存货-预付款项-一年内到期的非流动资产-其他流动资产（式7-1-11）

注：报表中如有其他应收款项目，可视情况归入速动资产项目。

一般情况下，速动比率越高，说明企业偿还流动负债的能力越强。通常认为，速动比率等于1时较为适当。如果速动比率小于1，那么企业将面临很大的偿债风险。如果速动比率过高，表明企业会因现金及应收账款占用过多资金，而大大增加企业的机会成本，影响企业的盈利能力。行业不同，速动比率会有很大差别。例如，采用大量现金销售的商店，几乎没有应收账款，速动比率小于1是很正常的；一些应收账款较多的企业，速动比率可能大于1。

【任务7-1-2】根据图7-1-2，计算甲公司2023年和2022年年末的速动比率，分析该公司的短期偿债能力。

【解析】2023年速动比率=（52 693.98+235.13+0.00+3 714.28）÷30 866.01=1.84。

2022年速动比率=（43 450.22+2 205.35+7.25+3 135.34）÷26 159.80=1.87。

2023年与2022年相比，甲公司速动比率略有下降，一般情况下，表明该公司运用速动资产偿付流动负债的能力变弱。

（3）现金比率。现金比率是指现金资产与流动负债的比率，其中，现金资产包括货币资金和交易性金融资产等。现金比率的计算公式如下。

$$现金比率 = \frac{货币资金 + 交易性金融资产}{流动负债} \qquad （式7-1-12）$$

现金比率能够反映企业直接偿付流动负债的能力，一般认为现金比率在20%以上较适宜。如果这一比率过高，就意味着企业流动负债未能得到合理运用，现金类资产盈利能力弱，这类资产金额太高会导致企业机会成本增加。

【任务7-1-3】根据图7-1-2，计算甲公司2023年和2022年年末的现金比率，分析该公司的短期偿债能力。

【解析】2023年现金比率=（52 693.98+235.13）÷30 866.01=1.71。

2022年现金比率=（43 450.22+2 205.35）÷26 159.80=1.75。

2023年与2022年相比，甲公司现金比率略有下降，一般情况下，表明该公司运用现金类资产直接偿付流动负债的能力变弱。

2. 长期偿债能力分析

长期偿债能力是指企业以其资产或劳务支付长期债务的能力。评价企业长期偿债能力的主要财务指标有资产负债率、产权比率、权益乘数和已获利息倍数（利息保障倍数）。

（1）资产负债率。资产负债率是指企业负债总额与资产总额的比率。它反映企业全部资产中负债所占的比重以及企业资产对债权人的保障程度。资产负债率的计算公式如下。

$$资产负债率 = \frac{负债总额}{资产总额} \times 100\% \qquad （式7\text{-}1\text{-}13）$$

资产负债率是反映企业长期偿债能力强弱、衡量企业总资产中所有者权益与债权人权益的比例是否合理的重要财务指标。

一般情况下，资产负债率越小，说明企业长期偿债能力越强，但是该指标并非对谁都是越小越好。对债权人来说，该指标越小，企业偿债越有保证。对企业所有者来说，如果该指标较大，说明企业利用较少的自有资本投资形成较多的用于生产经营的资产，不仅扩大了生产经营规模，而且在经营状况良好的情况下，还可以利用财务杠杆的原理，得到较多的投资利润；如果该指标过小，则表明企业对财务杠杆的利用程度不够。但是，资产负债率过大，则表明企业的债务负担重，资金实力不强，不仅对债权人不利，而且企业有濒临倒闭的危险。

至于资产负债率为多少才是合理的，并没有一个确定的标准。保守的观点认为，资产负债率不应高于50%，而通常认为资产负债率等于60%时较为适当。不同行业、不同类型的企业的资产负债率是有较大差异的。一般而言，处于高速成长时期的企业，其资产负债率可能会高一些，这样所有者会得到更多的杠杆利益。但是，财务管理者在确定企业的资产负债率时，要审时度势，充分考虑企业内部的各种因素和企业外部的市场环境，在收益与风险之间权衡利弊得失，以做出正确的财务决策。

【任务7-1-4】根据图7-1-2，计算甲公司2023年和2022年年末的资产负债率，分析该公司的长期偿债能力。

【解析】2023年资产负债率=（31 054.01÷101 859.51）×100%=30.49%。

2022年资产负债率=（26 319.80÷96 335.91）×100%=27.32%。

2023年与2022年相比，甲公司资产负债率有所提高，一般情况下，表明该公司负债水平变高，长期偿债能力有所减弱，但总体偿债能力尚可。

（2）产权比率。产权比率，也称负债权益比率，是指企业负债总额与所有者权益总额的比率，是从所有者权益对债权人利益保障程度的角度评价企业长期偿债能力的指标。产权比率的计算公式如下。

$$产权比率 = \frac{负债总额}{所有者权益总额} \qquad （式7\text{-}1\text{-}14）$$

一般情况下，产权比率越低，表明企业的长期偿债能力越强，债权人权益的保障程度越高，承担的风险越小，但企业不能充分地发挥负债的财务杠杆效应。

【任务7-1-5】根据图7-1-2，计算甲公司2023年和2022年年末的产权比率，分析该公司的长期偿债能力。

【解析】2023年产权比率=31 054.01÷70 805.50=0.44。

2022年产权比率=26 319.80÷70 016.11=0.38。

2023年与2022年相比，甲公司产权比率上升，一般情况下，表明该公司长期偿债能力变弱，债权人的权益受保障程度降低。

产权比率与资产负债率对评价偿债能力的作用基本相同，二者的主要区别是：资产负债率侧重于分析债务偿付安全性的物质保障程度，产权比率则侧重于揭示财务结构的稳健程度，以及自有资金对偿债风险的承受能力。

（3）权益乘数。权益乘数表明企业资产总额是所有者权益总额的多少倍。权益乘数是资产总额与所有者权益总额的比率。权益乘数的计算公式如下。

$$权益乘数 = \frac{资产总额}{所有者权益总额} \qquad （式7\text{-}1\text{-}15）$$

一般情况下，权益乘数越大，表明所有者投入的资本在资产总额中所占比重越小，对负债经营利用得越充分，但企业的长期偿债能力越弱；反之，权益乘数越小，表明所有者投入的资本在资产总额中所占比重越大，企业的长期偿债能力越强。通常情况下，权益乘数应该大于1，因此不用百分数表示。权益乘数和资产负债率的变动方向一致，即资产负债率越高，权益乘数就越大。

【任务7-1-6】根据图7-1-2，计算甲公司2023年和2022年年末的权益乘数，分析该公司的长期偿债能力。

【解析】2023年权益乘数=101 859.51÷70 805.50=1.44。

2022年权益乘数=96 335.91÷70 016.11=1.38。

2023年与2022年相比，甲公司权益乘数略有提高，一般情况下，表明该公司资产总额占所有者权益总额的比重提高，长期偿债能力变弱。

（4）已获利息倍数。已获利息倍数是指企业的息税前利润与利息费用的比率，反映了企业的盈利能力对债务所产生的利息的保障程度。已获利息倍数的计算公式如下。

$$已获利息倍数 = \frac{息税前利润}{利息费用} = \frac{利润总额+利息费用}{利息费用} \qquad （式7\text{-}1\text{-}16）$$

式中，息税前利润是指利润表中未扣除利息费用和所得税费用之前的利润。它可以用"利润总额+利息费用"来计算。"利息费用"是指本期发生的全部应付利息，不仅包括财务费用中的利息费用，还包括计入固定资产成本的资本化利息。资本化利息虽然不在利润表中扣除，但它仍需偿还。需要注意的是，外部分析主体对企业进行分析时，很难获得财务费用的具体构成，在这种情况下，通常用财务费用代替利息费用来计算已获利息倍数。不过当财务费用为负数时，计算已获利息倍数没有意义。

一般情况下，已获利息倍数越高，说明企业支付利息的能力越强；反之，则说明企业支付利息的能力越弱。若已获利息倍数低于1，说明企业实现的经营成果不足以支付当前利息费用，这意味着企业的付息能力非常弱，财务风险非常高。同时应注意，企业和所有者不能简单地认为已获利息倍数越高越好，如果一个很高的已获利息倍数不是由高利润带来的，而是由低利息导致的，则说明企业的财务杠杆程度很低，未能充分利用举债经营的优势。

已获利息倍数的大小，不仅反映了企业偿还利息的能力，而且也反映了企业偿还本金的能力。事实上，如果企业能够一贯按时、足额地支付债务利息，或许无须动用流动资产偿还债务本金，也能获得较优的借款条件。

【任务7-1-7】根据图7-1-3，计算分析甲公司2023年和2022年的已获利息倍数。

【解析】2023年已获利息倍数=（11 594.15+126.98）÷126.98=92.31。

2022年已获利息倍数=（10 952.03+101.40）÷101.40=109.01。

2023年与2022年相比，甲公司已获利息倍数变小，一般情况下，表明该公司付息能力变弱。

Excel在偿债能力分析中的应用

根据图7-1-2和图7-1-3的数据，在Excel中可以建立偿债能力财务比率模型，如图7-1-4所示，具体操作如下。

偿债能力指标					
短期偿债能力指标	2023年	2022年	长期偿债能力指标	2023年	2022年
流动比率	1.98	2.07	资产负债率	30.49%	27.32%
速动比率	1.84	1.87	产权比率	0.44	0.38
现金比率	1.71	1.75	权益乘数	1.44	1.38
			已获利息倍数	92.31	109.01

资产负债表 利润表 偿债能力分析

Excel在偿债能力分析中的应用

图7-1-4 偿债能力财务比率模型

注：工作表之间数据的引用方法有两种。①在单元格中直接输入，注意工作表与单元格名称之间用"！"隔开；②选中当前工作表单元格，先在单元格中输入"="，然后打开引用工作表，此时在原先选中的单元格中的"="后自动生成引用工作表标识，再选中需要引用的单元格，最后按"Enter"键。

下面以2023年偿债能力指标计算为例，同理可计算得出2022年的偿债能力指标。

（1）设置流动比率公式。在B3单元格中输入"=资产负债表!B12/资产负债表!E11"，即可得流动比率为1.98。

（2）设置速动比率公式。在B4单元格中输入"=(资产负债表!B12-资产负债表!B11-资产负债表!B10-资产负债表!B8)/资产负债表!E11"，即可得速动比率为1.84。

（3）设置现金比率公式。在B5单元格中输入"=(资产负债表!B3+资产负债表!B4)/资产负债表!E11"，即可得现金比率为1.71。

（4）设置资产负债率公式。在E3单元格中输入"=资产负债表!E17/资产负债表!B26"，即可得资产负债率为30.49%。

（5）设置产权比率公式。在E4单元格中输入"=资产负债表!E17/资产负债表!E25"，即可得产权比率为0.44。

（6）设置权益乘数公式。在E5单元格中输入"=资产负债表!B26/资产负债表!E25"，即可得权益乘数为1.44。

（7）设置已获利息倍数公式。在E6单元格中输入"=(利润表!B18+利润表!B8)/利润表!B8"，即可得已获利息倍数为92.31。

二、营运能力分析

营运能力是指企业营运资产的管理效率和效果，反映企业的资产管理水平和资金周转状况。资产营运能力主要取决于资产周转速度。一般来说，资产周转速度越快，资产的使用效率越高，资产的营运能力就越强；反之，资产的营运能力就越弱。资产的周转速度，通常用周转率和周转期表示。

周转率是指企业一定时期内资产的周转额与平均资产余额的比率，它反映企业资产在一定时期内的周转次数。周转次数越多，周转速度越快，表明资产营运能力越强。周转期反映资产周转一次所需要的天数。周转期越短，表明周转速度越快，资产营运能力越强。周转率和周转期的计算公式如下。

$$周转率（周转次数）＝周转额÷平均资产余额 \qquad （式7-1-17）$$

$$周转期（周转天数）＝计算期天数÷周转率 \qquad （式7-1-18）$$

 提示

　　计算周转率时，资产一般用算术平均数。因为周转额一般来自利润表，是期间数据；而资产来自资产负债表，是时点数据。为了保证公式中的分子、分母在时间上的一致性，通常用资产的算术平均数表示资产在一段时间内的平均额。

　　营运能力分析实际上是对企业总资产及其各个组成部分的营运能力进行分析。反映企业营运能力的财务指标主要包括流动资产周转率、应收账款周转率、存货周转率、固定资产周转率和总资产周转率等。

　　1．流动资产周转率

　　（1）流动资产周转率的含义。流动资产周转率是指企业一定时期内营业收入与平均流动资产总额的比率。

　　（2）流动资产周转率的计算公式。流动资产周转率通常用流动资产周转次数或周转天数表示，其计算公式如下。

$$流动资产周转率（周转次数）＝\frac{营业收入}{平均流动资产总额} \qquad （式7-1-19）$$

$$流动资产周转期（周转天数）＝\frac{360}{流动资产周转率} \qquad （式7-1-20）$$

 提示

　　一定时期可以是年、季度、月等，这里假设一定时期为1年，所以计算期天数为360天，下同。

　　（3）流动资产周转率的分析。流动资产周转率反映流动资产在一定时期内的周转速度和营运能力。一般情况下，如果流动资产周转速度越快，说明企业经营管理水平越高，资源利用效率越高，流动资产所带来的经济效益就越高。

　　【任务7-1-8】根据图7-1-2、图7-1-3和表7-1-4，计算甲公司2023年和2022年流动资产周转率和周转期，分析该公司的营运能力。

　　【解析】2023年流动资产周转率＝138 108.82÷［（61 250.66＋54 065.09）÷2]＝2.40（次）。

　　　　　　2023年流动资产周转期＝360÷2.4＝150（天）。

　　　　　　2022年流动资产周转率＝133 795.05÷［（58 637.91＋54 065.09）÷2]＝2.37（次）。

　　　　　　2022年流动资产周转期＝360÷2.37＝151.90（天）。

　　2023年与2022年相比，甲公司流动资产周转率略有提高，一般情况下，表明该公司流动资产周转速度提高，营运能力变强。

　　2．应收账款周转率

　　（1）应收账款周转率的含义。应收账款周转率是指企业一定时期内营业收入与平均应收账款余额的比率，反映企业应收账款变现速度的快慢和管理效率的高低。

应当指出，应收账款是由赊销活动产生的，赊销收入属于商业秘密，企业的利润表中并未单独列示赊销收入，所以只要在计算的口径上保持一致，使用营业收入计算应收账款周转率，不影响该指标评估营运能力的正确性。

（2）应收账款周转率的计算公式如下。

$$应收账款周转率（周转次数）=\frac{营业收入}{平均应收账款余额} \qquad （式7-1-21）$$

$$应收账款周转期（周转天数）=\frac{360}{应收账款周转率}$$

$$=\frac{360\times 平均应收账款余额}{营业收入}$$

$$=\frac{平均应收账款余额}{平均日营业收入额} \qquad （式7-1-22）$$

 提示

公式中的应收账款包括会计核算中的"应收账款"和"应收票据"等全部赊销账款。

（3）应收账款周转率的分析。应收账款周转率是评价企业应收账款的变现能力和管理效率的财务比率。一般情况下，应收账款周转率越高越好。应收账款周转率高表明：①收账迅速，账龄较短；②资产流动性强，短期偿债能力强；③可以减少收账费用和坏账损失，相对增加企业流动资产的投资收益。

【任务7-1-9】根据图7-1-2、图7-1-3和表7-1-4，计算甲公司2023年和2022年应收账款周转率和周转期，分析该公司的营运能力。

【解析】2023年应收账款周转率=138 108.82÷［（0.00+3 714.28+7.25+3 135.34）÷2]=40.28（次）。

2023年应收账款周转期=360÷40.28=8.94（天）。

2022年应收账款周转率=133 795.05÷［（0.00+2 874.31+7.25+3 135.34）÷2]=44.47（次）。

2022年应收账款周转期=360÷44.47=8.10（天）。

2023年与2022年相比，甲公司应收账款周转率降低，一般情况下，表明该公司应收账款的变现能力变弱，应收账款管理效率降低。

3. 存货周转率

（1）存货周转率的含义。存货周转率是指企业一定时期内营业成本与平均存货余额的比率，它是反映企业生产经营各环节中存货营运效率的一个综合性指标。

（2）存货周转率的计算公式如下。

$$存货周转率（周转次数）=\frac{营业成本}{平均存货余额} \qquad （式7-1-23）$$

$$存货周转期（周转天数）=\frac{360}{存货周转率} \qquad （式7-1-24）$$

（3）存货周转率的分析。存货周转率是从存货变现速度的角度评价企业的销售能力及存货适量程度的。一般来说，存货周转次数越多，反映企业存货变现速度越快，说明企业营运能力越强，存货量少；反之，存货周转次数越少，反映企业存货变现速度越慢，说明企业营运能力越弱，存货积压。

【**任务7-1-10**】根据图7-1-2、图7-1-3和表7-1-4，计算甲公司2023年和2022年存货周转率和周转期，分析该公司的营运能力。

【**解析**】2023年存货周转率=110 487.06÷[（4 607.27+5 266.93）÷2]=22.38（次）。

2023年存货周转期=360÷22.38=16.09（天）。

2022年存货周转率=108 373.99÷[（5 309.87+5 266.93）÷2]=20.49（次）。

2022年存货周转期=360÷20.49=17.57（天）。

2023年与2022年相比，甲公司存货周转率有所提升，一般情况下，表明该公司存货变现速度加快，营运能力变强。

4. 固定资产周转率

（1）固定资产周转率的含义。固定资产周转率是指企业一定时期内的营业收入与平均固定资产净值之间的比率。

（2）固定资产周转率的计算公式如下。

$$固定资产周转率=\frac{营业收入}{平均固定资产净值} \qquad （式7-1-25）$$

（3）固定资产周转率的分析。一般情况下，固定资产周转率越高，表明企业固定资产的利用越充分，同时也能表明企业固定资产投资得当，固定资产结构合理，能够充分发挥固定资产的使用效率。

【**任务7-1-11**】根据图7-1-2、图7-1-3和表7-1-4，计算甲公司2023年和2022年固定资产周转率，分析该公司的营运能力。

【**解析**】2023年固定资产周转率=138 108.82÷[（33 548.24+34 547.17）÷2]=4.06（次）。

2022年固定资产周转率=133 795.05÷[（32 468.06+34 547.17）÷2]=3.99（次）。

2023年与2022年相比，甲公司固定资产周转率略有提高，一般情况下，表明该公司利用固定资产赚取收入的能力略有提升。

5. 总资产周转率

（1）总资产周转率的含义。总资产周转率是指企业一定时期内营业收入与平均资产总额的比率。

（2）总资产周转率的计算公式如下。

$$总资产周转率=\frac{营业收入}{平均资产总额} \qquad （式7-1-26）$$

$$总资产周转期=\frac{360}{总资产周转率} \qquad （式7-1-27）$$

（3）总资产周转率的分析。该指标反映资产总额的周转速度。一般情况下，总资产周转率越高，表明企业总资产周转越快，企业营运能力越强。企业可以通过薄利多销的办法，加速资产的周转，带来利润绝对额的增加。

【**任务7-1-12**】根据图7-1-2、图7-1-3和表7-1-4，计算甲公司2023年和2022年的总资产周转率，分析该公司的营运能力。

【**解析**】2023年总资产周转率=138 108.82÷[（101 859.51+96 335.91）÷2]=1.39（次）。

2022年总资产周转率=133 795.05÷[（95 356.32+96 335.91）÷2]=1.40（次）。

2023年与2022年相比，甲公司总资产周转率略有降低，一般情况下，表明该公司总资产周转速度变慢。

📝 **技能拓展** Excel在营运能力分析中的应用

根据图7-1-2、图7-1-3和表7-1-4的数据，在Excel中可以建立营运能力财务比率模型，如图7-1-5所示，具体操作如下。

营运能力指标		
项目	2023年	2022年
流动资产周转率	2.40	2.37
流动资产周转期	150.29	151.62
应收账款周转率	40.28	44.47
应收账款周转期	8.94	8.09
存货周转率	22.38	20.49
存货周转期	16.09	17.57
固定资产周转率	4.06	3.99
总资产周转率	1.39	1.40

Excel在营运能力分析中的应用

图7-1-5 营运能力财务比率模型

下面以2023年营运能力指标计算为例，同理可计算得出2022年的营运能力指标。

（1）设置流动资产周转率公式。在B3单元格中输入"=利润表!B2/(资产负债表!B12+资产负债表!C12)*2"，即可得流动资产周转率为2.40次。

（2）设置流动资产周转期公式。在B4单元格中输入"=360/B3"，即可得流动资产周转期为150.29天。

（3）设置应收账款周转率公式。在B5单元格中输入"=利润表!B2/(资产负债表!B5+资产负债表!C5+资产负债表!B6+资产负债表!C6)*2"，即可得应收账款周转率为40.28次。

（4）设置应收账款周转期公式。在B6单元格中输入"=360/B5"，即可得应收账款周转期为8.94天。

（5）设置存货周转率公式。在B7单元格中输入"=利润表!B3/(资产负债表!B10+资产负债表!C10)*2"，即可得存货周转率为22.38次。

（6）设置存货周转期公式。在B8单元格中输入"=360/B7"，即可得存货周转期为16.09天。

（7）设置固定资产周转率公式。在B9单元格中输入"=利润表!B2/(资产负债表!B20+资产负债表!C20)*2"，即可得固定资产周转率为4.06次。

（8）设置总资产周转率公式。在B10单元格中输入"=利润表!B2/(资产负债表!B26+资产负债表!C26)*2"，即可得总资产周转率为1.39次。

三、盈利能力分析

盈利能力是指企业获取利润的能力或企业资金增值的能力，反映企业的财务结构状况和经营绩效，是企业偿债能力和营运能力的综合体现。不论是股东、债权人还是企业管理人员，都非常关心企业的盈利能力。盈利能力是衡量企业是否具有活力和发展前途的重要内容。

反映企业盈利能力的财务指标主要包括营业毛利率、营业利润率、营业净利率、成本费用利润率、总资产报酬率和净资产收益率等。

1. 营业毛利率

营业毛利率是指企业一定时期内营业毛利与营业收入的比率。它反映了产品每一元营业收入所包含的毛利润是多少，即营业收入扣除营业成本后还有多少剩余可用于弥补各期费用和形成利润。

营业毛利率的计算公式如下。

$$营业毛利率 = \frac{营业收入-营业成本}{营业收入} \times 100\% \qquad （式7-1-28）$$

营业毛利率反映了企业产品基本的盈利水平，该指标值越高，表明产品盈利能力越强。将营业毛利率与行业水平进行比较，可以反映企业产品的市场竞争地位。营业毛利率高于行业水平的企业，意味着它们实现一定的收入占用的成本较少，表明它们在资源、技术或劳动生产率方面具有竞争优势。

【任务7-1-13】根据图7-1-3，计算甲公司2023年和2022年营业毛利率，分析该公司的盈利能力。

【解析】2023年营业毛利率=（138 108.82-110 487.06）÷138 108.82×100%=20.00%。

2022年营业毛利率=（133 795.05-108 373.99）÷133 795.05×100%=19.00%。

2023年与2022年相比，甲公司营业毛利率略有提高，说明产品的市场竞争地位有所提升。

2．营业利润率

营业利润率是指企业一定时期内营业利润与营业收入的比率，它是衡量企业经营效率的指标，反映了在不考虑非营业成本的情况下，企业管理者通过经营获取利润的能力。

营业利润率的计算公式如下。

$$营业利润率 = \frac{营业利润}{营业收入} \times 100\% \qquad （式7-1-29）$$

营业利润率越高，说明企业产品营业收入提供的营业利润越多，企业的盈利能力越强。评价企业的营业利润率时，应比较企业历年的指标，从而判断企业营业利润率的变化趋势。但是，营业利润率受行业特点影响较大，因此，还应结合不同行业的具体情况进行分析。

【任务7-1-14】根据图7-1-3，计算甲公司2023年和2022年营业利润率，分析该公司的盈利能力。

【解析】2023年营业利润率=12 148.52÷138 108.82×100%=8.80%。

2022年营业利润率=11 290.30÷133 795.05×100%=8.44%。

2023年与2022年相比，甲公司营业利润率略有提高，说明公司的获利能力变强。

3．营业净利率

营业净利率，也叫销售净利率，是指企业一定时期内净利润与营业收入的比率。它反映了每一元营业收入最终赚取了多少利润，用于反映产品最终的盈利能力。

营业净利率的计算公式如下。

$$营业净利率 = \frac{净利润}{营业收入} \times 100\% \qquad （式7-1-30）$$

营业净利率越高，表明企业产品最终获取利润的能力越强。在利润表上，从营业收入到净利润需要扣除营业成本、期间费用、税金等项目。因此，将营业净利率按利润的扣除项目进行分解，可以识别影响营业净利率的主要因素。

【任务7-1-15】根据图7-1-3，计算甲公司2023年和2022年营业净利率，分析该公司的盈利能力。

【解析】2023年营业净利率=8 695.61÷138 108.82×100%=6.30%。

2022年营业净利率=8 214.02÷133 795.05×100%=6.14%。

2023年与2022年相比，甲公司营业净利率略有提高，说明公司营业收入带来了更多的净利润，公司的综合盈利能力有所提升。

4．成本费用利润率

成本费用利润率是指企业一定时期内利润总额与成本费用总额的比率。它反映了企业生产经营过程中获得的收益与发生的耗费之间的关系。

成本费用利润率的计算公式如下。

$$成本费用利润率 = \frac{利润总额}{成本费用总额} \times 100\%$$ （式7-1-31）

成本费用总额=营业成本+税金及附加+销售费用+管理费用+财务费用

一般来说，成本费用利润率越高，表明企业为取得利润所付出的代价越小，企业成本费用控制越好，企业的盈利能力越强。

【任务7-1-16】根据图7-1-3，计算甲公司2023年和2022年成本费用利润率，分析该公司的盈利能力。

【解析】2023年成本费用利润率=[11 594.15÷（110 487.06+1 203.34+5 735.21+9 645.11+126.98）]×100%=9.12%。

2022年成本费用利润率=[10 952.03÷（108 373.99+1 083.49+5 225.38+8 381.31+101.40）]×100%=8.89%。

2023年与2022年相比，甲公司成本费用利润率略有提升，一般情况下，表明该公司对成本费用的管理能力有所提升，盈利能力变强。

5. 总资产报酬率

总资产报酬率是指企业一定时期内获得的利润总额与平均资产总额的比率，反映了企业资产的综合利用效果。

总资产报酬率的计算公式如下。

$$总资产报酬率 = \frac{息税前利润总额}{平均资产总额} \times 100\%$$ （式7-1-32）

息税前利润总额=利润总额+利息支出=净利润+所得税税额+利息支出 （式7-1-33）

注：总资产报酬率通常用于评价经营者的经营业绩，如果公式中用净利润代替息税前利润总额，则总资产净利率可用于评价企业的经营业绩。

总资产报酬率全面反映了企业全部资产的盈利水平，企业所有者和债权人对该指标都非常关心。一般来说，总资产报酬率越高，说明资产利用效率越高，整个企业的盈利能力越强，经营管理水平越高。企业还可以将该指标与市场资本利率进行比较，如果前者较后者大，则说明企业可以充分利用财务杠杆，适当举债经营，以获得更多的收益；反之，则说明资产利用效率低。

【任务7-1-17】根据图7-1-2、图7-1-3和表7-1-4，计算甲公司2023年和2022年总资产报酬率，分析该公司的盈利能力。

【解析】2023年总资产报酬率=（11 594.15+126.98）÷[（101 859.51+96 335.91）÷2]×100%=11.83%。

2022年总资产报酬率=（10 952.03+101.40）÷[（95 356.32+96 335.91）÷2]×100%=11.53%。

2023年与2022年相比，甲公司总资产报酬率略有提升，一般情况下，表明该公司的资产利用效率略有提升，总资产盈利能力变强。

6. 净资产收益率

净资产收益率是指企业一定时期内净利润与平均净资产的比率，反映了企业自有资金的投资收益水平。

净资产收益率的计算公式如下。

$$净资产收益率 = \frac{净利润}{平均净资产} \times 100\%$$ （式7-1-34）

一般认为，净资产收益率越高，企业自有资金获取收益的能力越强，营运效益越好，对企业投资人、债权人利益的保障程度越高。

【任务7-1-18】根据图7-1-2、图7-1-3和表7-1-4，计算甲公司2023年和2022年净资产收益率，分析该公司的盈利能力。

【解析】2023年净资产收益率=8 695.61÷〔（70 805.50+70 016.10）÷2〕×100%=12.35%。

2022年净资产收益率=8 214.02÷〔（64 395.75+70 016.11）÷2〕×100%=12.22%。

2023年与2022年相比，甲公司的净资产收益率略有提高，一般情况下，表明该公司利用自有资金的盈利能力变强。

📝 技能拓展　　　　　Excel在盈利能力分析中的应用

根据图7-1-2、图7-1-3和表7-1-4的数据，在Excel中可以建立盈利能力财务比率模型，如图7-1-6所示，具体操作如下。

盈利能力指标		
项目	2023年	2022年
营业利润率	8.80%	8.44%
营业净利率	6.30%	6.14%
成本费用利润率	9.12%	8.89%
总资产报酬率	11.83%	11.53%
净资产收益率	12.35%	12.22%

Excel在盈利能力
分析中的应用

图7-1-6　盈利能力财务比率模型

下面以2023年盈利能力指标计算为例，同理可计算得出2022年的盈利能力指标。

（1）设置营业利润率公式。在B3单元格中输入"=利润表!B15/利润表!B2"，即可得营业利润率为8.80%。

（2）设置营业净利率公式。在B4单元格中输入"=利润表!B20/利润表!B2"，即可得营业净利率为6.30%。

（3）设置成本费用利润率公式。在B5单元格中输入"=利润表!B18/(利润表!B3+利润表!B4+利润表!B5+利润表!B6+利润表!B8)"，即可得成本费用利润率为9.12%。

（4）设置总资产报酬率公式。在B6单元格中输入"=(利润表!B18+利润表!B8)/(资产负债表!B26+资产负债表!C26)*2"，即可得总资产报酬率为11.83%。

（5）设置净资产收益率公式。在B7单元格中输入"=利润表!B20/(资产负债表!E25+资产负债表!F25)*2"，即可得净资产收益率为12.35%。

📝 随堂练习

上网搜集某上市公司连续3个年度的会计报表，并利用Excel进行财务报表专项能力指标的计算和分析。

知识链接　　　上市公司的财务指标含义与分析

上市公司的财务指标及计算公式如表7-1-5所示。

表7-1-5　上市公司的财务指标及计算公式

序号	财务指标	计算公式
1	每股收益	每股收益＝归属于公司普通股股东的净利润／发行在外的普通股加权平均股数
2	每股股利	每股股利＝股利总额／流通股股数
3	每股净资产	每股净资产＝净资产／发行在外的普通股股数
4	市盈率	市盈率＝每股市价／每股收益
5	市净率	市净率＝每股市价／每股净资产
6	股利支付率	股利支付率＝每股股利／每股净收益×100%＝全部股利／净利润×100%
7	留存收益率	留存收益率＝（净利润－全部股利）／净利润×100%

（1）每股收益亦称每股利润、每股盈余，是综合反映上市公司盈利能力的重要指标，可以用来判断和评价管理层的经营业绩。

（2）每股股利反映上市公司每一普通股获取股利的大小。每股股利越大，上市公司股本盈利能力越强；每股股利越小，则上市公司股本盈利能力越弱。需注意，上市公司每股股利发放多少，除了受上市公司盈利能力大小的影响，还取决于上市公司的股利发放政策。

（3）每股净资产是指上市公司净资产与发行在外的普通股股数之间的比率。它揭示了每股普通股的账面价值，即反映了每股股票所拥有的资产现值。每股净资产越高，股东拥有的资产现值越多；每股净资产越低，股东拥有的资产现值越少。通常，每股净资产越高越好。

（4）市盈率是指股票每股市价与每股收益的比率。它反映了投资者对每一元净利润所愿意支付的价格，可以用来估计股票的投资报酬和风险，从而做出投资决策。

（5）市净率是指每股市价与每股净资产的比率，是投资者用于衡量、分析个股是否具有投资价值的工具之一。一般认为，市净率高，则说明上市公司资产的质量好，有发展潜力，可以树立较好的公司形象。

（6）股利支付率是指净收益中股利所占的比重。它反映了上市公司的股利分配政策和股利支付能力，即反映了净利润中实际支付现金股利的水平。股利支付率主要取决于上市公司的业务性质、财务状况、经营成果、发展前景和上市公司管理当局的股利政策。

（7）留存收益率（留存盈利比率）反映了上市公司的理财方针。在没有优先股的情况下，留存收益率＋股利支付率＝1。

 任务小结

　　财务报告分析是指以企业财务报告反映的财务信息为基础对企业的财务状况进行分析与评价。财务报告分析的基本方法有比较分析法、比率分析法、因素分析法。

阅读案例

某家电上市公司的盈利能力分析

财务专项能力分析的内容主要包括偿债能力分析、营运能力分析、盈利能力分析。偿债能力是指企业对各种到期债务的偿还能力，包括短期偿债能力和长期偿债能力；营运能力是指企业对营运资金的管理控制能力；盈利能力是指企业获取利润的能力，反映企业的财务结构状况和经营绩效。

 巩固与提升

一、单项选择题

1. 流动比率属于（　　）。
   A. 构成比率　　　　B. 动态比率　　　　C. 相关比率　　　　D. 效率比率
2. 下列各项中，不属于速动资产的是（　　）。
   A. 现金　　　　　B. 产成品　　　　　C. 应收账款　　　　D. 交易性金融资产
3. 某企业本年销售收入为20 000元，应收账款周转率为4，应收账款期初余额为3 500元，则应收账款期末余额为（　　）元。
   A. 5 000　　　　　B. 6 000　　　　　C. 6 500　　　　　D. 4 000
4. 某公司的部分年末数据为：流动负债为60万元，速动比率为2.5，流动比率为3.0，销售成本为50万元，企业非速动资产均为存货，则年末存货周转次数为（　　）。
   A. 1.2次　　　　　B. 2.4次　　　　　C. 1.67次　　　　　D. 以上都不对
5. 某企业应收账款周转次数为4.5次。假设1年按360天计算，则应收账款周转天数为（　　）。
   A. 20天　　　　　B. 81.1天　　　　　C. 80天　　　　　D. 730天
6. A公司2023年销售净收入为315 000元，应收账款年末数为18 000元、年初数为16 000元，其应收账款周转次数为（　　）。
   A. 10　　　　　　B. 18.53　　　　　C. 15　　　　　　D. 20
7. 某企业2023年流动资产平均余额为100万元，流动资产周转次数为7次。若企业2023年营业利润为210万元，则2023年营业利润率为（　　）。
   A. 30%　　　　　B. 50%　　　　　C. 40%　　　　　D. 15%
8. 用于评价企业盈利能力的总资产报酬率指标中的"报酬"是指（　　）。
   A. 息税前利润　　B. 营业利润　　　　C. 利润总额　　　　D. 净利润

二、多项选择题

1. 如果流动比率过高，意味着企业可能（　　）。
   A. 存在闲置现金　　　　　　　　B. 存在存货积压
   C. 应收账款周转缓慢　　　　　　D. 偿债能力很弱
2. 已获利息倍数指标所反映的企业财务层面的能力包括（　　）。
   A. 盈利能力　　　B. 长期偿债能力　　C. 短期偿债能力　　D. 营运能力
3. 能够分析企业长期偿债能力的指标有（　　）。
   A. 已获利息倍数　　　　　　　　B. 流动比率
   C. 产权比率　　　　　　　　　　D. 资产负债率

4. 反映企业保护债权人利益程度的指标有（　　　）。

    A. 资产负债率　　　　　　　　　　B. 产权比率

    C. 资产净利率　　　　　　　　　　D. 已获利息倍数

5. 当企业的流动比率小于1时，赊购原材料将会（　　　）。

    A. 提高流动比率　　　　　　　　　B. 降低流动比率

    C. 提高速动比率　　　　　　　　　D. 降低速动比率

6. 一般而言，存货周转次数增加，其反映的信息有（　　　）。

    A. 盈利能力下降　　　　　　　　　B. 存货周转期延长

    C. 存货流动性增强　　　　　　　　D. 资产管理效率提高

三、判断题

1. 在采用因素分析法时，既可以按照各因素的依存关系将因素排列成一定的顺序并依次替代，也可以任意颠倒顺序，其结果是相同的。（　　　）

2. 一般而言，已获利息倍数越大，表明企业偿还债务利息的可能性越大。（　　　）

3. 在总资产报酬率不变的情况下，资产负债率越低，净资产收益率越高。（　　　）

4. 权益乘数的高低取决于企业的资金结构，负债比率越高，权益乘数越低，财务风险越大。（　　　）

5. 本应借记应付账款，却误借记为应收账款，这种错误必然会导致速动比率下降。（　　　）

四、课后任务

在财经网站上收集不同研究机构对某家上市公司的研究报告，了解其分析过程和方法。

任务二　财务综合分析与评价

核心知识：财务综合分析与评价的意义和方法。

核心技能：掌握杜邦财务分析体系、撰写企业财务分析报告。

相关知识

财务分析的最终目的是全方位地了解企业经营理财的状况，并借以对企业经营效益和效率的优劣做出系统、合理的评价。仅凭单一财务指标进行分析，是很难全面评价企业的财务状况、经营成果和现金流量情况的。要想对企业有一个总体评价，就必须进行财务综合分析与评价。

一、财务综合分析与评价概述

财务综合分析与评价是指将偿债能力、营运能力和盈利能力等纳入一个有机整体之中，全面分析企业的财务状况、经营成果和现金流量，从而寻找制约企业发展的瓶颈，并对企业的经营业绩做出综合评价与判断。

财务综合分析与评价的主要意义或作用如下。

（1）可以帮助企业经营者全面、系统地驾驭企业的财务活动，寻找制约企业发展的瓶颈，为企业管理和控制指明方向。

（2）有助于企业的利益相关者全面了解与评估企业的综合财务状况，为其决策提供有用的信息。

（3）为企业绩效考核与奖励奠定基础等。

二、杜邦财务分析体系

财务综合分析与评价的方法有很多，常用的是杜邦财务分析体系。

杜邦财务分析体系，简称杜邦体系，是根据主要财务指标之间的内在联系，建立财务指标分析体系，综合分析和评价经营理财及经济效益的方法。杜邦体系因最初由美国杜邦公司创立并成功运用而得名。该体系以净资产收益率为核心，自上而下地将其分解为若干财务指标，通过分析各分解指标的变动对净资产收益率的影响，揭示企业经营效率和财务政策对企业综合盈利能力的影响及其变动原因。杜邦体系的结构如图7-2-1所示。

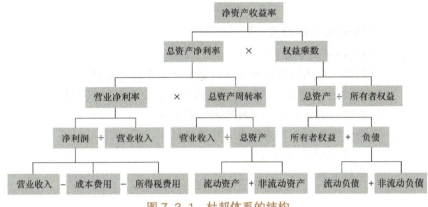

图 7-2-1 杜邦体系的结构

从图7-2-1可以看出，净资产收益率与企业的销售规模、成本水平、资产营运、资本结构有密切的联系，这些因素构成一个相互依存的系统。只有把这个系统内各个因素的关系安排好、协调好，才能使净资产收益率达到最大，从而实现股东财富最大化的理财目标。

 任务实训

在运用杜邦体系进行财务综合分析与评价时，主要采用因素分析法。因素分析法应用的程序如图7-2-2所示。

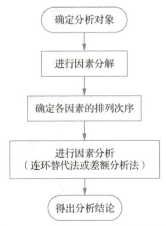

图 7-2-2 因素分析法应用的程序

　　杜邦体系以净资产收益率为起点，以总资产净利率和权益乘数为基础，重点揭示企业盈利能力及权益乘数对净资产收益率的影响，以及各相关指标之间的相互影响和作用关系，如图7-2-3所示。

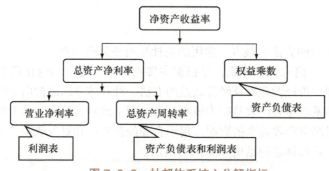

图 7-2-3　杜邦体系核心分解指标

　　杜邦体系各核心分解指标之间的关系如下。

净资产收益率=净利润÷平均净资产

　　　　　　=净利润÷平均净资产×（平均总资产÷平均总资产）

　　　　　　=(净利润÷平均总资产)×（营业收入÷营业收入）×（平均总资产÷平均净资产）

　　　　　　=营业净利率×总资产周转率×权益乘数　　　　　　　　　　（式7-2-1）

权益乘数=平均资产总额÷平均所有者权益总额

　　　　=1÷（1-资产负债率）

　　　　=1+产权比率　　　　　　　　　　　　　　　　　　　　　　　（式7-2-2）

 提示

　　图 7-2-3 中的有关资产、负债和所有者权益指标通常采用平均值计算。

　　应用杜邦体系进行财务综合分析与评价的具体步骤：先确定营业净利率、总资产周转率和权益乘数的基准值，然后顺次代入这3个指标的实际值，分别计算分析这3个指标的变动对净资产收益率的影响方向和程度；还可以使用因素分析法进一步分解各个指标，并分析其变动的深层次原因，找出解决的方法。

　　【任务7-2-1】 根据图7-1-2、图7-1-3和表7-1-4的资料，甲公司2023年和2022年主要财务指标如表7-2-1所示。

表 7-2-1　甲公司 2023 年和 2022 年主要财务指标

项目	2023 年	2022 年
流动比率	1.98	2.07
速动比率	1.84	1.87
资产负债率 /%	30.49	27.32
已获利息倍数	92.31	109.01

续表

项目	2023 年	2022 年
应收账款周转率／次	40.28	44.47
存货周转率／次	22.38	20.49
固定资产周转率／次	4.06	3.99
总资产周转率／次	1.393 7	1.395 9
营业利润率／％	8.80	8.44
营业净利率／％	6.296 2	6.139 3
成本费用利润率／％	9.12	8.89
总资产报酬率／％	11.83	11.53
净资产收益率／％	12.349 8	12.222 2

　　注：为更精确地评价净资产收益率的变化，表7-2-1中总资产周转率、营业净利率、净资产收益率指标的数值参考之前的计算结果，保留4位小数。

　　要求：

　　（1）根据表7-2-1对甲公司的偿债能力、营运能力和盈利能力进行分析。

　　（2）运用杜邦体系对该公司净资产收益率的变化采用差额分析法进行分析。

　　【解析】（1）甲公司流动比率和速动比率略有降低，但速动比率高于一般标准，一般情况下，说明其仍然具有较强的短期偿债能力。从资产负债率和已获利息倍数来看，虽然公司还本付息能力变弱，长期偿债能力降低，但影响不大。公司存货周转速度加快，但应收账款变现速度变慢，固定资产利用效率略有提高，总体来说，总资产营运能力基本没有变化，注意应收账款的变化即可。另外，从盈利能力的分析指标来看，公司营业利润率、成本费用利润率、总资产报酬率和净资产收益率有所提高，盈利能力变强。

　　（2）净资产收益率=营业净利率×总资产周转率×权益乘数。

　　2023年净资产收益率=6.296 2%×1.393 7×1.407 4=12.349 8%。

　　2022年净资产收益率=6.139 3%×1.395 9×1.426 2=12.222 2%。

　　注：计算结果因用未保留4位小数的原始数据而存在末位误差。

　　净资产收益率变动了0.127 6个百分点（=12.349 8%-12.222 2%）。

　　其中，营业净利率变动对净资产收益率的影响=（6.296 2%-6.139 3%）×1.395 9×1.426 2=0.312 4%。

　　总资产周转率变动对净资产收益率的影响=6.296 2%×（1.393 7-1.395 9）×1.426 2=-0.019 8%。

　　权益乘数变动对净资产收益率的影响=6.296 2%×1.393 7×（1.407 4-1.426 2）=-0.165 0%。

　　三者共同变动对净资产收益率的影响=0.312 4%-0.019 8%-0.165 0%=0.127 6%。

　　甲公司2023年净资产收益率比2022年增加了0.127 6个百分点，其中，营业净利率上升使净资产收益率增加了0.312 4个百分点，总资产周转率下降使净资产收益率减少了0.019 8个百分点，权益乘数下降使净资产收益率减少了0.165 0个百分点。净资产收益率的提高主要是由营业净利率上升带来的，可以进一步对收入和成本费用进行分析。

提示

采用平均值计算权益乘数。

2023 年权益乘数 =[（96 335.91+101 859.51）÷2]÷[（70 016.11+ 70 805.5）÷2]= 1.407 4。

2022 年权益乘数 =[（95 356.32+96 335.91）÷2]÷[（64 395.75+ 70 016.11）÷2]= 1.426 2。

技能拓展　　　　**Excel在杜邦体系中的应用**

根据图 7-1-2、图 7-1-3、表 7-1-4 的数据，在 Excel 中可以建立杜邦体系模型，如图 7-2-4 所示。下面以 2023 年杜邦体系指标计算为例，同理可计算得出 2022 年杜邦体系指标。

图 7-2-4　杜邦体系模型

（1）"净利润""营业收入"项目数值直接引用利润表的数据，"平均资产总额""平均所有者权益"项目数值引用资产负债表的数据计算得出，即在 H15 单元格中输入"=(资产负债表!B26+ 资产负债表!C26)/2"，在 K15 单元格中输入"=(资产负债表!E25+ 资产负债表!F25)/2"。

（2）在 B10 单元格中输入"=B15/E15"，即可得营业净利率为 6.30%。

（3）在 F10 单元格中输入"=E15/H15"，即可得总资产周转率为 1.39。

（4）在 K7 单元格中输入"=H15/K15"，即可得权益乘数为 1.41。

（5）在 D7 单元格中输入"=B10*F10"，即可得总资产净利率为 8.77%。

（6）在 G4 单元格中输入"=D7*K7"，即可得净资产收益率为 12.35%。

随堂练习

某上市公司 2023 年和 2024 年主要的财务比率如表 7-2-2 所示。

表 7-2-2　主要的财务比率

项目	2023 年	2024 年
净资产收益率 / %	10.21	11.19
权益乘数	3.049	2.874
营业净利率 / %	2.5	1.7
总资产周转率	1.34	2.29

要求： 使用杜邦体系对该公司净资产收益率的变化进行分析。

知识链接　　撰写企业财务分析报告

为了保证企业财务报告分析的有效进行，提高分析的工作效率、保证分析质量、达到分析目的，一般按下列程序撰写财务分析报告。

（1）确定分析目标。不同利益主体进行财务报告分析时有各自的目的和侧重点，因此，财务报告分析主体必须明确自己的分析目标。

（2）明确分析范围。在确定分析目标的基础上，明确分析的范围，做到有的放矢，将有限的精力放在分析重点上，以节约收集分析资料、选择分析方法等环节的成本。

（3）收集分析资料。收集分析资料是指根据已经确定的分析范围，收集分析所需要的资料。如宏观经济形势、行业情况及企业内部数据。

（4）确定分析标准。财务报告分析标准主要有历史标准、行业标准和预算标准。企业历史同期指标，即历史标准；与同行业的标杆企业进行比较，即行业标准；企业内部业绩评价与企业预算、计划比较，即预算标准。

（5）选择分析方法。分析方法服从于分析目的，应当根据不同的分析目的，采用不同的分析方法。

（6）得出分析结论。在定性、定量分析的基础上，对企业的财务状况和经营成果做出全面分析和评价，为决策提供直接依据。

任务小结

财务分析是一个比较复杂的问题，需要综合企业各个方面的财务信息，并结合企业所在行业的具体情况进行分析。杜邦体系是重要的财务综合分析与评价的方法，它通过财务指标之间的相互关系，揭示企业的盈利能力与企业的偿债能力、营运能力的内在联系。

阅读案例

珠海格力电器股份有限公司财务综合分析与评价

巩固与提升

一、单项选择题

1. 杜邦体系的核心指标是（　　）。
　　A. 总资产报酬率　　　　　　　B. 总资产周转率
　　C. 净资产收益率　　　　　　　D. 营业净利率

2. 产权比率与权益乘数的关系是（ ）。

    A. 产权比率×权益乘数=1　　　　　　B. 权益乘数=1/（1-产权比率）

    C. 权益乘数=（1+产权比率）/产权比率　　D. 权益乘数=1+产权比率

3. 甲公司2023年的营业净利率比2022年减少了5个百分点，总资产周转率增加了10个百分点，其他条件与2022年相同，那么甲公司2023年的净资产收益率比2022年增加了（ ）。

    A. 4.5个百分点　　　　　　　　　　B. 5.5个百分点

    C. 10个百分点　　　　　　　　　　D. 10.5个百分点

4. 下列关于杜邦体系的说法正确的是（ ）。

    A. 总资产净利率是重要的财务比率，是杜邦体系的核心指标

    B. 营业净利率反映了所有者权益的盈利能力和企业筹资、投资、资产运营等活动的效率

    C. 提高营业净利率是提高企业盈利能力的关键所在

    D. 权益乘数主要受到资产周转率的影响

二、多项选择题

1. 运用因素分析法进行分析时，应注意的问题有（ ）。

    A. 因素替代的顺序性　　　　　　　B. 因素分解的关联性

    C. 顺序替代的连环性　　　　　　　D. 计算结果的准确性

2. 影响净资产收益率的因素有（ ）。

    A. 流动负债与非流动负债的比率　　B. 资产负债率

    C. 营业净利率　　　　　　　　　　D. 总资产周转率

3. 下列关于杜邦体系的计算公式，不正确的有（ ）。

    A. 总资产净利率=营业净利率×总资产周转率

    B. 净资产收益率=营业毛利率×总资产周转率×权益乘数

    C. 净资产收益率=总资产净利率×权益乘数

    D. 权益乘数=资产/所有者权益=1/（1+资产负债率）

4. 在杜邦体系中，假设其他情况相同，下列说法错误的有（ ）。

    A. 权益乘数大则财务风险大　　　　B. 权益乘数大则净资产收益率大

    C. 权益乘数等于产权比率加1　　　　D. 权益乘数大则总资产净利率大

三、判断题

1. 某公司本年与上年相比，销售收入增长10%，净利润增长8%，资产总额增加12%，负债总额增加9%，可以判断，该公司净资产收益率比上年降低了。　　　　　　　　（ ）

2. 既是企业盈利能力核心指标，又是杜邦体系核心指标的是净资产收益率。　（ ）

3. 权益乘数的高低取决于企业的资本结构：资产负债率越高，权益乘数越大，财务风险越大。　　　　　　　　　　　　　　　　　　　　　　　　　　　　　　（ ）

4. 在杜邦体系中计算权益乘数时，资产负债率是用期末负债总额与期末资产总额来计算的。　　　　　　　　　　　　　　　　　　　　　　　　　　　　　　　　（ ）

5. 企业在提高营运能力的同时会提高盈利能力与偿债能力。　　　　　　　（ ）

四、课后任务

收集某上市公司2021—2023年的年报，并撰写财务分析报告。

项目技能训练

1. 某公司流动资产由速动资产及存货组成，年初存货为145万元，年初应收账款为125万元，年末流动比率为3，年末速动比率为1.5，存货周转率为4次，年末流动资产余额为270万元。一年按360天计算。

要求：

（1）计算该公司流动负债年末余额。

（2）计算该公司存货年末余额及平均余额。

（3）计算该公司本年销货成本。

（4）假定本年赊销净额为960万元，应收账款以外的其他流动资产忽略不计。计算该公司应收账款周转期。

2. 已知A公司的资产负债表如下表所示。

A 公司资产负债表

2023 年 12 月 31 日　　　　　　　　　　　　　　　　　　　单位：万元

资产	年初	年末	负债和所有者权益	年初	年末
流动资产			流动负债合计	175	150
货币资金	50	45	非流动负债合计	245	200
应收账款	60	90	负债合计	420	350
存货	92	144			
其他流动资产	23	36			
流动资产合计	225	315	所有者权益合计	280	350
固定资产	475	385			
资产总计	700	700	负债和所有者权益总计	700	700

该公司2022年营业净利率为16%，总资产周转率为0.5次，权益乘数为2.5，净资产收益率为20%；2023年营业收入为420万元，净利润为63万元。

要求：

（1）计算2023年年末的流动比率、速动比率、资产负债率和权益乘数。

（2）计算2023年的总资产周转率、营业净利率和净资产收益率（均按期末数计算）。

（3）分析营业净利率、总资产周转率和权益乘数（按此顺序分析）变动对净资产收益率的影响。

3. 下表是国内某钢铁上市公司的部分财务比率，据此分析该公司的偿债能力、营运能力和盈利能力。

某钢铁上市公司的部分财务比率

项目	2023 年	2022 年	行业平均值
偿债能力比率			
流动比率	0.7	0.86	1.22
速动比率	0.32	0.38	0.49
资产负债率 / %	54.54	48.66	60.63
产权比率	1.2	0.95	1.54
权益乘数	2.2	1.95	2.54

续表

项目	2023 年	2022 年	行业平均值
营运能力比率			
应收账款周转率 / 次	8.25	8.57	5.32
应收账款周转天数 / 天	43.64	42.01	67.67
存货周转率 / 次	6.55	5.94	10.25
存货周转天数 / 天	54.96	60.61	35.12
流动资产周转率 / 次	4.05	3.58	2.51
总资产周转率 / 次	1.28	1.41	1.08
固定资产周转率 / 次	2.53	2.7	4.18
盈利能力比率			
营业毛利率 / %	10.76	8.2	12.98
营业净利率 / %	3.4	2.96	2
成本费用利润率 / %	87.03	109.78	4.55
总资产报酬率 / %	5.79	6.05	8.05
净资产收益率 / %	9.57	8.14	5.49

4. 某公司2021—2023年的主要财务数据和财务比率如下表所示。

某公司 2021—2023 年的主要财务数据和财务比率

项目	2021 年	2022 年	2023 年
销售额 / 万元	4 000	4 300	3 800
总资产 / 万元	1 430	1 560	1 695
普通股 / 万元	100	100	100
留存收益 / 万元	500	550	500
所有者权益 / 万元	600	650	650
流动比率	1.19	1.25	1.2
应收账款周转天数 / 天	18	22	27
存货周转天数 / 天	8	7.5	5.5
产权比率	1.38	1.4	1.61
长期债务 / 所有者权益	0.5	0.46	0.46
营业毛利率 / %	20	16.3	13.2
营业净利率 / %	7.5	4.7	2.6
总资产周转率 / 次	2.8	2.76	2.24
总资产净利率 /%	21	13	6

要求：

（1）分析说明该公司盈利能力的变化及其原因。

（2）分析说明该公司资产、负债和所有者权益的变化及其原因。

（3）假如你是该公司的财务经理，你认为在2024年应该从哪些方面改善公司的财务状况和经营业绩？

附录　资金时间价值系数表

附表 1　复利终值系数表

计算公式：$f = (1+i)^n$

期数	1%	2%	3%	4%	5%	6%	7%	8%	9%	10%
1	1.010 0	1.020 0	1.030 0	1.040 0	1.050 0	1.060 0	1.070 0	1.080 0	1.090 0	1.100 0
2	1.020 1	1.040 4	1.060 9	1.081 6	1.102 5	1.123 6	1.144 9	1.166 4	1.188 1	1.210 0
3	1.030 3	1.061 2	1.092 7	1.124 9	1.157 6	1.191 0	1.225 0	1.259 7	1.295 0	1.331 0
4	1.040 6	1.082 4	1.125 5	1.169 9	1.215 5	1.262 5	1.310 8	1.360 5	1.411 6	1.464 1
5	1.051 0	1.104 1	1.159 3	1.216 7	1.276 3	1.338 2	1.402 6	1.469 3	1.538 6	1.610 5
6	1.061 5	1.126 2	1.194 1	1.265 3	1.340 1	1.418 5	1.500 7	1.586 9	1.677 1	1.771 6
7	1.072 1	1.148 7	1.229 9	1.315 9	1.407 1	1.503 6	1.605 8	1.713 8	1.828 0	1.948 7
8	1.082 9	1.171 7	1.266 8	1.368 6	1.477 5	1.593 8	1.718 2	1.850 9	1.992 6	2.143 6
9	1.093 7	1.195 1	1.304 8	1.423 3	1.551 3	1.689 5	1.838 5	1.999 0	2.171 9	2.357 9
10	1.104 6	1.219 0	1.343 9	1.480 2	1.628 9	1.790 8	1.967 2	2.158 9	2.367 4	2.593 7
11	1.115 7	1.243 4	1.384 2	1.539 5	1.710 3	1.898 3	2.104 9	2.331 6	2.580 4	2.853 1
12	1.126 8	1.268 2	1.425 8	1.601 0	1.795 9	2.012 2	2.252 2	2.518 2	2.812 7	3.138 4
13	1.138 1	1.293 6	1.468 5	1.665 1	1.885 6	2.132 9	2.409 8	2.719 6	3.065 8	3.452 3
14	1.149 5	1.319 5	1.512 6	1.731 7	1.979 9	2.260 9	2.578 5	2.937 2	3.341 7	3.797 5
15	1.161 0	1.345 9	1.558 0	1.800 9	2.078 9	2.396 6	2.759 0	3.172 2	3.642 5	4.177 2
16	1.172 6	1.372 8	1.604 7	1.873 0	2.182 9	2.540 4	2.952 2	3.425 9	3.970 3	4.595 0
17	1.184 3	1.400 2	1.652 8	1.947 9	2.292 0	2.692 8	3.158 8	3.700 0	4.327 6	5.054 5
18	1.196 1	1.428 2	1.702 4	2.025 8	2.406 6	2.854 3	3.379 9	3.996 0	4.717 1	5.559 9
19	1.208 1	1.456 8	1.753 5	2.106 8	2.527 0	3.025 6	3.616 5	4.315 7	5.141 7	6.115 9
20	1.220 2	1.485 9	1.806 1	2.191 1	2.653 3	3.207 1	3.869 7	4.661 0	5.604 4	6.727 5
21	1.232 4	1.515 7	1.860 3	2.278 8	2.786 0	3.399 6	4.140 6	5.033 8	6.108 8	7.400 2
22	1.244 7	1.546 0	1.916 1	2.369 9	2.925 3	3.603 5	4.430 4	5.436 5	6.658 6	8.140 3
23	1.257 2	1.576 9	1.973 6	2.464 7	3.071 5	3.819 7	4.740 5	5.871 5	7.257 9	8.954 3
24	1.269 7	1.608 4	2.032 8	2.563 3	3.225 1	4.048 9	5.072 4	6.341 2	7.911 1	9.849 7
25	1.282 4	1.640 6	2.093 8	2.665 8	3.386 4	4.291 9	5.427 4	6.848 5	8.623 1	10.834 7
26	1.295 3	1.673 4	2.156 6	2.772 5	3.555 7	4.549 4	5.807 4	7.396 4	9.399 2	11.918 2
27	1.308 2	1.706 9	2.221 3	2.883 4	3.733 5	4.822 3	6.213 9	7.988 1	10.245 1	13.110 0
28	1.321 3	1.741 0	2.287 9	2.998 7	3.920 1	5.111 7	6.648 8	8.627 1	11.167 1	14.421 0
29	1.334 5	1.775 8	2.356 6	3.118 7	4.116 1	5.418 4	7.114 3	9.317 3	12.172 2	15.863 1
30	1.347 8	1.811 4	2.427 3	3.243 4	4.321 9	5.743 5	7.612 3	10.062 7	13.267 7	17.449 4

期数	11%	12%	13%	14%	15%	16%	17%	18%	19%	20%
1	1.110 0	1.120 0	1.130 0	1.140 0	1.150 0	1.160 0	1.170 0	1.180 0	1.190 0	1.200 0
2	1.232 1	1.254 4	1.276 9	1.299 6	1.322 5	1.345 6	1.368 9	1.392 4	1.416 1	1.440 0
3	1.367 6	1.404 9	1.442 9	1.481 5	1.520 9	1.560 9	1.601 6	1.643 0	1.685 2	1.728 0
4	1.518 1	1.573 5	1.630 5	1.689 0	1.749 0	1.810 6	1.873 9	1.938 8	2.005 3	2.073 6
5	1.685 1	1.762 3	1.842 4	1.925 4	2.011 4	2.100 3	2.192 4	2.287 8	2.386 4	2.488 3
6	1.870 4	1.973 8	2.082 0	2.195 0	2.313 1	2.436 4	2.565 2	2.699 6	2.839 8	2.986 0
7	2.076 2	2.210 7	2.352 6	2.502 3	2.660 0	2.826 2	3.001 2	3.185 5	3.379 3	3.583 2
8	2.304 5	2.476 0	2.658 4	2.852 6	3.059 0	3.278 4	3.511 5	3.758 9	4.021 4	4.299 8
9	2.558 0	2.773 1	3.004 0	3.251 9	3.517 9	3.803 0	4.108 4	4.435 5	4.785 4	5.159 8
10	2.839 4	3.105 8	3.394 6	3.707 2	4.045 6	4.411 4	4.806 8	5.233 8	5.694 7	6.191 7
11	3.151 8	3.478 6	3.835 9	4.226 2	4.652 4	5.117 3	5.624 0	6.175 9	6.776 7	7.430 1
12	3.498 5	3.896 0	4.334 5	4.817 9	5.350 3	5.936 0	6.580 1	7.287 6	8.064 2	8.916 1
13	3.883 3	4.363 5	4.898 0	5.492 4	6.152 8	6.885 8	7.698 7	8.599 4	9.596 4	10.699 3
14	4.310 4	4.887 1	5.534 8	6.261 3	7.075 7	7.987 5	9.007 5	10.147 2	11.419 8	12.839 2
15	4.784 6	5.473 6	6.254 3	7.137 9	8.137 1	9.265 5	10.538 7	11.973 7	13.589 5	15.407 0
16	5.310 9	6.130 4	7.067 3	8.137 2	9.357 6	10.748 0	12.330 3	14.129 0	16.171 5	18.488 4
17	5.895 1	6.866 0	7.986 1	9.276 5	10.761 3	12.467 7	14.426 5	16.672 2	19.244 1	22.186 1
18	6.543 6	7.690 0	9.024 3	10.575 2	12.375 5	14.462 5	16.879 0	19.673 3	22.900 5	26.623 3
19	7.263 3	8.612 8	10.197 4	12.055 7	14.231 8	16.776 5	19.748 4	23.214 4	27.251 6	31.948 0
20	8.062 3	9.646 3	11.523 1	13.743 5	16.366 5	19.460 8	23.105 6	27.393 0	32.429 4	38.337 6
21	8.949 2	10.803 8	13.021 1	15.667 6	18.821 5	22.574 5	27.033 6	32.323 8	38.591 0	46.005 1
22	9.933 6	12.100 3	14.713 8	17.861 0	21.644 7	26.186 4	31.629 3	38.142 1	45.923 3	55.206 1
23	11.026 3	13.552 3	16.626 6	20.361 6	24.891 5	30.376 2	37.006 2	45.007 6	54.648 7	66.247 4
24	12.239 2	15.178 6	18.788 1	23.212 2	28.625 2	35.236 4	43.297 3	53.109 0	65.032 0	79.496 8
25	13.585 5	17.000 1	21.230 5	26.461 9	32.919 0	40.874 2	50.657 8	62.668 6	77.388 1	95.396 2
26	15.079 9	19.040 1	23.990 5	30.166 6	37.856 8	47.414 1	59.269 7	73.949 0	92.091 8	114.475 5
27	16.738 7	21.324 9	27.109 3	34.389 9	43.535 3	55.000 4	69.345 5	87.259 8	109.589 3	137.370 6
28	18.579 9	23.883 9	30.633 5	39.204 5	50.065 6	63.800 4	81.134 2	102.966 6	130.411 2	164.844 7
29	20.623 7	26.749 9	34.615 8	44.693 1	57.575 5	74.008 5	94.927 1	121.500 5	155.189 3	197.813 6
30	22.892 3	29.959 9	39.115 9	50.950 2	66.211 8	85.849 9	111.064 7	143.370 6	184.675 3	237.376 3

续表

期数	21%	22%	23%	24%	25%	26%	27%	28%	29%	30%
1	1.210 0	1.220 0	1.230 0	1.240 0	1.250 0	1.260 0	1.270 0	1.280 0	1.290 0	1.300 0
2	1.464 1	1.488 4	1.512 9	1.537 6	1.562 5	1.587 6	1.612 9	1.638 4	1.664 1	1.690 0
3	1.771 6	1.815 8	1.860 9	1.906 6	1.953 1	2.000 4	2.048 4	2.097 2	2.146 7	2.197 0
4	2.143 6	2.215 3	2.288 9	2.364 2	2.441 4	2.520 5	2.601 4	2.684 4	2.769 2	2.856 1
5	2.593 7	2.702 7	2.815 3	2.931 6	3.051 8	3.175 8	3.303 8	3.436 0	3.572 3	3.712 9
6	3.138 4	3.297 3	3.462 8	3.635 2	3.814 7	4.001 5	4.195 9	4.398 0	4.608 3	4.826 8
7	3.797 5	4.022 7	4.259 3	4.507 7	4.768 4	5.041 9	5.328 8	5.629 5	5.944 7	6.274 9
8	4.595 0	4.907 7	5.238 9	5.589 5	5.960 5	6.352 8	6.767 5	7.205 8	7.668 6	8.157 3
9	5.559 9	5.987 4	6.443 9	6.931 0	7.450 6	8.004 5	8.594 8	9.223 4	9.892 5	10.604 5
10	6.727 5	7.304 6	7.925 9	8.594 4	9.313 2	10.085 7	10.915 3	11.805 9	12.761 4	13.785 8
11	8.140 3	8.911 7	9.748 9	10.657 1	11.641 5	12.708 0	13.862 5	15.111 6	16.462 2	17.921 6
12	9.849 7	10.872 2	11.991 2	13.214 8	14.551 9	16.012 0	17.605 3	19.342 8	21.236 2	23.298 1
13	11.918 2	13.264 1	14.749 1	16.386 3	18.189 9	20.175 2	22.358 8	24.758 8	27.394 7	30.287 5
14	14.421 0	16.182 2	18.141 4	20.319 1	22.737 4	25.420 7	28.395 7	31.691 3	35.339 1	39.373 8
15	17.449 4	19.742 3	22.314 0	25.195 6	28.421 7	32.030 1	36.062 5	40.564 8	45.587 5	51.185 9
16	21.113 8	24.085 6	27.446 2	31.242 6	35.527 1	40.357 9	45.799 4	51.923 0	58.807 9	66.541 7
17	25.547 7	29.384 4	33.758 8	38.740 8	44.408 9	50.851 0	58.165 2	66.461 4	75.862 1	86.504 2
18	30.912 7	35.849 0	41.523 3	48.038 6	55.511 2	64.072 2	73.869 8	85.070 6	97.862 2	112.455 4
19	37.404 3	43.735 8	51.073 7	59.567 9	69.388 9	80.731 0	93.814 7	108.890 4	126.242 2	146.192 0
20	45.259 3	53.357 6	62.820 6	73.864 1	86.736 2	101.721 1	119.144 6	139.379 7	162.852 4	190.049 6
21	54.763 7	65.096 3	77.269 4	91.591 5	108.420 2	128.168 5	151.313 7	178.406 0	210.079 6	247.064 5
22	66.264 1	79.417 5	95.041 3	113.573 5	135.525 3	161.492 4	192.168 3	228.359 6	271.002 7	321.183 9
23	80.179 5	96.889 4	116.900 8	140.831 2	169.406 6	203.480 4	244.053 8	292.300 3	349.593 5	417.539 1
24	97.017 2	118.205 0	143.788 0	174.630 6	211.758 2	256.385 3	309.948 3	374.144 4	450.975 6	542.800 8
25	117.390 9	144.210 1	176.859 3	216.542 0	264.697 8	323.045 4	393.634 4	478.904 9	581.758 5	705.641 0
26	142.042 9	175.936 4	217.536 9	268.512 1	330.872 2	407.037 3	499.915 7	612.998 2	750.468 5	917.333 3
27	171.871 9	214.642 4	267.570 4	332.955 0	413.590 3	512.867 0	634.892 9	784.637 7	968.104 4	1 192.533 3
28	207.965 1	261.863 7	329.111 5	412.864 2	516.987 9	646.212 4	806.314 0	1 004.336 3	1 248.854 6	1 550.293 3
29	251.637 7	319.473 7	404.807 2	511.951 6	646.234 9	814.227 6	1 024.018 7	1 285.550 4	1 611.022 5	2 015.381 3
30	304.481 6	389.757 9	497.912 9	634.819 9	807.793 6	1 025.926 7	1 300.503 8	1 645.504 6	2 078.219 0	2 619.995 6

附表 2　复利现值系数表

计算公式：$f=(1+i)^{-n}$

期数	1%	2%	3%	4%	5%	6%	7%	8%	9%	10%
1	0.990 1	0.980 4	0.970 9	0.961 5	0.952 4	0.943 4	0.934 6	0.925 9	0.917 4	0.909 1
2	0.980 3	0.961 2	0.942 6	0.924 6	0.907 0	0.890 0	0.873 4	0.857 3	0.841 7	0.826 4
3	0.970 6	0.942 3	0.915 1	0.889 0	0.863 8	0.839 6	0.816 3	0.793 8	0.772 2	0.751 3
4	0.961 0	0.923 8	0.888 5	0.854 8	0.822 7	0.792 1	0.762 9	0.735 0	0.708 4	0.683 0
5	0.951 5	0.905 7	0.862 6	0.821 9	0.783 5	0.747 3	0.713 0	0.680 6	0.649 9	0.620 9
6	0.942	0.888 0	0.837 5	0.790 3	0.746 2	0.705 0	0.666 3	0.630 2	0.596 3	0.564 5
7	0.932 7	0.870 6	0.813 1	0.759 9	0.710 7	0.665 1	0.622 7	0.583 5	0.547	0.513 2
8	0.923 5	0.853 5	0.789 4	0.730 7	0.676 8	0.627 4	0.582 0	0.540 3	0.501 9	0.466 5
9	0.914 3	0.836 8	0.766 4	0.702 6	0.644 6	0.591 9	0.543 9	0.500 2	0.460 4	0.424 1
10	0.905 3	0.820 3	0.744 1	0.675 6	0.613 9	0.558 4	0.508 3	0.463 2	0.422 4	0.385 5
11	0.896 3	0.804 3	0.722 4	0.649 6	0.584 7	0.526 8	0.475 1	0.428 9	0.387 5	0.350 5
12	0.887 4	0.788 5	0.701 4	0.624 6	0.556 8	0.497 0	0.444 0	0.397 1	0.355 5	0.318 6
13	0.878 7	0.773 0	0.681 0	0.600 6	0.530 3	0.468 8	0.415 0	0.367 7	0.326 2	0.289 7
14	0.870 0	0.757 9	0.661 1	0.577 5	0.505 1	0.442 3	0.387 8	0.340 5	0.299 2	0.263 3
15	0.861 3	0.743 0	0.641 9	0.555 3	0.481 0	0.417 3	0.362 4	0.315 2	0.274 5	0.239 4
16	0.852 8	0.728 4	0.623 2	0.533 9	0.458 1	0.393 6	0.338 7	0.291 9	0.251 9	0.217 6
17	0.844 4	0.714 2	0.605 0	0.513 4	0.436 3	0.371 4	0.316 6	0.270 3	0.231 1	0.197 8
18	0.836 0	0.700 2	0.587 4	0.493 6	0.415 5	0.350 3	0.295 9	0.250 2	0.212 0	0.179 9
19	0.827 7	0.686 4	0.570 3	0.474 6	0.395 7	0.330 5	0.276 5	0.231 7	0.194 5	0.163 5
20	0.819 5	0.673 0	0.553 7	0.456 4	0.376 9	0.311 8	0.258 4	0.214 5	0.178 4	0.148 6
21	0.811 4	0.659 8	0.537 5	0.438 8	0.358 9	0.294 2	0.241 5	0.198 7	0.163 7	0.135 1
22	0.803 4	0.646 8	0.521 9	0.422 0	0.341 8	0.277 5	0.225 7	0.183 9	0.150 2	0.122 8
23	0.795 4	0.634 2	0.506 7	0.405 7	0.325 6	0.261 8	0.210 9	0.170 3	0.137 8	0.111 7
24	0.787 6	0.621 7	0.491 9	0.390 1	0.310 1	0.247 0	0.197 1	0.157 7	0.126 4	0.101 5
25	0.779 8	0.609 5	0.477 6	0.375 1	0.295 3	0.233 0	0.184 2	0.146 0	0.116 0	0.092 3
26	0.772 0	0.597 6	0.463 7	0.360 7	0.281 2	0.219 8	0.172 2	0.135 2	0.106 4	0.083 9
27	0.764 4	0.585 9	0.450 2	0.346 8	0.267 8	0.207 4	0.160 9	0.125 2	0.097 6	0.076 3
28	0.756 8	0.574 4	0.437 1	0.333 5	0.255 1	0.195 6	0.150 4	0.115 9	0.089 5	0.069 3
29	0.749 3	0.563 1	0.424 3	0.320 7	0.242 9	0.184 6	0.140 6	0.107 3	0.082 2	0.063 0
30	0.741 9	0.552 1	0.412 0	0.308 3	0.231 4	0.174 1	0.131 4	0.099 4	0.075 4	0.057 3

期数	11%	12%	13%	14%	15%	16%	17%	18%	19%	20%
1	0.900 9	0.892 9	0.885 0	0.877 2	0.869 6	0.862 1	0.854 7	0.847 5	0.840 3	0.833 3
2	0.811 6	0.797 2	0.783 1	0.769 5	0.756 1	0.743 2	0.730 5	0.718 2	0.706 2	0.694 4
3	0.731 2	0.711 8	0.693 1	0.675 0	0.657 5	0.640 7	0.624 4	0.608 6	0.593 4	0.578 7
4	0.658 7	0.635 5	0.613 3	0.592 1	0.571 8	0.552 3	0.533 7	0.515 8	0.498 7	0.482 3
5	0.593 5	0.567 4	0.542 8	0.519 4	0.497 2	0.476 1	0.456 1	0.437 1	0.419 0	0.401 9
6	0.534 6	0.506 6	0.480 3	0.455 6	0.432 3	0.410 4	0.389 8	0.370 4	0.352 1	0.334 9
7	0.481 7	0.452 3	0.425 1	0.399 6	0.375 9	0.353 8	0.333 2	0.313 9	0.295 9	0.279 1
8	0.433 9	0.403 9	0.376 2	0.350 6	0.326 9	0.305 0	0.284 8	0.266 0	0.248 7	0.232 6
9	0.390 9	0.360 6	0.332 9	0.307 5	0.284 3	0.263 0	0.243 4	0.225 5	0.209 0	0.193 8
10	0.352 2	0.322 0	0.294 6	0.269 7	0.247 2	0.226 7	0.208 0	0.191 1	0.175 6	0.161 5
11	0.317 3	0.287 5	0.260 7	0.236 6	0.214 9	0.195 4	0.177 8	0.161 9	0.147 6	0.134 6
12	0.285 8	0.256 7	0.230 7	0.207 6	0.186 9	0.168 5	0.152 0	0.137 2	0.124 0	0.112 2
13	0.257 5	0.229 2	0.204 2	0.182 1	0.162 5	0.145 2	0.129 9	0.116 3	0.104 2	0.093 5
14	0.232 0	0.204 6	0.180 7	0.159 7	0.141 3	0.125 2	0.111 0	0.098 5	0.087 6	0.077 9
15	0.209 0	0.182 7	0.159 9	0.140 1	0.122 9	0.107 9	0.094 9	0.083 5	0.073 6	0.064 9
16	0.188 3	0.163 1	0.141 5	0.122 9	0.106 9	0.093 0	0.081 1	0.070 8	0.061 8	0.054 1
17	0.169 6	0.145 6	0.125 2	0.107 8	0.092 9	0.080 2	0.069 3	0.060 0	0.052 0	0.045 1
18	0.152 8	0.130 0	0.110 8	0.094 6	0.080 8	0.069 1	0.059 2	0.050 8	0.043 7	0.037 6
19	0.137 7	0.116 1	0.098 1	0.082 9	0.070 3	0.059 6	0.050 6	0.043 1	0.036 7	0.031 3
20	0.124 0	0.103 7	0.086 8	0.072 8	0.061 1	0.051 4	0.043 3	0.036 5	0.030 8	0.026 1
21	0.111 7	0.092 6	0.076 8	0.063 8	0.053 1	0.044 3	0.037 0	0.030 9	0.025 9	0.021 7
22	0.100 7	0.082 6	0.068 0	0.056 0	0.046 2	0.038 2	0.031 6	0.026 2	0.021 8	0.018 1
23	0.090 7	0.073 8	0.060 1	0.049 1	0.040 2	0.032 9	0.027 0	0.022 2	0.018 3	0.015 1
24	0.081 7	0.065 9	0.053 2	0.043 1	0.034 9	0.028 4	0.023 1	0.018 8	0.015 4	0.012 6
25	0.073 6	0.058 8	0.047 1	0.037 8	0.030 4	0.024 5	0.019 7	0.016 0	0.012 9	0.010 5
26	0.066 3	0.052 5	0.041 7	0.033 1	0.026 4	0.021 1	0.016 9	0.013 5	0.010 9	0.008 7
27	0.059 7	0.046 9	0.036 9	0.029 1	0.023 0	0.018 2	0.014 4	0.011 5	0.009 1	0.007 3
28	0.053 8	0.041 9	0.032 6	0.025 5	0.020 0	0.015 7	0.012 3	0.009 7	0.007 7	0.006 1
29	0.048 5	0.037 4	0.028 9	0.022 4	0.017 4	0.013 5	0.010 5	0.008 2	0.006 4	0.005 1
30	0.043 7	0.033 4	0.025 6	0.019 6	0.015 1	0.011 6	0.009 0	0.007 0	0.005 4	0.004 2

续表

期数	21%	22%	23%	24%	25%	26%	27%	28%	29%	30%
1	0.826 4	0.819 7	0.813 0	0.806 5	0.800 0	0.793 7	0.787 4	0.781 3	0.775 2	0.769 2
2	0.683 0	0.671 9	0.661 0	0.650 4	0.640 0	0.629 9	0.620 0	0.610 4	0.600 9	0.591 7
3	0.564 5	0.550 7	0.537 4	0.524 5	0.512 0	0.499 9	0.488 2	0.476 8	0.465 8	0.455 2
4	0.466 5	0.451 4	0.436 9	0.423 0	0.409 6	0.396 8	0.384 4	0.372 5	0.361 1	0.350 1
5	0.385 5	0.370 0	0.355 2	0.341 1	0.327 7	0.314 9	0.302 7	0.291 0	0.279 9	0.269 3
6	0.318 6	0.303 3	0.288 8	0.275 1	0.262 1	0.249 9	0.238 3	0.227 4	0.217 0	0.207 2
7	0.263 3	0.248 6	0.234 8	0.221 8	0.209 7	0.198 3	0.187 7	0.177 6	0.168 2	0.159 4
8	0.217 6	0.203 8	0.190 9	0.178 9	0.167 8	0.157 4	0.147 8	0.138 8	0.130 4	0.122 6
9	0.179 9	0.167 0	0.155 2	0.144 3	0.134 2	0.124 9	0.116 4	0.108 4	0.101 1	0.094 3
10	0.148 6	0.136 9	0.126 2	0.116 4	0.107 4	0.099 2	0.091 6	0.084 7	0.078 4	0.072 5
11	0.122 8	0.112 2	0.102 6	0.093 8	0.085 9	0.078 7	0.072 1	0.066 2	0.060 7	0.055 8
12	0.101 5	0.092 0	0.083 4	0.075 7	0.068 7	0.062 5	0.056 8	0.051 7	0.047 1	0.042 9
13	0.083 9	0.075 4	0.067 8	0.061 0	0.055 0	0.049 6	0.044 7	0.040 4	0.036 5	0.033 0
14	0.069 3	0.061 8	0.055 1	0.049 2	0.044 0	0.039 3	0.035 2	0.031 6	0.028 3	0.025 4
15	0.057 3	0.050 7	0.044 8	0.039 7	0.035 2	0.031 2	0.027 7	0.024 7	0.021 9	0.019 5
16	0.047 4	0.041 5	0.036 4	0.032 0	0.028 1	0.024 8	0.021 8	0.019 3	0.017 0	0.015 0
17	0.039 1	0.034 0	0.029 6	0.025 8	0.022 5	0.019 7	0.017 2	0.015 0	0.013 2	0.011 6
18	0.032 3	0.027 9	0.024 1	0.020 8	0.018 0	0.015 6	0.013 5	0.011 8	0.010 2	0.008 9
19	0.026 7	0.022 9	0.019 6	0.016 8	0.014 4	0.012 4	0.010 7	0.009 2	0.007 9	0.006 8
20	0.022 1	0.018 7	0.015 9	0.013 5	0.011 5	0.009 8	0.008 4	0.007 2	0.006 1	0.005 3
21	0.018 3	0.015 4	0.012 9	0.010 9	0.009 2	0.007 8	0.006 6	0.005 6	0.004 8	0.004 0
22	0.015 1	0.012 6	0.010 5	0.008 8	0.007 4	0.006 2	0.005 2	0.004 4	0.003 7	0.003 1
23	0.012 5	0.010 3	0.008 6	0.007 1	0.005 9	0.004 9	0.004 1	0.003 4	0.002 9	0.002 4
24	0.010 3	0.008 5	0.007 0	0.005 7	0.004 7	0.003 9	0.003 2	0.002 7	0.002 2	0.001 8
25	0.008 5	0.006 9	0.005 7	0.004 6	0.003 8	0.003 1	0.002 5	0.002 1	0.001 7	0.001 4
26	0.007 0	0.005 7	0.004 6	0.003 7	0.003 0	0.002 5	0.002 0	0.001 6	0.001 3	0.001 1
27	0.005 8	0.004 7	0.003 7	0.003 0	0.002 4	0.001 9	0.001 6	0.001 3	0.001 0	0.000 8
28	0.004 8	0.003 8	0.003 0	0.002 4	0.001 9	0.001 5	0.001 2	0.001 0	0.000 8	0.000 6
29	0.004 0	0.003 1	0.002 5	0.002 0	0.001 5	0.001 2	0.001 0	0.000 8	0.000 6	0.000 5
30	0.003 3	0.002 6	0.002 0	0.001 6	0.001 2	0.001 0	0.000 8	0.000 6	0.000 5	0.000 4

附表 3　年金终值系数表

计算公式：$f = \dfrac{(1+i)^n - 1}{i}$

期数	1%	2%	3%	4%	5%	6%	7%	8%	9%	10%
1	1.000 0	1.000 0	1.000 0	1.000 0	1.000 0	1.000 0	1.000 0	1.000 0	1.000 0	1.000 0
2	2.010 0	2.020 0	2.030 0	2.040 0	2.050 0	2.060 0	2.070 0	2.080 0	2.090 0	2.100 0
3	3.030 1	3.060 4	3.090 9	3.121 6	3.152 5	3.183 6	3.214 9	3.246 4	3.278 1	3.310 0
4	4.060 4	4.121 6	4.183 6	4.246 5	4.310 1	4.374 6	4.439 9	4.506 1	4.573 1	4.641 0
5	5.101 0	5.204 0	5.309 1	5.416 3	5.525 6	5.637 1	5.750 7	5.866 6	5.984 7	6.105 1
6	6.152 0	6.308 1	6.468 4	6.633 0	6.801 9	6.975 3	7.153 3	7.335 9	7.523 3	7.715 6
7	7.213 5	7.434 3	7.662 5	7.898 3	8.142 0	8.393 8	8.654 0	8.922 8	9.200 4	9.487 2
8	8.285 7	8.583 0	8.892 3	9.214 2	9.549 1	9.897 5	10.259 8	10.636 6	11.028 5	11.435 9
9	9.368 5	9.754 6	10.159 1	10.582 8	11.026 6	11.491 3	11.978 0	12.487 6	13.021 0	13.579 5
10	10.462 2	10.949 7	11.463 9	12.006 1	12.577 9	13.180 8	13.816 4	14.486 6	15.192 9	15.937 4
11	11.566 8	12.168 7	12.807 8	13.486 4	14.206 8	14.971 6	15.783 6	16.645 5	17.560 3	18.531 2
12	12.682 5	13.412 1	14.192 0	15.025 8	15.917 1	16.869 9	17.888 5	18.977 1	20.140 7	21.384 3
13	13.809 3	14.680 3	15.617 8	16.626 8	17.713 0	18.882 1	20.140 6	21.495 3	22.953 4	24.522 7
14	14.947 4	15.973 9	17.086 3	18.291 9	19.598 6	21.015 1	22.550 5	24.214 9	26.019 2	27.975 0
15	16.096 9	17.293 4	18.598 9	20.023 6	21.578 6	23.276 0	25.129 0	27.152 1	29.360 9	31.772 5
16	17.257 9	18.639 3	20.156 9	21.824 5	23.657 5	25.672 5	27.888 1	30.324 3	33.003 4	35.949 7
17	18.430 4	20.012 1	21.761 6	23.697 5	25.840 4	28.212 9	30.840 2	33.750 2	36.973 7	40.544 7
18	19.614 7	21.412 3	23.414 4	25.645 4	28.132 4	30.905 7	33.999 0	37.450 2	41.301 3	45.599 2
19	20.810 9	22.840 6	25.116 9	27.671 2	30.539 0	33.760 0	37.379 0	41.446 3	46.018 5	51.159 1
20	22.019 0	24.297 4	26.870 4	29.778 1	33.066 0	36.785 6	40.995 5	45.762 0	51.160 1	57.275 0
21	23.239 2	25.783 3	28.676 5	31.969 2	35.719 3	39.992 7	44.865 2	50.422 9	56.764 5	64.002 5
22	24.471 6	27.299 0	30.536 8	34.248 0	38.505 2	43.392 3	49.005 7	55.456 8	62.873 3	71.402 7
23	25.716 3	28.845 0	32.452 9	36.617 9	41.430 5	46.995 8	53.436 1	60.893 3	69.531 9	79.543 0
24	26.973 5	30.421 9	34.426 5	39.082 6	44.502 0	50.815 6	58.176 7	66.764 8	76.789 8	88.497 3
25	28.243 2	32.030 3	36.459 3	41.645 9	47.727 1	54.864 5	63.249 0	73.105 9	84.700 9	98.347 1
26	29.525 6	33.670 9	38.553 0	44.311 7	51.113 5	59.156 4	68.676 5	79.954 4	93.324 0	109.181 8
27	30.820 9	35.344 3	40.709 6	47.084 2	54.669 1	63.705 8	74.483 8	87.350 8	102.723 1	121.099 9
28	32.129 1	37.051 2	42.930 9	49.967 6	58.402 6	68.528 1	80.697 7	95.338 8	112.968 2	134.209 9
29	33.450 4	38.792 2	45.218 9	52.966 3	62.322 7	73.639 8	87.346 5	103.965 9	124.135 4	148.630 9
30	34.784 9	40.568 1	47.575 4	56.084 9	66.438 8	79.058 2	94.460 8	113.283 2	136.307 5	164.494 0

续表

期数	11%	12%	13%	14%	15%	16%	17%	18%	19%	20%
1	1.000 0	1.000 0	1.000 0	1.000 0	1.000 0	1.000 0	1.000 0	1.000 0	1.000 0	1.000 0
2	2.110 0	2.120 0	2.130 0	2.140 0	2.150 0	2.160 0	2.170 0	2.180 0	2.190 0	2.200 0
3	3.342 1	3.374 4	3.406 9	3.439 6	3.472 5	3.505 6	3.538 9	3.572 4	3.606 1	3.640 0
4	4.709 7	4.779 3	4.849 8	4.921 1	4.993 4	5.066 5	5.140 5	5.215 4	5.291 3	5.368 0
5	6.227 8	6.352 8	6.480 3	6.610 1	6.742 4	6.877 1	7.014 4	7.154 2	7.296 6	7.441 6
6	7.912 9	8.115 2	8.322 7	8.535 5	8.753 7	8.977 5	9.206 8	9.442 0	9.683 0	9.929 9
7	9.783 3	10.089 0	10.404 7	10.730 5	11.066 8	11.413 9	11.772 0	12.141 5	12.522 7	12.915 9
8	11.859 4	12.299 7	12.757 3	13.232 8	13.726 8	14.240 1	14.773 3	15.327 0	15.902 0	16.499 1
9	14.164 0	14.775 7	15.415 7	16.085 3	16.785 8	17.518 5	18.284 7	19.085 9	19.923 4	20.798 9
10	16.722 0	17.548 7	18.419 7	19.337 3	20.303 7	21.321 5	22.393 1	23.521 3	24.708 9	25.958 7
11	19.561 4	20.654 6	21.814 3	23.044 5	24.349 3	25.732 9	27.199 9	28.755 1	30.403 5	32.150 4
12	22.713 2	24.133 1	25.650 2	27.270 7	29.001 7	30.850 2	32.823 9	34.931 1	37.180 2	39.580 5
13	26.211 6	28.029 1	29.984 7	32.088 7	34.351 9	36.786 2	39.404 0	42.218 7	45.244 5	48.496 6
14	30.094 9	32.392 6	34.882 7	37.581 1	40.504 7	43.672 0	47.102 7	50.818 0	54.840 9	59.195 9
15	34.405 4	37.279 7	40.417 5	43.842 4	47.580 4	51.659 5	56.110 1	60.965 3	66.260 7	72.035 1
16	39.189 9	42.753 3	46.671 7	50.980 4	55.717 5	60.925 0	66.648 8	72.939 0	79.850 2	87.442 1
17	44.500 8	48.883 7	53.739 1	59.117 6	65.075 1	71.673 0	78.979 2	87.068 0	96.021 8	105.930 6
18	50.395 9	55.749 7	61.725 1	68.394 1	75.836 4	84.140 7	93.405 6	103.740 3	115.265 9	128.116 7
19	56.939 5	63.439 7	70.749 4	78.969 2	88.211 8	98.603 2	110.284 6	123.413 5	138.166 4	154.740 0
20	64.202 8	72.052 4	80.946 8	91.024 9	102.443 6	115.379 7	130.032 9	146.628 0	165.418 0	186.688 0
21	72.265 1	81.698 7	92.469 9	104.768 4	118.810 1	134.840 5	153.138 5	174.021 0	197.847 4	225.025 6
22	81.214 3	92.502 6	105.491 0	120.436 0	137.631 6	157.415 0	180.172 1	206.344 8	236.438 5	271.030 7
23	91.147 9	104.602 9	120.204 8	138.297 0	159.276 4	183.601 4	211.801 3	244.486 8	282.361 8	326.236 9
24	102.174 2	118.155 2	136.831 5	158.658 6	184.167 8	213.977 6	248.807 6	289.494 5	337.010 5	392.484 2
25	114.413 3	133.333 9	155.619 6	181.870 8	212.793 0	249.214 0	292.104 9	342.603 5	402.042 5	471.981 1
26	127.998 8	150.333 9	176.850 1	208.332 7	245.712 0	290.088 3	342.762 7	405.272 1	479.430 6	567.377 3
27	143.078 6	169.374 0	200.840 6	238.499 3	283.568 8	337.502 4	402.032 3	479.221 1	571.522 4	681.852 8
28	159.817 3	190.698 9	227.949 9	272.889 2	327.104 1	392.502 8	471.377 8	566.480 9	681.111 6	819.223 3
29	178.397 2	214.582 8	258.583 4	312.093 7	377.169 7	456.303 2	552.512 1	669.447 5	811.522 8	984.068 0
30	199.020 9	241.332 7	293.199 2	356.786 8	434.745 1	530.311 7	647.439 1	790.948 0	966.712 2	1 181.881 6

期数	21%	22%	23%	24%	25%	26%	27%	28%	29%	30%
1	1.000 0	1.000 0	1.000 0	1.000 0	1.000 0	1.000 0	1.000 0	1.000 0	1.000 0	1.000 0
2	2.210 0	2.220 0	2.230 0	2.240 0	2.250 0	2.260 0	2.270 0	2.280 0	2.290 0	2.300 0
3	3.674 1	3.708 4	3.742 9	3.777 6	3.812 5	3.847 6	3.882 9	3.918 4	3.954 1	3.990 0
4	5.445 7	5.524 2	5.603 8	5.684 2	5.765 6	5.848 0	5.931 3	6.015 6	6.100 8	6.187 0
5	7.589 2	7.739 6	7.892 6	8.048 4	8.207 0	8.368 4	8.532 7	8.699 9	8.870 0	9.043 1
6	10.183 0	10.442 3	10.707 9	10.980 1	11.258 8	11.544 2	11.836 6	12.135 9	12.442 3	12.756 0
7	13.321 4	13.739 6	14.170 8	14.615 3	15.073 5	15.545 8	16.032 4	16.533 9	17.050 6	17.582 8
8	17.118 9	17.762 3	18.430 0	19.122 9	19.841 9	20.587 6	21.361 2	22.163 4	22.995 3	23.857 7
9	21.713 9	22.670 0	23.669 0	24.712 5	25.802 3	26.940 4	28.128 7	29.369 2	30.663 9	32.015 0
10	27.273 8	28.657 4	30.112 8	31.643 4	33.252 9	34.944 9	36.723 5	38.592 6	40.556 4	42.619 5
11	34.001 3	35.962 0	38.038 8	40.237 9	42.566 1	45.030 6	47.638 8	50.398 5	53.317 8	56.405 3
12	42.141 6	44.873 7	47.787 7	50.895 0	54.207 7	57.738 6	61.501 3	65.510 0	69.780 0	74.327 0
13	51.991 3	55.745 9	59.778 8	64.109 7	68.759 6	73.750 6	79.106 6	84.852 9	91.016 1	97.625 0
14	63.909 5	69.010 0	74.528 0	80.496 1	86.949 5	93.925 8	101.465 4	109.611 7	118.410 8	127.912 5
15	78.330 5	85.192 2	92.669 4	100.815 1	109.686 8	119.346 5	129.861 1	141.302 9	153.750 0	167.286 3
16	95.779 9	104.934 5	114.983 4	126.010 8	138.108 5	151.376 6	165.923 6	181.867 7	199.337 4	218.472 2
17	116.893 7	129.020 1	142.429 5	157.253 4	173.635 7	191.734 5	211.723 0	233.790 7	258.145 3	285.013 9
18	142.441 3	158.404 5	176.188 3	195.994 2	218.044 6	242.585 5	269.888 2	300.252 1	334.007 4	371.518 0
19	173.354 0	194.253 5	217.711 6	244.032 8	273.555 8	306.657 7	343.758 0	385.322 7	431.869 6	483.973 4
20	210.758 4	237.989 3	268.785 3	303.600 6	342.944 7	387.388 7	437.572 6	494.213 1	558.111 8	630.165 5
21	256.017 6	291.346 9	331.605 9	377.464 8	429.680 9	489.109 8	556.717 3	633.592 7	720.964 2	820.215 1
22	310.781 3	356.443 2	408.875 3	469.056 3	538.101 1	617.278 3	708.030 9	811.998 7	931.043 8	1 067.279 6
23	377.045 4	435.860 7	503.916 6	582.629 8	673.626 4	778.770 7	900.199 3	1 040.358 3	1 202.046 5	1 388.463 5
24	457.224 9	532.750 1	620.817 4	723.461 0	843.032 9	982.251 1	1 144.253 1	1 332.658 6	1 551.640 0	1 806.002 6
25	554.242 2	650.955 1	764.605 4	898.091 6	1 054.791 2	1 238.636 3	1 454.201 4	1 706.803 1	2 002.615 6	2 348.803 3
26	671.633 0	795.165 3	941.464 7	1 114.633 6	1 319.489 0	1 561.681 8	1 847.835 8	2 185.707 9	2 584.374 1	3 054.444 3
27	813.675 9	971.101 6	1 159.001 6	1 383.145 7	1 650.361 2	1 968.719 1	2 347.751 5	2 798.706 1	3 334.842 6	3 971.777 6
28	985.547 9	1 185.744 0	1 426.571 9	1 716.100 7	2 063.951 5	2 481.586 0	2 982.644 4	3 583.343 8	4 302.947 0	5 164.310 9
29	1 193.512 9	1 447.607 7	1 755.683 5	2 128.964 8	2 580.939 4	3 127.798 4	3 788.958 3	4 587.680 1	5 551.801 6	6 714.604 2
30	1 445.150 7	1 767.081 3	2 160.490 7	2 640.916 4	3 227.174 3	3 942.026 0	4 812.977 1	5 873.230 6	7 162.824 1	8 729.985 5

附表 4　年金现值系数表

计算公式：$f = \dfrac{1-(1+i)^{-n}}{i}$

期数	1%	2%	3%	4%	5%	6%	7%	8%	9%	10%
1	0.990 1	0.980 4	0.970 9	0.961 5	0.952 4	0.943 4	0.934 6	0.925 9	0.917 4	0.909 1
2	1.970 4	1.941 6	1.913 5	1.886 1	1.859 4	1.833 4	1.808 0	1.783 3	1.759 1	1.735 5
3	2.941 0	2.883 9	2.828 6	2.775 1	2.723 2	2.673 0	2.624 3	2.577 1	2.531 3	2.486 9
4	3.902 0	3.807 7	3.717 1	3.629 9	3.546 0	3.465 1	3.387 2	3.312 1	3.239 7	3.169 9
5	4.853 4	4.713 5	4.579 7	4.451 8	4.329 5	4.212 4	4.100 2	3.992 7	3.889 7	3.790 8
6	5.795 5	5.601 4	5.417 2	5.242 1	5.075 7	4.917 3	4.766 5	4.622 9	4.485 9	4.355 3
7	6.728 2	6.472 0	6.230 3	6.002 1	5.786 4	5.582 4	5.389 3	5.206 4	5.033 0	4.868 4
8	7.651 7	7.325 5	7.019 7	6.732 7	6.463 2	6.209 8	5.971 3	5.746 6	5.534 8	5.334 9
9	8.566 0	8.162 2	7.786 1	7.435 3	7.107 8	6.801 7	6.515 2	6.246 9	5.995 2	5.759 0
10	9.471 3	8.982 6	8.530 2	8.110 9	7.721 7	7.360 1	7.023 6	6.710 1	6.417 7	6.144 6
11	10.367 6	9.786 8	9.252 6	8.760 5	8.306 4	7.886 9	7.498 7	7.139 0	6.805 2	6.495 1
12	11.255 1	10.575 3	9.954 0	9.385 1	8.863 3	8.383 8	7.942 7	7.536 1	7.160 7	6.813 7
13	12.133 7	11.348 4	10.635 0	9.985 6	9.393 6	8.852 7	8.357 7	7.903 8	7.486 9	7.103 4
14	13.003 7	12.106 2	11.296 1	10.563 1	9.898 6	9.295 0	8.745 5	8.244 2	7.786 2	7.366 7
15	13.865 1	12.849 3	11.937 9	11.118 4	10.379 7	9.712 2	9.107 9	8.559 5	8.060 7	7.606 1
16	14.717 9	13.577 7	12.561 1	11.652 3	10.837 8	10.105 9	9.446 6	8.851 4	8.312 6	7.823 7
17	15.562 3	14.291 9	13.166 1	12.165 7	11.274 1	10.477 3	9.763 2	9.121 6	8.543 6	8.021 6
18	16.398 3	14.992 0	13.753 5	12.659 3	11.689 6	10.827 6	10.059 1	9.371 9	8.755 6	8.201 4
19	17.226 0	15.678 5	14.323 8	13.133 9	12.085 3	11.158 1	10.335 6	9.603 6	8.950 1	8.364 9
20	18.045 6	16.351 4	14.877 5	13.590 3	12.462 2	11.469 9	10.594 0	9.818 1	9.128 5	8.513 6
21	18.857 0	17.011 2	15.415 0	14.029 2	12.821 2	11.764 1	10.835 5	10.016 8	9.292 2	8.648 7
22	19.660 4	17.658 0	15.936 9	14.451 1	13.163 0	12.041 6	11.061 2	10.200 7	9.442 4	8.771 5
23	20.455 8	18.292 2	16.443 6	14.856 8	13.488 6	12.303 4	11.272 2	10.371 1	9.580 2	8.883 2
24	21.243 4	18.913 9	16.935 5	15.247 0	13.798 6	12.550 4	11.469 3	10.528 8	9.706 6	8.984 7
25	22.023 2	19.523 5	17.413 1	15.622 1	14.093 9	12.783 4	11.653 6	10.674 8	9.822 6	9.077 0
26	22.795 2	20.121 0	17.876 8	15.982 8	14.375 2	13.003 2	11.825 8	10.810 0	9.929 0	9.160 9
27	23.559 6	20.706 9	18.327 0	16.329 6	14.643 0	13.210 5	11.986 7	10.935 2	10.026 6	9.237 2
28	24.316 4	21.281 3	18.764 1	16.663 1	14.898 1	13.406 2	12.137 1	11.051 1	10.116 1	9.306 6
29	25.065 8	21.844 4	19.188 5	16.983 7	15.141 1	13.590 7	12.277 7	11.158 4	10.198 3	9.369 6
30	25.807 7	22.396 5	19.600 4	17.292 0	15.372 5	13.764 8	12.409 0	11.257 8	10.273 7	9.426 9

期数	11%	12%	13%	14%	15%	16%	17%	18%	19%	20%
1	0.900 9	0.892 9	0.885 0	0.877 2	0.869 6	0.862 1	0.854 7	0.847 5	0.840 3	0.833 3
2	1.712 5	1.690 1	1.668 1	1.646 7	1.625 7	1.605 2	1.585 2	1.565 6	1.546 5	1.527 8
3	2.443 7	2.401 8	2.361 2	2.321 6	2.283 2	2.245 9	2.209 6	2.174 3	2.139 9	2.106 5
4	3.102 4	3.037 3	2.974 5	2.913 7	2.855 0	2.798 2	2.743 2	2.690 1	2.638 6	2.588 7
5	3.695 9	3.604 8	3.517 2	3.433 1	3.352 2	3.274 3	3.199 3	3.127 2	3.057 6	2.990 6
6	4.230 5	4.111 4	3.997 5	3.888 7	3.784 5	3.684 7	3.589 2	3.497 6	3.409 8	3.325 5
7	4.712 2	4.563 8	4.422 6	4.288 3	4.160 4	4.038 6	3.922 4	3.811 5	3.705 7	3.604 6
8	5.146 1	4.967 6	4.798 8	4.638 9	4.487 3	4.343 6	4.207 2	4.077 6	3.954 4	3.837 2
9	5.537 0	5.328 2	5.131 7	4.946 4	4.771 6	4.606 5	4.450 6	4.303 0	4.163 3	4.031 0
10	5.889 2	5.650 2	5.426 2	5.216 1	5.018 8	4.833 2	4.658 6	4.494 1	4.338 9	4.192 5
11	6.206 5	5.937 7	5.686 9	5.452 7	5.233 7	5.028 6	4.836 4	4.656 0	4.486 5	4.327 1
12	6.492 4	6.194 4	5.917 6	5.660 3	5.420 6	5.197 1	4.988 4	4.793 2	4.610 5	4.439 2
13	6.749 9	6.423 5	6.121 8	5.842 4	5.583 1	5.342 3	5.118 3	4.909 5	4.714 7	4.532 7
14	6.981 9	6.628 2	6.302 5	6.002 1	5.724 5	5.467 5	5.229 3	5.008 1	4.802 3	4.610 6
15	7.190 9	6.810 9	6.462 4	6.142 2	5.847 4	5.575 5	5.324 2	5.091 6	4.875 9	4.675 5
16	7.379 2	6.974 0	6.603 9	6.265 1	5.954 2	5.668 5	5.405 3	5.162 4	4.937 7	4.729 6
17	7.548 8	7.119 6	6.729 1	6.372 9	6.047 2	5.748 7	5.474 6	5.222 3	4.989 7	4.774 6
18	7.701 6	7.249 7	6.839 9	6.467 4	6.128 0	5.817 8	5.533 9	5.273 2	5.033 3	4.812 2
19	7.839 3	7.365 8	6.938 0	6.550 4	6.198 2	5.877 5	5.584 5	5.316 2	5.070 0	4.843 5
20	7.963 3	7.469 4	7.024 8	6.623 1	6.259 3	5.928 8	5.627 8	5.352 7	5.100 9	4.869 6
21	8.075 1	7.562 0	7.101 6	6.687 0	6.312 5	5.973 1	5.664 8	5.383 7	5.126 8	4.891 3
22	8.175 7	7.644 6	7.169 5	6.742 9	6.358 7	6.011 3	5.696 4	5.409 9	5.148 6	4.909 4
23	8.266 4	7.718 4	7.229 7	6.792 1	6.398 8	6.044 2	5.723 4	5.432 1	5.166 8	4.924 5
24	8.348 1	7.784 3	7.282 9	6.835 1	6.433 8	6.072 6	5.746 5	5.450 9	5.182 2	4.937 1
25	8.421 7	7.843 1	7.330 0	6.872 9	6.464 1	6.097 1	5.766 2	5.466 9	5.195 1	4.947 6
26	8.488 1	7.895 7	7.371 7	6.906 1	6.490 6	6.118 2	5.783 1	5.480 4	5.206 0	4.956 3
27	8.547 8	7.942 6	7.408 6	6.935 2	6.513 5	6.136 4	5.797 5	5.491 9	5.215 1	4.963 6
28	8.601 6	7.984 4	7.441 2	6.960 7	6.533 5	6.152 0	5.809 9	5.501 6	5.222 8	4.969 7
29	8.650 1	8.021 8	7.470 1	6.983 0	6.550 9	6.165 6	5.820 4	5.509 8	5.229 2	4.974 7
30	8.693 8	8.055 2	7.495 7	7.002 7	6.566 0	6.177 2	5.829 4	5.516 8	5.234 7	4.978 9

期数	21%	22%	23%	24%	25%	26%	27%	28%	29%	30%
1	0.826 4	0.819 7	0.813 0	0.806 5	0.800 0	0.793 7	0.787 4	0.781 3	0.775 2	0.769 2
2	1.509 5	1.491 5	1.474 0	1.456 8	1.440 0	1.423 5	1.407 4	1.391 6	1.376 1	1.360 9
3	2.073 9	2.042 2	2.011 4	1.981 3	1.952 0	1.923 4	1.895 6	1.868 4	1.842 0	1.816 1
4	2.540 4	2.493 6	2.448 3	2.404 3	2.361 6	2.320 2	2.280 0	2.241 0	2.203 1	2.166 2
5	2.926 0	2.863 6	2.803 5	2.745 4	2.689 3	2.635 1	2.582 7	2.532 0	2.483 0	2.435 6
6	3.244 6	3.166 9	3.092 3	3.020 5	2.951 4	2.885 0	2.821 0	2.759 4	2.700 0	2.642 7
7	3.507 9	3.415 5	3.327 0	3.242 3	3.161 1	3.083 3	3.008 7	2.937 0	2.868 2	2.802 1
8	3.725 6	3.619 3	3.517 9	3.421 2	3.328 9	3.240 7	3.156 4	3.075 8	2.998 6	2.924 7
9	3.905 4	3.786 3	3.673 1	3.565 5	3.463 1	3.365 7	3.272 8	3.184 2	3.099 7	3.019 0
10	4.054 1	3.923 2	3.799 3	3.681 9	3.570 5	3.464 8	3.364 4	3.268 9	3.178 1	3.091 5
11	4.176 9	4.035 4	3.901 8	3.775 7	3.656 4	3.543 5	3.436 5	3.335 1	3.238 8	3.147 3
12	4.278 4	4.127 4	3.985 2	3.851 4	3.725 1	3.605 9	3.493 3	3.386 8	3.285 9	3.190 3
13	4.362 4	4.202 8	4.053 0	3.912 4	3.780 1	3.655 5	3.538 1	3.427 2	3.322 4	3.223 3
14	4.431 7	4.264 6	4.108 2	3.961 6	3.824 1	3.694 9	3.573 3	3.458 7	3.350 7	3.248 7
15	4.489 0	4.315 2	4.153 0	4.001 3	3.859 3	3.726 1	3.601 0	3.483 4	3.372 6	3.268 2
16	4.536 4	4.356 7	4.189 4	4.033 3	3.887 4	3.750 9	3.622 8	3.502 6	3.389 6	3.283 2
17	4.575 5	4.390 8	4.219 0	4.059 1	3.909 9	3.770 5	3.640 0	3.517 7	3.402 8	3.294 8
18	4.607 9	4.418 7	4.243 1	4.079 9	3.927 9	3.786 1	3.653 6	3.529 4	3.413 0	3.303 7
19	4.634 6	4.441 5	4.262 7	4.096 7	3.942 4	3.798 5	3.664 2	3.538 6	3.421 0	3.310 5
20	4.656 7	4.460 3	4.278 6	4.110 3	3.953 9	3.808 3	3.672 6	3.545 8	3.427 1	3.315 8
21	4.675 0	4.475 6	4.291 6	4.121 2	3.963 1	3.816 1	3.679 2	3.551 4	3.431 9	3.319 8
22	4.690 0	4.488 2	4.302 1	4.130 0	3.970 5	3.822 3	3.684 4	3.555 8	3.435 6	3.323 0
23	4.702 5	4.498 5	4.310 6	4.137 1	3.976 4	3.827 3	3.688 5	3.559 2	3.438 4	3.325 4
24	4.712 8	4.507 0	4.317 6	4.142 8	3.981 1	3.831 2	3.691 8	3.561 9	3.440 6	3.327 2
25	4.721 3	4.513 9	4.323 2	4.147 4	3.984 9	3.834 2	3.694 3	3.564 0	3.442 3	3.328 6
26	4.728 4	4.519 6	4.327 8	4.151 1	3.987 9	3.836 7	3.696 3	3.565 6	3.443 7	3.329 7
27	4.734 2	4.524 3	4.331 6	4.154 2	3.990 3	3.838 7	3.697 9	3.566 9	3.444 7	3.330 5
28	4.739 0	4.528 1	4.334 6	4.156 6	3.992 3	3.840 2	3.699 1	3.567 9	3.445 5	3.331 2
29	4.743 0	4.531 2	4.337 1	4.158 5	3.993 8	3.841 4	3.700 1	3.568 7	3.446 1	3.331 7
30	4.746 3	4.533 8	4.339 1	4.160 1	3.995 0	3.842 4	3.700 9	3.569 3	3.446 6	3.332 1